아무도 알려주지 않는

재개발 · 재건축 실무

아무도 알려주지 않는
재개발 · 재건축 실무

ⓒ 이근호, 2023

초판 1쇄 발행 2023년 3월 6일
　　3쇄 발행 2024년 2월 8일

지은이　　이근호
펴낸이　　이기봉
편집　　　좋은땅 편집팀
펴낸곳　　도서출판 좋은땅
주소　　　서울특별시 마포구 양화로12길 26 지월드빌딩 (서교동 395-7)
전화　　　02)374-8616~7
팩스　　　02)374-8614
이메일　　gworldbook@naver.com
홈페이지　www.g-world.co.kr

ISBN　979-11-388-1660-1 (13320)

아무도 알려주지 않는

재개발 · 재건축 실무

저자 이근호

부하직원에게도 숨기고 싶은 실무 노하우!

19년차 실무자가 엄선한 판례와 질의회신 사례를 통해
정비사업의 실무를 하나하나 배워보자!

좋은땅

재개발·재건축사업은 최소 10년 이상 장기간 진행되는 사업이기에 처음 정비사업 실무를 접하는 이들이나 정비사업 현장에서 수년간 근무해 온 이들 모두 정비사업의 시작부터 조합 해산·청산에 이르기까지의 모든 과정을 다 경험해 보는 것은 쉽지 않은 일이다. 물론 선배들의 경험이 고스란히 담긴 서적을 통해 사업 전반에 대해 간접적으로나마 경험을 하며 공부해 볼 수도 있겠지만 시중에 나온 정비사업 관련 책들은 대부분 실무를 직접 하지 않는 법률전문가가 작성하기에 일반인이나 실무를 해야 하는 입장에서는 용어 자체가 생소한 경우도 많고 분량 역시 상당하여 집어 들기가 망설여지는 것이 사실이다.

학교 공부와 달리 다양한 사회생활 혹은 직장생활에 필요한 실무지식은 누군가의 시행착오를 토대로 공부하는 것이 가장 빨리 배우는 방법이라 생각된다. 그런 면에서 재개발 재건축 정비사업의 실무 현장에서 일어나는 다양한 일들에 대한 법률적 하자를 다룬 결과물인 판례나 실무자들이 궁금해하는 부분을 행정기관에 해석요청하여 얻은 질의회신 자료는 매우 중요한 공부거리이다.

이 책에서는 저자가 20여 년간 정비사업 현장 일선에서 행정용역업체

(정비사업전문관리업자 - 일명 '정비업체') 임직원으로 종사해 오며 쌓아 온 풍부한 실무경험을 바탕으로 꼭 숙지해야 할 판례와 질의회신, 관련 법률을 엄선하여 쟁점을 정리해 보고 실무자가 챙겨야 할 사항을 정리하여 처음 실무를 접하는 이들이나 아직 경험이 많지 않은 초심자들 그리고 정비사업에 관심 많은 일반인들이 보다 쉽게 정비사업 시작부터 사업이 완료될 때까지의 긴 여정 동안 일어날 수 있는 다양한 실무 이슈를 간접적으로나마 경험해 볼 수 있게 하였다.

처음 이 책을 기획할 당시 과연 내가 쓴 책이 얼마나 쓸모가 있을까? 정말 후배들에게 도움이 될까? 반신반의하였으나 많은 분들의 관심과 성원 덕분에 어느새 3쇄를 준비하게 되었습니다. 이 자리를 빌려 성원을 보내 주신 모든 분들께 감사 인사 올리며, 모쪼록 이 책을 통해 정비사업 일선에서 고생하는 실무자들이 저자를 비롯한 많은 선배들의 시행착오를 되풀이하지 않기를 바랍니다. 끝으로 그간 제가 이룬 모든 성과를 위해 언제나 든든하게 함께해 준 나의 사랑스러운 아내 이영실에게도 감사의 인사를 드립니다.

2024. 1. 22.

새로운 도약을 준비하는 도시 일산에서 저자 이근호

일러두기

이 책에서는 다음과 같이 약어를 사용하였으므로 참고하여 주시기 바랍니다.

정식 법률명	약어
도시 및 주거환경정비법	도시정비법
빈집 및 소규모주택정비에 관한 특별법	소규모주택정비법
공익사업을 위한 토지등의 취득 및 보상에 관한 법률	토지보상법

시중에 나오는 대부분의 재개발·재건축 관련 법령 해설서 등에서는 판례의 주요 내용을 요약·정리하여 자세한 전·후 사정을 파악하기가 어려운 실정이다. 이에 각종의 판례나 유권해석 자료는 가급적 원문을 훼손하지 않고 중요 부분을 발췌하여 독자들이 직접 판결문 혹은 유권해석의 전·후 사정과 사법부나 행정청의 판단 과정을 살펴볼 수 있게 하였다.

재개발·재건축사업은 도시 및 주거환경정비법을 기본으로 하여 다양한 법률과 관련 행정지침을 토대로 진행하여야 한다. 따라서 실무를 담당하는 이라면 아래의 법률과 행정지침 등을 수시로 체크하고 숙지하여 안정적인 사업 추진을 위해 최선을 다하여야 한다.

구분	법률	관련 행정지침 등
도시 정비법	· 도시 및 주거환경정비법 · 도시 및 주거환경정비 등기규칙 · 도시 및 주거환경정비 조례	· 단독주택지 재건축 업무처리기준 · 소형주택의 활용기준 산정방법 · 주택 재건축 판정을 위한 안전진단 기준 · 도시주거환경 정비계획수립 지침 · 도시주거환경정비기본계획수립 지침 · 공공건설임대주택 표준건축비 · 정비사업 계약업무 처리기준 · 정비사업 연계 기업형임대사업자 선정 기준 · 정비사업조합설립추진위원회 운영 규정 · 정비사업의 임대주택 및 주택규모별 건설비율 · 주택 재건축 판정을 위한 안전진단 기준 · 주택공급에 관한 규칙 · 재개발 표준정관, 재건축 표준정관

촉진법	· 도시재정비 촉진을 위한 특별법 · 도시재정비 촉진 조례	· 관련 행정규칙 - 법령정보센터 법령체계도 참조
소규모 정비	· 빈집 및 소규모주택정비에 관한 　특례법 · 빈집 및 소규모주택정비에 관한 　조례	· 관련 행정규칙 - 법령정보센터 법령체계도 참조
기타 법률	· 국토의 계획 및 이용에 관한 법률 - 도시계획 관련 사항, 용도지역 　관련 사항 등	
	· 건축법	
	· 주택법	
서울시 각종 규정	· 예산회계규정 · 행정업무규정 · 선거관리규정 · 조합설립 지원을 위한 업무기준(공공관리 업무수행 시 참고 필요) · 공공관리 추진위원회 구성 선거관리기준(공공관리 업무수행 시 참고 필요) · 정비사업 의사진행 표준운영규정 · 각종 협력업체 선정기준	
기타	· 법제처 법령해석(도시 및 주거환경정비법 관련) · 국토교통부 질의회신집, 서울특별시 질의회신집 · 서울시 도시 및 주거환경정비 기본계획	

정비사업의 실무를 담당하다 보면 수시로 관련 법률과 질의회신 자료 등을 검토하고 이를 토대로 일상의 업무를 수행하게 되지만, 전체적인 관점에서 정리해 보는 시간을 가지는 것은 쉽지 않다. 이에 정비사업 실무자라면 반드시 숙지해야 할 핵심 내용을 정리하여 정비사업 관련 법률의 큰 줄기와 흐름, 그리고 핵심 내용을 이해하는 데 도움을 주고자 하였으며 실무 과정에서 자주 헷갈리는 각종 회의의 소집절차와 의결요건, 각종 협력업체 선정기준, 공유자의 조합원 수 산정기준 등에 대한 표를 정리하여 실무에 활용할 수 있도록 하였다.

1. 정비사업 관련 법률 변천사를 통해 살펴본 정비사업 유형

- ○ 1970년대 이후 급속하게 공급된 도시지역 주택들이 노후화됨에 따라 3개의 법률로 나눠 관리하던 정비사업을 통합 관리할 필요가 생김에 따라 2002년 12월 30일 도시 및 주거환경정비법을 제정하여 2003년 7월 1일 시행되었다.

- ○ 최초 제정 당시 4개 사업 유형이었으나 개정 과정에서 6개 유형까지 늘어났었고, 2017년 2월 9일 전부개정 과정에서 3개의 유형으로 정리되었다.

주거환경개선을위한임시조치법
[1989. 4. 1.]
- 주거환경개선사업
	도시 및 주거환경정비법
	[2002. 12. 30. 제정 당시]
	- 주거환경개선사업
	- 주택재개발사업
	- 주택재건축사업
	- 도시환경정비사업
	▶ 개정 과정에서 주거
	  환경관리사업, 가로
	  주택정비사업 2가
	  지 방식 추가
		도시 및 주거환경정비법
		[2017. 2. 9. 전부개정]
		- 주거환경개선사업
		- 재개발사업
		- 주택재건축사업
		▶ 도시환경정비사업
		  이 재개발사업에 통
		  합됨
		▶ 가로주택정비사업은
		  '소규모주택정비법'
		  으로 규정

도시재개발법[1976. 12. 31.] - 주택재개발사업 - 도심재개발사업 - 공장재개발사업		
주택건설촉진법[1972. 12. 30.] (재건축 관련 규정) - 주택재건축사업		

당초 6개 유형에서 3개
유형으로 개정

2. 도시 및 주거환경정비법에 따른 정비사업 진행절차

| 사업준비 | 기본계획수립 → 안전진단(재건축) → 구역지정 → 추진위설립 → 조합설립 |

⇩

| 계획수립 | 건축심의 → 사업시행계획인가 → 관리처분계획인가 |

⇩

| 공사 진행 | 이주·철거 → 일반분양 → 준공·입주 |

⇩

| 사업완료 | 이전고시 → 조합 해산 → 조합 청산 |

3. 소규모주택정비법에 의한 사업진행 절차의 특징

조합설립 ※ 추진위원회 없음	· 가로주택정비사업 - 토지등소유자 80% 이상, 토지면적 2/3 이상 동의 - **공동주택 각 동별 과반수 이상(재개발사업에는 없는 내용)** · 소규모재건축사업 - 전체 구분소유자 75%, 토지면적 75%, 각 동별 과반수 이상
⇩	
건축심의	· 총회에서 조합원 과반수 의결 필요 **※ 재개발사업은 총회의결 불필요**
⇩	
사업시행계획 및 관리처분계획	· 총회에서 조합원 과반수 의결 필요 · 재개발사업은 사업시행계획과 관리처분계획 따로 진행

※ 소규모주택정비사업의 경우 상기에서 살펴본 봐와 같이 기본계획수립부터 추진위원회설립 시까지가 생략되고, 사업시행계획수립과 관리처분계획수립 과정이 하나로 통합됨에 따라 일반 정비사업 대비 평균 3~5년 정도 사업 기간이 단축될 수 있다.

4. 정비사업 유형별 시행방법

사업 유형	시행방법	공급 대상	비고
주거환경 개선사업	· **수용** · **환지** · **관리처분방식**	수용방식 : 주택 또는 대 지 우선공급	· 환지사업은 도시정비법 에 의거 사업시행방식 전환 가능
재개발 사업	· **환지** · **관리처분방식**	2017. 2. 9. 전부개정으로 용도지역에 따라 근생, 문 화 및 집회시설 등도 공급 가능(이전에는 오피스텔 까지만 가능)	
주택 재건축 사업	· **관리처분방식**	주택, 부대복리시설, 오피 스텔 **(오피스텔은 준주거 및 상** **업지역에서만 전체 30%** **이하로 건설가능)**	· 과거에는 정비구역이 아 닌 구역에서의 재건축도 도시정비법 적용 대상이 었으나, 현재는 이런 지 역은 소규모주택정비법 적용 대상

5. 정비사업 유형별 사업시행자

사업 유형	시행방법	비고
주거환경 개선사업	· 지자체 · 지자체와 건설업자 등과의 　공동시행	
재개발 사업	· **조합**	· 토지등소유자방식의 재개발사업(조 합설립 X)은 토지등소유자가 20인 이 하일 때만 가능(과거는 제한 無)
주택 재건축 사업	· 조합과 건설업자 등과의 공 　동시행 · 토지등소유자 방식 · 공공시행자 지정(천재지변 등) · 사업대행(신탁업자 등) 방식	· 과거 시공사들이 추진위 단계에서 시 공권을 확보하기 위해 공동시행방식 으로 진행하기도 하였으나, 각종 민 원, 기타 위험부담 문제로 인해 현재 는 진행되는 사례가 거의 없음

6. 추진위원회 VS 조합

구분		추진위원회	조합
구성시기		정비구역 지정 후	추진위 승인 이후
구성절차		토지등소유자 과반수 서면동의 필요	· 재개발 　토지등소유자의 4분의 3 이상 & 　토지면적의 2분의 1 이상 서면동 　의 필요 · 재건축 　각 동별 구분소유자의 과반수 동 　의 & 전체 구분소유자의 4분의 3 　이상 & 토지면적의 4분의 3 이상 　서면동의
조직	구성	· 추진위원장 1명과 감사(필수) · 토지등소유자 10분의 1 이상 추 　진위원 ※ 부위원장은 필요시	· 조합장 1인 · 이사 3인 이상 　- 조합원 수 100인 초과 시 : 5인 　이상 · 감사 1~3인
	자격	· **피선출일 현재** 3년 이내 1년 이상 　거주 혹은 5년 이상 소유 ※ 영업 등도 거주로 간주	· **선임일 전** 3년 이내 1년 이상 거 　주 혹은 5년 이상 소유 ※ 영업 등도 거주로 간주 ※ 조합장은 선임일부터 관리처분계 　획인가를 받을 때까지는 해당 정 　비구역에서 거주해야 함.(2019. 　10. 24. 시행)
	임기	선임된 날로부터 2년	선임된 날로부터 3년 이하
내규		운영규정 (국토부장관 고시, 법규적 효력)	재개발표준정관, 재건축표준정관
기구		추진위원회, 총회	이사회, 대의원회, 총회

7. 각종 회의 소집절차 및 의결요건

구분	추진위	추진위총회	창립총회	이사회	대의원회	조합총회
소집절차	7일 전 통지 및 게시판 게시	14일 전 게시 **10일 전 통지**	**14일 전** 통지 및 게시판 게시	형식제한 X	7일 전 통지 및 게시판 게시	14일 전 게시 **7일 전 통지**
긴급소집 절차	3일 전 통지 2/3 찬성 의결	불가	불가	의미 없음	3일 전 통지 의결요건은 동일	불가
당일채택 안건심의	불가	불가	불가	의미 없음	출석대의원 과반수 이상 동의	불가
성원요건 (의사정족수)	재적위원 과반수 참석	동의자 과반수 참석	과반수 출석	과반수 출석	과반수 출석	과반수 출석
의결요건 (의결정족수)	참석위원 과반수 찬성	참석자 과반수 찬성	출석자 과반수 찬성	출석자 과반수 찬성	출석자 과반수 찬성	사안에 따라 상이함
직참요건	해당 없음	10%	20%	해당 없음	해당 없음	
기타	대리불가			대리불가	대리불가	

▶ 과반수 : 절반을 넘는 수임에 유의
▶ 모든 회의는 사전에 통지된 안건만 논의 가능(예외 : 대의원회, 변칙 : 기타 당일채택안건)
▶ 임원 등은 본인과 관련된 안건에 대해서는 의결권 없음(의결 정족수에서 제외해야 함)
▶ 추진위원이 중간에 궐위된 경우 재적위원 수는 운영규정에서 정한 최소 위원의 수로 따짐(고의는 불인정)
  - 조합 대의원회는 실제 자격이 있는 대의원 수를 기준으로 함(송림3구역 사례)
▶ 추진위 단계의 총회, 동의자 과반수 이상 참석으로 성원되고 의결 시에는 미동의자도 포함
▶ 추진위원회의 진행 시 재적위원 수에 감사포함, 의결권은 없음(대의원회는 해당 없음)
▶ 직참요건 20%인 총회
  창립총회, 사업시행계획수립 및 관리처분계획수립을 위한 총회, 정비사업비의 사용 및 변경을 위하여 개최하는 총회
  ※ **시공사 선정총회는 조합원 과반수 직접 출석(서면결의 후 직참자 포함)**
▶ **날짜계산 시 유의사항 : 모든 날짜는 통지일과 회의 당일 제외 후 계산 필요**

8. 각종 협력업체 선정기준

(도시정비법 제29조, 정비사업계약업무 처리기준)

지명경쟁	수의계약	전자조달시스템 이용해야 하는 경우
■ 입찰 대상자 10인 이내 ■ 추정가격 3억 이하 건설공사 ■ 추정가격 1억 이하 전문공사 ■ 추정가격 1억 이하 기타공사 ■ 추정가격 **1억 이하** 물품제조, 구매, **용역, 기타계약**	■ 추정가격 2억 이하 건설공사 ■ 추정가격 1억 이하 전문공사 ■ 추정가격 8천 이하 기타공사 ■ 추정가격 **5천 이하** 물품제조, 구매, **용역, 기타계약** ■ **소송**, 재난복구 등 예측하지 못한 긴급한 상황에 대응하기 위하여 경쟁에 부칠 여유가 없는 경우	■ 추정가격 6억 이상 건설공사 ■ 추정가격 2억 이상 전문공사 ■ 추정가격 2억 이상 기타공사 ■ 추정가격 2억 이상 물품제조, 구매, 용역, 기타계약
▶ 2 이상의 유효한 입찰 필요 ▶ 4 이상 지명, 3 이상 입찰 필요	▶ 3 이상의 견적 필요. ▶ 2천만 원 이하 단일견적 가능 ※ 서울시는 2 이상 견적, 2천만 원 이하는 단일견적 가능	※ 2억 미만인 일반경쟁의 경우 신문공고 진행 가능

※ 기타 유의사항
· 1억 초과는 무조건 일반경쟁입찰, 2 이상의 유효한 입찰 필요
· 시공사 선정은 조합설립인가 후, 서울시의 경우 사업시행인가 후
· 서울시의 경우 업체 선정을 위한 세부기준(정비, 설계, 시공) 및 예산회계 규정의 내용을 따라야 함
· 시공사, 설계, 감평, 정비업자, 예산으로 정하지 않은 협력업체는 반드시 총회의결로 선정 및 **계약**
　- 계약 역시 총회의 의결사항 이므로, 입찰 절차 진행 시에는 반드시 계약서(안) 접수 필요
· 전자입찰을 통한 계약자 선정방식 3가지 : 최저가 방식, 적격심사방식, 제안서평가 방식(시공사 선정 시 활용)
· 입찰마감 7일 전 공고, 현설 진행 시 현설 진행 7일 전 공고

9. 공유자의 조합원 수 산정기준(판례를 기준으로 함)

유형		조합원 수	
토소 A 토소 A + B		2	
토소 A 토소 A 건소 A		2	A가 토지에 대한 대표자 되면 의결권 2 인정 가능
토소 A 토소 A 지상권 B		1	지상권자는 토지공유자와 동일하게 인정 불가(대법원 2012두23242)
토소 A + B 건소 A		2	
토소 및 건소 A / 토소 및 건소 B / 토소 및 건소 A + B		3	설령 조합원 수를 2로 하더라도 손해 보는 이가 없으므로 2도 가능 (서울고법 2010누18378)
토소 및 건소 A + B / 토소 및 건소 A + B		1	과거에는 물건별로 대표자 달리하여 조합원 수 2로 하기도 함

▶ 토소 : 토지소유자, 건소 : 건물소유자

▶ **조합원 수는 소유형태별로 하나씩이 기준임에 유의할 것**

목차

들어가는 글 · 4

일러두기 · 7

실무자가 기본적으로 체크해 두어야 할
재개발·재건축 관련 법률, 행정지침 등 · 8

실무자가 꼭 알아야 할 정비사업 관련 법률 주요 내용 · 10

PART 1 · 추진위원회 운영

추진위원장 연임총회는 반드시 임기 만료 전에 개최해야 하는가? · 30

추진위원장의 임기 만료 시 반드시 선출방식으로 총회를 진행해야 하는가? · 32

임기가 만료된 추진위원장은 창립총회를 개최할 수 있을까? · 34

추진위원장도 조합장처럼 사업 구역 내에서 계속 거주하고 있어야 하나? · 36

추진위원회 구성 전 단계에서도 추진위원 선정에 관한 사항을
반드시 토지등소유자에게 알려야 하나? · 38

정족수가 부족한 추진위원회에서 행한 의결은 효력이 있을까? · 41

조합설립동의를 위한 추정분담금은 어느 정도 수준으로 제시하여야 하나? · 44

추진위원회가 무효라면, 조합도 자동으로 무효가 될까? · 47

소송으로 조합이 취소되면 추진위원회가 살아날까? · 49

추진위원이 창립총회를 위한 선거관리위원이 될 수 있을까? · 52

PART 2 · 조합운영

1. 조합원 자격 논란

무허가건축물 소유자의 조합원 자격은? · 56

구분소유 상가의 조합설립동의서 징구 시 유의할 사항은? · 59

하나의 물건은 공유로, 또 하나의 물건은 단독으로 소유하고 있을 경우
대표자를 선정하는 방법에 따라 조합원 수가 달라지나? · 61

조합설립 당시의 다물권자로부터 소유권을 이전받은 자의
조합원 자격은? 분양권은? · 64

조합설립 당시 1세대가 여러 물건을 소유하다 조합설립 후
그중 일부를 매매한다면 조합원 자격은? · 66

국가와 부동산물건을 공유하고 있는 조합원의 총회의결권 행사 방법은? · 68

국가나 지방자치단체가 소유하고 있는 토지등에 대한 동의서 징구 방법은? · 70

여러 명의 공유에 속하는 토지의 공유자 중
일부가 소재불명인 경우 동의서 징구 방법은? · 72

총회개최 시 국·공유 재산의 관리청도 조합원 수에 포함시켜야 하나? · 74

조합설립 당시 시부모와 며느리가 각각 주택을 소유하다
분가했을 경우 조합원 자격은? · 76

조합원 상당수가 분양신청을 하지 않은 상태에서
사업시행계획을 폐지한다면 조합원 지위가 회복될까? · 78

투기과열지구 내 재건축사업에서 조합설립 후 공유자 중
일부가 소유권을 매매하였을 경우 나머지 공유자의 조합원 자격은? · 81

재건축조합설립에 미동의한 다물권자가 조합설립인가 후
일부 물권을 매각하고 조합설립동의를 할 경우의 조합원 자격은? · 83

자신의 부동산을 팔고 또 다른 부동산을 매수하는 과정에서
일시적으로 2주택자가 될 경우 조합원 지위는? · 85

신발생 무허가건축물도 손실보상 대상이 될 수 있을까? · 87

2. 각종 회의와 관련된 논란

임원 연임총회는 반드시 선거관리위원회를 구성해야 하는가? · 89

조합설립을 위한 창립총회에서 조합임원 선임이 부결될 경우 해결 방안은? · 91

시공사 계약해지를 위한 총회도 조합원 과반수가 참석해야 할까? · 93

임원선거에 있어 OS(홍보요원)을 활용한 서면결의서 징구 문제없나? · 95

도장날인이 없는 서면결의서를 유효하다고 인정해야 할까? · 97

운영비 및 사업비 예산 심의를 위한 총회도
직접 참석 20% 의결요건이 필요한가? · 99

서면결의서 제출한 조합원이 총회 당일 현장에 참석하기는 하지만,
투표권을 행사하지 않을 경우 직접 참석자로 봐야 할까? · 101

법정 대의원 수에 미달되는 대의원회에서 이루어진 결의의 효력은? · 103

대의원 정족수가 부족한 경우 임원선출을 위한
선거관리 위원회 구성은 어떻게 해야 할까? · 105

법원에서 선임한 조합장 직무대행자가 소집할 수 있는
총회의 안건에 제한이 있나? · 107

시공사와의 계약방식을 지분제에서 도급제로 변경할 경우
총회의 의결요건은? · 109

총회 당일 접수된 위임장에 인감증명서가 누락된 경우
참석 및 의결권을 인정해야 할까? · 111

임원 해임을 위한 총회개최 시 총회 비용 집행을 위한
안건도 의결할 수 있을까? · 113

집행부 해임을 위한 총회가 파악될 경우
같은 날 조합에서 총회를 개최하여 방해할 수 있을까? · 115

서면결의서 제출자에게 총회 참석수당을 지급하는 것은 가능할까? · 117

총회의 직접 참석은 반드시 본인만 가능한가? · 119

사정상 이사회나 대의원회를 거치지 않고 총회를 개최했을 경우 그 효력은? · 122

총회 날짜가 연기될 경우 기존에 징구된 서면결의서는 재사용할 수 있을까? · 124

총회장에서는 일부 임원이 참석자 과반수표 미달로
부결되었다고 발표하였다가 총회 이후 정정했을 경우 효력은? · 126

찬성자 수에 조합원 자격이 없는 자가 포함된 총회의결의 효력은? ・128

임원선출 시 임원명단 전체에 대한 찬/반을 묻는 방법으로
투표용지를 만들 수 있을까? ・130

정부의 방역정책 등으로 인해 미니버스 여러 대에 나눠
조합원이 참석한 후 실시간 중계 방식으로 총회를 진행했을 경우 효력은? ・132

서로 뜻이 맞지 않아 계약해지를 위해
총회결의를 했음에도 인정될 수 없다? ・134

서면결의서는 꼭 종이로만 제출해야 할까? 전자투표 방법은? ・136

서면결의서 철회 언제까지 가능할까? ・139

부득이한 사정으로 갑자기 총회 장소를 변경해야 한다면
어떻게 해야 할까? ・141

서면결의서 철회에 대한 재철회는 인정될 수 있을까? ・144

서면결의서에 신분증까지 첨부해야 한다? ・146

3. 협력업체 선정과 관련된 논란

정비업체는 추진위원회에서 한 번, 조합에서 다시 한 번
두 번 선정해야 한다? ・148

추진위원장 또는 사업시행자가 금융회사 등과 체결하는 대출계약은
반드시 일반경쟁입찰 절차를 진행해야 하는가? ・150

현금청산 협의 과정에서 토지등소유자가 추천하는 감정평가사도
총회의 의결이 필요한가? ・152

추진위원회의 업무대행 정비사업전문관리업자가
등록취소 등의 처분을 받을 경우 조치해야 할 사항은? ・154

소규모주택정비사업의 정비사업전문관리업자는
지명경쟁으로 선정 가능한가? ・157

협력업체 선정 시 추정가격에는 부가가치세가 포함될까? ・159

지장물 철거공사는 반드시 시공사와의 계약에 포함시켜야 할까? ・161

추진위 단계에서 선정한 정비사업전문관리업자는
조합에 승계될 수 있을까? ・163

4. 비대위의 단골 메뉴 정보공개

정보공개, 열람·복사 대상 자료 관련 규정 및 판례(종합) · 165

개인정보보호법 등을 들어 조합원의 전화번호를 공개하지 않을 수 있는가? · 168

각종 회의의 녹음자료를 공개 요청할 경우 대응 방안은? · 171

속기록, 자금수지보고서는 반드시 공개해야 할까? · 174

현금청산자의 감정평가금액을 청산자 본인이 아닌
제3자에게 공개하여야 하는지 여부 · 176

조합원 지위를 상실한 자가 정보공개 요청을 할 경우 이에 응해야 하나? · 178

사용목적을 기재하지 않은 정보공개 청구에 응해야 할까? · 180

조합원별 신축건물 동호수 배정 결과는 정보공개 대상이 될까? · 182

5. 조합정관 관련 논란

조합 정관 변경 시 경미한 변경사항의 효력발생 시기는? · 185

의결요건이 상이한 다수의 정관 규정을 개정하기 위한 총회에서
일부 조항에 관하여 변경에 필요한 의결정족수를 채우지 못할 경우
해당 내용을 제외한 나머지만 가결된 것으로 인정할 수 있는가? · 187

총회소집통지는 반드시 등기우편으로 발송해야 할까?
우체국 택배를 이용하는 방법은? · 190

조합설립동의서에 포함된 '조합정관'의 내용을
창립총회에서 변경할 수 있을까? · 192

같은 날 총회에서 앞선 안건으로 정관 개정을 의결하고
이어지는 안건에서 정관 개정을 전제로 한 안건을 논의할 수 있을까?
개정된 정관의 효력발생 시기는? · 194

6. 임원선출·해임을 둘러싼 논란

임원선출을 위해서는 반드시 등기우편으로
입후보등록 공고 등을 하여야 한다? · 196

임원이 사퇴서를 제출할 경우 효력발생 시기는? · 198

지방의회 의원의 경우 조합장이나 추진위원장 겸직이 가능할까? · 200

사업이 종료되어 청산단계에 있는 사업장의 청산인의 경우
겸직 제한에 해당할까? · 202

다물권자인 조합의 임원이 보유 물건 중
일부를 매각할 경우 임원의 자격은? · 204

A 조합의 임원이 B 조합의 임원으로 입후보하고자 할 경우
A 조합임원에 대한 사퇴 시점은? · 206

임원 해임을 위한 총회에서 소명기회는 반드시 부여해야 하나? · 208

임원 해임을 위해서는 반드시 타당한 해임 사유가 있어야 하나? · 210

임원 해임 이후 마주하게 될 현실, 건조물침입죄 · 213

조합장은 두 곳에서 거주할 수 있을까? · 216

7. 그 밖의 논란거리

만약 재개발·재건축사업 추진과정에서 누군가가 우편물을
회수하고 다닌다면 대응 방안은? · 218

조합이 취소되면 조합이 사용한 사업비는
조합설립에 동의한 자들이 부담해야 한다? · 221

협력업체와 계약을 완료한 경우 계약금 지급은 바로 해야 하는가? · 223

각종 인허가 진행 시의 공람기간에 토, 일요일을 포함해도 무방할까? · 225

공람기간에 포함된 토요일, 공휴일에 공람을 실시해야 하는지 여부? · 228

기존 조합원이 조합 해산에 대한 동의를 한 후
제3자에게 매각하였을 때 조합 해산 동의는 유효할까? · 231

조합장의 퇴직금은 근로기준법 등에 의해 당연히 지급하여야 하는가? · 233

큰 평형에만 해당되는 부가가치세를 왜 조합원 모두가 부담해야 하나? · 235

조합장을 상대로 제기된 소송의 변호사비는 조합장이 내야 한다? · 238

추진위원장의 급여, 보수규정 없이는 소송으로도 받을 수 없다? · 240

서울시 표준선거관리규정에서 위임한 범위를 벗어나서
선거관리규정을 정했을 경우 효력은? · 242

PART 3 · 인허가 진행단계

1. 정비계획수립

여러 가지 정비계획의 경미한 변경 요건 중
어느 하나만 해당될 경우 인허가 진행방법은? · 246

관련 부서 협의 의견에 따른 정비계획 변경은 경미한 변경일까? · 249

전 소유자의 정비계획 입안 제안 동의서는 승계될 수 있을까? · 251

조합원 소유 토지의 일부만 정비구역에 포함될 경우
나머지 땅에 대한 보상은 어떻게 해야 하나? · 254

정비구역의 면적을 기존 면적 대비 10% 이내로 증가시킬 경우
조합설립변경을 위해 동의서 징구가 필요할까? · 256

빌라로만 구성된 단지에서 가로주택정비사업을 진행할 수 있을까? · 259

2. 사업시행계획수립

건축심의 및 사업시행계획수립을 위해 선정해야 하는 협력업체 · 262

가로주택정비사업의 건축심의를 위한 총회 시
사업비가 늘어날 것으로 예상될 경우 대처 방안은? · 268

계단실과 같은 주거 공용면적 일부를 변경할 경우에도
반드시 총회를 개최해야 하는가? · 270

입주자모집 공고 후 사업시행계획 변경 시
입주예정자에게도 통지해야 할까? · 272

사업 구역과 무관한 기부채납을 강요하는
사업시행인가 조건, 해결 방안은? · 274

매도청구 소송의 타이밍을 놓쳤을 경우의 해결 방법은? · 276

사업시행계획인가 시 수용·사용 명세는 반드시 고시해야 할까? · 278

사업 구역 밖에 도로나 공원을 만들어 기부채납하라는
인허가 조건, 무조건 수용해야 할까? · 280

사업시행계획수립 시 중앙토지수용위원회 협의가 필요하다?　　　　·283

3. 관리처분계획수립

조합이 임대아파트에 대한 취득세를 내야 할까?　　　　·286

현금청산자에게 정비사업비를 공제하기 위한 방법은?　　　　·288

동일인이 하나의 물건은 다른 사람과 공유로,
그리고 또 다른 물건을 단독으로 소유하고 있을 경우의 분양권은?　　　　·290

분양신청 통지를 못 받았다며 분양 대상자 지위를 인정해 줄 것을
요청하는 민원에 대한 대처 방안은?　　　　·292

사업시행계획이 변경되면 반드시 분양신청 공고를 다시 해야 하나?　　　　·294

분양신청을 하지 않은 자의 조합원 자격 상실시점은?　　　　·296

종교단체에 대한 관리처분계획은 어떻게 수립해야 할까?　　　　·298

2주택자의 경우 하나는 분양권을 받고
나머지 하나는 현금청산을 받을 수 있나?　　　　·300

평형변경 절차 진행 시 분양신청철회가 가능할까?　　　　·302

분양신청 접수 기간의 연장은 반드시 이어서만 가능한가?　　　　·304

관리처분계획수립을 위한 총회개최 전에
조합원 전체의 분양예정자산 추산액 및 종전자산가격을 통지해야 할까?　　　　·306

투기과열지구 내 소규모재건축도 재당첨 제한에 해당될까?　　　　·308

사업시행계획이 변경되면 종전자산평가는 다시 하는 게 좋을까?　　　　·310

상가에 대한 구체적인 분양계획을 포함하지 않은
관리처분계획의 효력은?　　　　·313

사업 일정이 촉박하다는 이유 등으로
공사비의 검증을 받지 않고 수립한 관리처분계획의 효력은?　　　　·315

4. 이주단계의 논란거리

재개발사업 구역 내 현금청산자 및 세입자에 대한 각종 손실보상 규정　　　　·317

(1) 주거이전비

재개발사업 구역 내 현금청산자에 대한 주거이전비 산출 시
가구원 수 적용 기준은? ·320

정비계획수립을 위한 공람공고일 전부터 계속 거주해 온 세입자가
일시적으로 주민등록상 주소를 이전하였을 경우
주거이전비를 지급하여야 하는가? ·322

조합원이 사업 구역 내 다른 조합원의 집에 거주할 경우
세입자로서 주거이전비를 받을 수 있나? ·324

무상으로 거주하는 세입자에게도 주거이전비를 지급하여야 할까? ·326

사업시행기간이 도과된 경우의 세입자 주거이전비 지급을 위한 기준일은? ·329

(2) 이사비

재개발사업 구역 내 세입자 이사비 지급기준일은? ·331

재개발 구역 내 세입자에 대한 이사비를 지급하지 않을 경우
명도소송을 통한 강제집행이 불가한가? ·334

(3) 영업손실보상

부동산 임대사업자는 영업손실보상 대상이 될까? ·336

조합원도 영업보상을 해 줄 수 있을까? ·338

소규모주택정비사업 구역 내 상가 세입자는 영업손실보상 대상이 될까? ·340

(4) 그 밖의 논란거리

분양계약을 체결하지 않는 조합원에 대한 대응방법은? ·342

조합원 소유 토지에 식재되어 있는 수목도
종전자산감정평가 대상이 되는가? ·345

재개발사업 구역 조합원 이주완료 후
공사기간 동안 부과되는 재산세는 누가 내야 하나? ·347

조합임원의 인센티브는 인정 가능할까? 가능하다면 얼마나? ·349

PART 4 · 공사 · 분양 · 입주

1. 공사와 관련된 논란

조합의 시공사가 영업정지되거나 건설업 등록이 말소되면
공사 진행 중인 현장은 어떻게 해야 하나? · 352

건축물의 분양면적 혹은 대지지분이 변경될 경우
일반분양자의 동의가 필요할까? · 354

특화공사로 인한 공사비 증가 시에도 생산자물가상승률을 제외하고
공사비 검증 대상 여부를 판단할 수 있을까? · 358

2. 분양과 관련된 논란

위장전입으로 분양권을 취득했다가 적발될 경우 그 결과는? · 362

특정 조합원에 대하여 층수를 우선 추첨하도록 하는 것은 가능할까? · 365

3. 준공 이후의 논란거리

당초의 계획보다 입주 일정이 지연될 경우 예상되는 문제점은? · 367

조합의 임원도 입주자대표회의 구성원이 될 수 있나? · 369

입주기간은 45일? 60일? 어떻게 결정해야 하나? · 371

이전고시 후 소유권이 이전될 경우
조합원 자격이 함께 이전되는 것은 아니다? · 373

PART 1

추진위원회 운영

추진위원장 연임총회는 반드시 임기 만료 전에 개최해야 하는가?

· 개요

통상 총회를 개최하게 되면 상당한 비용이 발생하기에 운영경비 마련이 용이하지 않은 추진위원회 단계의 사업장에서는 설령 추진위원의 임기가 만료되었다 하더라도 총회를 개최하기가 쉽지 않다. 이런 경우 해결 방안은?

· 관련 판례 주요 내용

서울동부지방법원 2010. 5. 7. 2009가합22585 [주민총회결의 무효확인]

앞서 본 바와 같이 임기가 만료된 위원은 그 후임자가 선임될 때까지 그 직무를 수행할 수 있고 위원장은 필요하다고 인정하는 경우에 총회를 소집할 수 있는 권한이 있으므로 임기가 만료된 추진위원회의 위원장은 법원의 결정에 의하여 그 직무집행이 정지되는 등의 사유가 없는한 주민총회의 소집권을 갖는다고 봄이 상당하고, 붙임 운영규정 제15조제3항 단서에서 토지등소유자들의 총회소집요구권을 인정한 취지는 추진위원회의 위원장이나 감사의 선임이 늦어지는 경우 토지등소유자들에 의하여 주민총회가 개최될 수 있도록 한 것일 뿐이고 이로써 위원장의 총회소집권한을 제한하려는 것이 아니므로 추진위원회의 위원장이 위원장 등의 연임이나 선임을 위한 주민총회를 개최할 수 있는 시기를 임기 만료 전 2개월 이내로 한정하거나 토지등소유자들이 관할 관청에 대하여 추진위원 등의 선임을 위한 총회소집요구권을 행사하였을 때는 기존의 위원장이 주민총회 소집권한을 상실한다고 볼 수 없다.

· 실무자가 챙겨야 할 사항

상기의 지방법원 판례뿐만 아니라, 대법원 판례에서도 임기가 만료된 이후 진행된 연임총회의 효력을 인정하며 사법부에서는 설령 임기 만료 이후 총회를 개최하더라도 문제가 없다는 입장이나, 실제 이와 같이 업무 진행 후 추진위원 연임에 따른 추진위원회 변경 신고서를 관할 지자체에 제출하게 되면 인정받지 못하는 경우가 종종 발생함. 따라서 가급적 임기 만료 전에 총회를 개최하여 불필요한 시비를 사전에 방지하고, 부득이 임기 만료 이후에 총회를 개최해야 할 상황이 발생한다면 총회 개최이전에 관할 지자체 담당 부서와 협의하여 안정적으로 사업을 추진할 필요가 있다.

추진위원장의 임기 만료 시 반드시 선출방식으로 총회를 진행해야 하는가?

· 개요

 2003년 도시정비법 시행 이후 20여년이 경과하며 다양한 사례가 확보되었기에 요즈음은 그런 사례가 많지 않으나 아직도 드물게 왜 임기 만료된 추진위원장이나 조합장에 대해 선출방식으로 총회를 하지 않고 연임방식으로 총회를 개최 하냐며 총회개최금지가처분 등의 소송을 제기하는 사례가 발생하곤 한다. 이에 대한 해결 방안은?

· 관련 판례 주요 내용

 대법원 2010. 11. 11. 2009다89337 판결 [주민총회결의무효확인]

 피고의 운영규정에는 위원의 임기는 선임된 날부터 2년까지로 하되, 추진위원회에서 재적위원 과반수의 출석과 출석위원 3분의 2 이상의 찬성으로 연임할 수 있으나, 위원장, 감사의 연임은 주민총회의 의결에 의하며, 추진위원의 선임방법은 추진위원회에서 정하되, 동별·가구별 세대 수와 시설의 종류를 고려하여야 하고, 위원장, 감사의 선임, 변경, 연임 등의 사항은 주민총회의 의결을 거쳐 결정한다고 규정되어 있다. 이에 의하면 위원장이나 감사의 임기가 만료한 경우에 선임 또는 연임의 결정은 주민총회의 의결을 거쳐야 하지만, 피고가 새로운 입후보자 등록공고 등의 절차를 밟아 주민총회에 위원장, 감사의 선임 안건을 상정하든지, 그렇지 아니하고 주민총회에 위원장, 감사의 연임 안건을 상정할 것인지를 선택할 수 있다고 해석된다. 따라서 원고(선정 당사자, 이하 '원고'라고 한다)를 포함한 토지 소유자들의 위원장이나 감사에 대한 선출권 내지 피선출권은 주민총회에서 임기가 만료된 위원장이나 감사를 연임하는 안건에 관하여 이를 부결하는 내용의 반대 결의가 이루어진 다음에 새로운 추진위원으로서 위원장이나 감사를 선임하는 결의를 하는 경우에 보장하면 충분하고, 피고가 주민총회에 임기가 만료된 위원장이나 감사를 연임하는 안건을 상정하는 때에는 새로운 입후보자가 등록하는 것이 아니므로 입후보자 등록공고 등의 절차를 거치지 않았다고 하더라도 그것이 원고를 포함한 토지 소유자들의 위원장이나 감사에 대한 선출권 내지 피선출권을 침해하였다고 볼 수 없다.

· 실무자가 챙겨야 할 사항

연임총회 방식의 유효성에 대해서는 상기의 대법원 판례뿐만 아니라 다수의 판례가 있으므로 토지등소유자나 조합원 중 일부가 연임방식의 총회에 대해 문제를 제기할 경우 이와 같은 판례 내용을 적극적으로 알려 불필요한 소송으로 추진위원회나 조합이 혼란에 빠지지 않도록 대응할 필요가 있다.

임기가 만료된 추진위원장은 창립총회를 개최할 수 있을까?

· 개요

추진위원장의 임기 만료가 임박한 시점에서 조합설립을 위한 동의서 징구가 완료된다면 설령 임기가 만료되었더라도 연이어 추진위원 연임 총회와 조합 창립총회를 개최하여야 하기에 매우 부담스러운 상황이 된다. 만약, 추진위원장의 임기 2년을 조금 넘겨 창립총회개최한다면 권한 없는 자에 의한 총회라고 봐야 할까?

· 관련 판례 주요 내용

수원지방법원 2013. 6. 13. 선고 2011구합12192 판결 [조합설립인가 취소]

2008. 12. 30. 개최된 주민총회에서 A이 이 사건 추진위원회 위원장으로 선출되었고 그 임기는 2년인 사실이 인정되고, 이 사건 창립총회 소집 당시 위 추진위원회 위원장의 임기가 만료되었음은 역수상 명백하나, 이 사건 추진위원회 운영규정(건설교통부 고시 제2006-330호)에서 임기가 만료된 위원은 후임자가 선임될 때까지 직무수행권을 가진다고 명시적으로 규정하고 있고, 임기 만료된 위원장으로 하여금 추진위원회 업무를 수행케 함이 부적당하다고 인정할 만한 특단의 사정도 보이지

아니한다. 따라서, 이 사건 창립총회 소집은 적법하다 할 것이므로 원고의 이 부분 주장은 이유 없다.

· 실무자가 챙겨야 할 사항

과거에는 정비계획수립 이전에 추진위원회를 설립하였기에 추진위원장의 연임총회가 흔하였으나 2009년 2월 6일 도시정비법 개정으로 정비계획수립 이후 추진위원회 설립이 가능하고 위원장의 임기 2년이면 대부분의 지역에서는 조합설립을 위한 동의요건을 충족시킬 수 있기에 지금은 상기 판례와 같은 상황이 흔하지는 않을 것으로 판단된다. 하지만 만약 실무를 진행하고 있는 현장에서 추진위원장의 임기 만료가 임박하다면 임기가 만료된 위원장도 후임자가 선임될 때까지 직무를 수행할 수 있다는 취지의 상기와 같은 판례를 믿기보다 원칙대로 연임총회를 개최하여 시빗거리를 최소화하는 것이 좋겠다. 일부 조합에서는 같은 날 추진위원 연임을 위한 총회를 1부로, 조합 창립을 위한 총회를 2부로 진행하는 방식으로 임기 만료에 따른 추진위원장이 소집한 창립총회라는 시빗거리도 차단하고, 2차례의 총회를 개최하는 부담도 더는 방식으로 문제를 해결한 사례가 있으므로 참고할 만하다.

추진위원장도 조합장처럼 사업 구역 내에서 계속 거주하고 있어야 하나?

· 개요

도시정비법 제41조에 따르면 조합장은 선임일로부터 관리처분인가 시까지 사업 구역 내에 계속해서 거주하여야 한다. 추진위원장의 경우에도 선임일부터 계속 거주해야 할까? 유의할 점은?

· 관련 유권해석 주요 내용

법제처 20-0449, 2020. 9. 28. 민원인

도시정비법 제33조제5항에서는 추진위원의 결격사유는 같은 법 제43조제1항부터 제3항까지를 준용한다고 하면서 이 경우 "조합"은 "추진위원회"로, "조합임원"(각주 : 도시정비법 제41조에 따른 임원을 말하며, 이하 같음.)은 "추진위원"으로 본다고 규정하고 있고, 준용되는 규정인 같은 법 제43조제2항제2호에서는 조합임원이 같은 법 제41조제1항에 따른 자격요건을 갖추지 못한 경우에는 당연 퇴임한다고 규정하고 있으며, 같은 법 제41조제1항에서는 조합임원 중 조합장은 선임일부터 관리처분계획인가를 받을 때까지 해당 정비구역에서 거주해야 한다고 규정하고 있습니다. (중략) 그런데 추진위원회는 조합설립을 위한 기구로서 조합설립인가일까지 업무를 수행하고 조합이 설립되면 모든 업무와 자산을 조합에 인계하고 해산[각주 : 도시정비법 제34조제1항의 위임에 따른 「정비사업조합설립추진위원회 운영규정」(국토교통부 고시) 제5조제1항 참조]됨에 따라 정비사업 절차상 관리처분계획인가 단계에는 존재하지 않는바 이미 해산되어 존재하지 않는 추진위원회의 위원장에게 관리처분계획인가 시점까지의 거주의무를 준용할 수는 없고, 도시정비법 제33조제5항 후단에서는 "관리처분계획인가"를 "조합설립인가"로 본다고 규정하고 있지 않음에도 불구하고 결격사유와 관련하여 임의로 "관리처분계획인가"를 "조합설립인가"로 바꿔 적용하는 것은 준용의 법리와 결격사유 규정 해석 원칙에도 반합니다.

· 실무자가 챙겨야 할 사항

상기의 법률해석을 통해 살펴본 바와 같이 추진위원장은 조합장과 달리 사업 구역 내에서 계속 거주할 의무가 없으며, 국토교통부에서 고시한 정비사업조합설립추진위원회 운영규정 제15조에 의거 1. 피선출일 현재 사업시행구역 안에서 3년 이내에 1년 이상 거주하고 (다만, 거주의 목적이 아닌 상가 등의 건축물에서 영업 등을 하고 있는 경우 영업 등은 거주로 본다) 있거나 2. 피선출일 현재 사업시행구역 안에서 5년 이상 토지 또는 건축물(재건축사업의 경우 토지 및 건축물을 말한다)을 소유하기만 하면 족하다. 다만, 대부분의 현장에서 추진위원장이 조합장에 선출되어 사업을 연속적으로 끌고 가게 되는바, 처음 추진준비위원회 단계에서부터 추진위원 및 조합의 임·대의원의 자격요건을 면밀하게 검토하여 혼란을 방지할 필요가 있다.

추진위원회 구성 전 단계에서도 추진위원 선정에 관한 사항을 반드시 토지등소유자에게 알려야 하나?

· 개요

추진위원회를 설립하기 위해서는 추진위원 명단을 작성하고 동의서 양식 등을 준비하여 관할 지자체의 검인을 득한 후 사업 구역 내 토지등소유자의 동의절차를 진행하게 된다. 이처럼 추진위원회 구성 전 단계에서 추진위원 선정에 관한 사항을 반드시 토지등소유자에게 알려야 할까? 실무상 유의할 점은?

· 관련 유권해석 주요 내용

법제처 20-0449, 2020. 9. 28. 민원인

추진위원회 구성을 위해 최초로 추진위원회 위원을 선정하는 경우 추진위원회 위원 선정에 관한 사항의 공개 여부 등(「도시 및 주거환경정비법 시행령」 제29조제1항제4호 등 관련)

도시정비법 제31조제1항에서는 정비사업의 조합을 설립하려는 경우 추진위원장을 포함한 5명 이상의 추진위원(제1호) 및 같은 법 제34조제1항에 따른 추진위원회 운영규정(제2호)에 대해 토지등소유자 과반수의 동의를 받아 추진위원회를 구성하여 시장·군수 등(각주 : 특별자치시장, 특별자치도지사, 시장, 군수, 자치구의 구청장을 말하며, 이하 같음)

의 승인을 받아야 한다고 규정하고 있으므로 추진위원장을 포함하여 5명 이상의 추진위원을 선정하여 토지등소유자 과반수의 동의를 받기 전에는 추진위원회가 구성되지 않은 것이 분명한바, 이 사안과 같이 추진위원회 구성을 위한 토지등소유자 과반수의 동의를 받기 전에 최초로 추진위원을 선정하는 단계에서는 추진위원회에 의무를 부여하고 있는 같은 법 제34조제5항 및 같은 법 시행령 제29조제1항제4호가 적용되지 않는다고 보아야 합니다. (중략) 따라서 정비사업의 투명성·공공성을 확보하고 토지등소유자의 알권리를 충족시키기 위한 도시정비법 시행령 제29조제1항의 취지[각주 : 구 「도시 및 주거환경정비법」(2015. 9. 1. 법률 제13508호로 개정되기 전의 것) 제81조제1항(정비사업시행과 관련한 서류 및 자료의 공개)에 대한 대법원 2017. 6. 15. 선고 2017도2532 판결례의 취지 참조]를 고려할 때 추진위원회 구성 전 단계에서도 추진위원 선정에 관한 사항을 토지등소유자에게 알리는 것이 바람직한지 여부는 별론으로 하고, 이 사안과 같이 추진위원회 구성을 위해 최초로 추진위원을 선정하는 경우 도시정비법 시행령 제29조제1항제4호를 준수해야 한다고 볼 수는 없습니다.

· 실무자가 챙겨야 할 사항

상기에서 살펴본 바와 같이 추진위원회 구성 전 단계에서의 추진위원 선정에 관한 사항은 반드시 토지등소유자에게 알려야 할 사항은 아니라 할 것이나 조금이라도 더 많은 사람들에게 사업의 추진사실을 알리고 한 사람이라도 더 참여하게 하기 위해 추진준비위원 모집 공고 등을 통해 추진위원회 설립 준비를 하는 것이 실무관행이며, 위 법률해석 말미에서도 추진위원 선정에 관한 사항을 토지등소유자에게 알리는 것이 바람직한 것으로 해석하고 있기에 가급적 모든 사항을 투명하게 오픈하여 업무처리를 해 나갈 필요가 있다.

정족수가 부족한 추진위원회에서 행한 의결은 효력이 있을까?

· 개요

재개발 재건축사업은 워낙 장기간 진행되는 사업이기에 사업진행과정에서 추진위원이나 조합의 임원 또는 대의원의 소유권 변경이 매우 빈번하게 발생된다. 법정 대의원 수에 미달되는 대의원회의 효력은 인정할 수 없다는 취지의 판례(대법원 2012. 5. 10. 선고 2012다15824)가 있는데, 추진위원회에도 동일하게 적용해야 할까?

· 관련 판례 주요 내용

서울고등법원 2013. 1. 18. 선고 2012나54906 판결

피고의 운영규정 제15조제1항제4호는 추진위원회의 위원을 조합원의 1/10 이상을 두도록 규정하고 있으나, 도시 및 주거환경정비법은 조합설립 후 조합원의 수가 100인 이상인 조합에 대하여 대의원회를 두도록 하면서, 대의원의 수를 조합원의 10분의 1 이상으로 하되, 그 수가 100인을 넘는 경우에는 조합원의 10분의 1 범위 안에서 100인 이상으로 구성하도록 하고, 그 대의원의 수를 정관으로 규정하도록 한 것(법 제25조 참조)과는 달리 조합실립추진위원회의 구성에 관하여는 위원장 1인과 감사를 포함하여 5인 이상의 위원으로 구성하도록 규정하고 있을 뿐

(법 제13조, 제15조 등 참조) 추진위원의 수에 대한 제한규정을 두고 있지 않다. 따라서 위와 같은 피고의 운영규정 조항이 도시 및 주거환경정비법 제15조제1항에 의하여 국토해양부장관이 고시한 추진위원회 운영규정에 따른 것이기는 하나, 다음과 같은 사정, 즉 ① 원고들이 주장하는 추진위원 82명 역시 토지등소유자 839명의 1/10에 미치지 못하는 점, ② 피고의 추진위원은 최대 82명이었으므로 위 규정을 엄격히 적용할 때 피고는 단 한 차례도 적법한 추진위원회를 구성하지 못한 것이 되는 점, ③ 피고의 운영규정 제15조제4항은 피고의 추진위원 임기 중 궐위된 경우 추진위원회에서 재적위원 과반수 출석과 출석위원 3분의 2 이상의 찬성으로 보궐선임을 하도록 규정하고 있는바, 이는 일부 추진위원이 사임, 해임 등의 사유로 결원이 발생하더라도 추진위원회의 활동이 중단되지 않고 계속될 수 있도록 하기 위한 것이라고 볼 수 있는데, 여기서 일부 추진위원의 결원으로 추진위원 수가 위 규정에 미달하는 순간 추진위원회의 구성이 부적법하게 된다고 해석하게 되면 피고의 운영규정에 의한 추진위원의 보궐선임 자체가 불가능하게 되어 모순이 발생하게 되는 점, ④ 2011. 5. 기준으로 피고 추진위원회의 추진위원은 부동산을 매각하여 추진위원 자격을 상실하거나 자의로 사임한 추진위원을 모두 제외하더라도 70명에 달하여 잔존 추진위원만으로 토지등소유자의 이익을 제대로 대변할 수 없는 경우에 해당하지 않는 점 등에 비추어 보면, 피고의 운영규정 제15조제1항제4호에서 정한 추진위원의 수를 추진위원회의 의사정족수 제한규정으로 해석할 수 없으므로 추진위원의 수가 토지등소유자의 1/10에 미달한다는 사정만으로 곧 추진위원회의 구성이 부적법하다고 볼 수도 없다.

· 실무자가 챙겨야 할 사항

상기에서 인용한 판결문 발췌자료에서는 대의원회와 달리 추진위원회 단계에서는 도시정비법상 5인 이상의 위원만 있으면 족하기에 인허가 관청에 신고한 정족수에 미달되는 상황이 발생해도 무방하다는 취지이다. 다만, 상기의 판례는 원고 측에서 추진위원회 구성이 불법하고 불법한 추진위원회에서 총회개최를 결의했기에 무효라고 주장하였으며 총회의 유무효를 결론짓는 과정에서 추진위원회가 유효하다는 취지로 판단한 것으로 직접적으로 추진위원회의 의결만으로 효력이 발생한 사안을 다룬 판례가 아니다. 따라서, 만약 이런 상황이 생긴다면 추진위원회운영규정 제20조에 의거 토지등소유자 5분의 1 이상이 요청하여 총회를 소집하는 형태로 준비하고 추진위원회의 의결을 거친 사항에 대해서는 총회에서 추인의결을 득하여 법적 분쟁거리를 최소화할 필요가 있으며, 평소 추진위원 정족수가 미달되지 않도록 토지등소유자의 권리변동 신고 시 주의하여 체크할 필요가 있다.

조합설립동의를 위한 추정분담금은
어느 정도 수준으로 제시하여야 하나?

· **개요**

도시정비법 제35조에서는 추진위원회가 조합설립에 필요한 동의를 받기 전에 추정분담금 등 대통령령으로 정하는 정보를 토지등소유자에게 제공하여야 한다고 규정하고 있고 서울을 비롯한 수도권 일대 대부분의 지자체에서는 별도의 운영 시스템을 통해 관련 정보를 공개하도록 하고 있기에 문제가 되지 않으나 나머지 지자체의 경우 고민스러운 과제이다. 어떻게 해야 분쟁을 예방할 수 있을까?

· **관련 판례 주요 내용**

대법원 2020. 9. 7. 선고 2020두38744 판결 [조합설립인가처분취소]

개략적으로라도 토지등소유자별 분담금 추산액을 산출하려면 우선 비례율이 산정되어야 하는데, 이는 정비구역 내의 토지 및 건축물(종전자산)에 대한 평가, 아파트 분양평형 및 세대수(종후자산)에 관한 대략적인 사업계획 및 분양계획의 수립, 공사비 등 총사업비 추산이 있어야만 가능하다. 도시정비법은 사업시행계획수립 후 분양신청절차를 거친 다음에 관리처분계획을 수립하는 단계에서 비로소 종전자산 및 종후자산에 관한 감정평가를 실시하도록 규정하고 있을 뿐인데(법 제74조제1

항제3호, 제5호), 추진위원회가 조합설립동의를 받는 단계에서는 종전 자산 및 종후자산에 관한 감정평가를 거치지 않은 상태이므로 정비사업 비용과 수입에 관한 대략적 추산조차도 어렵다. 법정동의서에서 토지등 소유자별 구체적인 분담금 추산액이나 비례율에 관하여 '구체적인 수치' 를 기재하도록 하지 않고 단지 '산정공식'만을 기재한 것도 이러한 현실 적 어려움을 고려한 결과라고 이해할 수 있다. 설령 추진위원회가 토지 등소유자별 분담금 추산액이나 비례율에 관하여 어떤 구체적인 수치나 자료를 제시한다고 하더라도 그것은 예측·전망치일 뿐이고, 그러한 예 측·전망이 합리적이고 타당한지를 행정청이나 법원이 심사하는 것은 적절하지도 않다. (중략) 추진위원회가 법정동의서에 의하여 토지등소 유자로부터 조합설립동의를 받았다면 그 조합설립동의는 도시정비법령 에서 정한 절차와 방식을 따른 것으로서 적법·유효한 것이라고 보아야 하고, 단지 그 서식에 토지등소유자별로 구체적인 분담금 추산액이 기 재되지 않았다거나 추진위원회가 그 서식 외에 토지등소유자별로 분담 금 추산액 산출에 필요한 구체적인 정보나 자료를 충분히 제공하지 않 았다는 사정만으로 개별 토지등소유자의 조합설립동의를 무효라고 볼 수는 없다(대법원 2013. 12. 26. 선고 2011두8291 판결, 대법원 2014. 4. 24. 선고 2012두29004 판결 등 참조).

· 실무자가 챙겨야 할 사항

상기 판례에서는 법정동의서를 통해 조합설립에 대한 동의를 받았다 면 설령 토지등소유자별로 분담금 추산액 산출에 필요한 구체적인 정보 나 자료를 충분히 제공하지 않았다 하더라도 조합설립동의를 무효로 볼 수 없다고 판단하고 있고 심지어 대법원 판례이기에 쉽게 번복되기는 어려운 것이 현실이다. 하지만, 사업주체 입장에서는 법적 분쟁거리와 민원을 최소화하는 것이 유리하기에 관할 지자체와의 협의를 통해 공시지가 등을 활용해서라도 개략적인 추정분담금 내역을 통지하는 것이 안전하며, 분담금 추정을 위한 자금계획 등 세부 내역은 '조합설립동의서 징구 안내 책자' 등을 통해 토지등소유자에게 안내할 필요가 있다.

추진위원회가 무효라면,
조합도 자동으로 무효가 될까?

· 개요

추진위 설립 당시만 해도 그럭저럭 큰 소송 없이 지나갈 수 있지만 조합이 설립되고 사업시행계획수립 등 사업이 진행될수록 과거의 일까지 모두 문제 삼아 각종의 소송이 제기되며 특히나 경기가 나빠지게 되면 이와 같은 소송전은 더욱 빈번해진다. 만약 소송을 통해 추진위원회 설립 자체가 무효라고 판단된다면 추진위원회에서 설립한 조합 역시 자동으로 무효가 될까?

· 관련 판례 주요 내용

대법원 2013. 12. 26. 선고 2011두8291 판결 [조합설립인가처분취소]

추진위원회의 권한은 조합설립을 추진하기 위한 업무를 수행하는 데 그치므로 일단 조합설립인가처분을 받아 추진위원회의 업무와 관련된 권리와 의무가 조합에 포괄적으로 승계되면, 추진위원회는 그 목적을 달성하여 소멸한다. 조합설립인가처분은 추진위원회 구성의 동의요건보다 더 엄격한 동의요건을 갖추어야 할 뿐만 아니라 창립총회의 결의를 통하여 정관을 확정하고 임원을 선출하는 등의 단체결성행위를 기쳐 성립하는 조합에 관하여 하는 것이므로, 추진위원회 구성의 동의요건

흠결 등 추진위원회구성승인처분상의 위법만을 들어 조합설립인가처분의 위법을 인정하는 것은 조합설립의 요건이나 절차, 그 인가처분의 성격, 추진위원회 구성의 요건이나 절차, 그 구성승인처분의 성격 등에 비추어 타당하다고 할 수 없다. 따라서 조합설립인가처분은 추진위원회구성승인처분이 적법·유효할 것을 전제로 한다고 볼 것은 아니므로, 구 도시정비법령이 정한 동의요건을 갖추고 창립총회를 거쳐 주택재개발조합이 성립한 이상, 이미 소멸한 추진위원회구성승인처분의 하자를 들어 조합설립인가처분이 위법하다고 볼 수 없다.

· 실무자가 챙겨야 할 사항

상기 판례에 따르면 설령 추진위원회 구성을 위한 동의요건 미달 등으로 추진위원회 설립 승인 자체가 위법하다 하더라도 이런 점만을 들어 조합설립인가처분이 위법하다고 볼 수는 없다. 다만, 서두에서 언급한 바와 같이 사업진행과정에서 사소한 하자라도 있게 되면 당장은 조용히 넘어갈 수 있어도 시간이 지난 후에 누군가가 소송을 제기할 수 있기에 매사에 보수적으로 판단하고 신중하게 업무를 처리해야 하며 지속적으로 관련 법률과 판례 및 질의회신에 대한 학습을 하여 예상하지 못한 실수에 대비할 필요가 있다.

소송으로 조합이 취소되면
추진위원회가 살아날까?

· 개요

2008년 글로벌 금융위기로 인한 부동산경기 침체가 수년간 지속되자 전국의 수많은 조합들이 백지 동의서(필수 기재사항이 누락된 동의서) 등을 이유로 조합설립무효 소송에 휘말린 바 있으며 실제 많은 조합들이 1심 소송에 패소하여 새로이 조합설립동의서를 징구하고 조합설립 변경 절차를 거치는 방법으로 간신히 위기를 넘긴 바 있다. 하지만, 동의서 징구가 되지 않아 조합설립이 최종적으로 취소된 현장들도 다수 있었는데 이런 경우 추진위원회는 살아나게 될까?

· 관련 판례 주요 내용

대법원 2016. 12. 15. 선고 2013두17473 판결 [추진위원변경신고반려처분취소]

주택재개발정비사업을 위한 추진위원회는 조합의 설립을 목적으로 하는 비법인사단으로서 추진위원회가 행한 업무와 관련된 권리와 의무는 구 도시정비법 제16조에 의한 조합설립인가처분을 받아 법인으로 설립된 조합에 모두 포괄승계되므로, 원칙적으로 조합설립인가처분을 받은 조합이 설립등기를 마쳐 법인으로 성립하게 되면 추진위원회는 그 목적을 달성하여 소멸한다(대법원 2012. 4. 12. 선고 2009다26787 판결, 대법원 2013. 12. 26. 선고 2011두8291 판결 등 참조). 그러나 그 후 조합설립인가처분이 법원의 판결에 의하여 취소된 경우에는 다음과 같은 이유로, 추진위원회가 그 지위를 회복하여 다시 조합설립인가신청을 하는 등 조합설립추진 업무를 계속 수행할 수 있다고 봄이 타당하다. (중략) 일단 조합이 설립된 이상 추진위원회는 그 목적을 달성하여 확정적으로 소멸하고 그 후에 조합설립인가처분이 취소되더라도 그 지위를 회복할 수 없다고 본다면, 조합은 이미 청산 목적의 범위 내에서만 존속할 뿐이어서 정비사업을 추진할 수 없으므로, 당해 정비구역 내에서 정비사업을 계속 추진할 아무런 주체가 없게 되어, 법원의 판결에서 들었던 조합설립인가처분의 하자가 아무리 경미한 것이라 하더라도, 당해 정비구역 내에서 정비사업을 추진하기 위하여는 추진위원회 구성 및 동의서 징구 등 최초부터 모든 절차를 새롭게 진행해야 하는 사회·경제적 낭비가 따를 수밖에 없다.

· 실무자가 챙겨야 할 사항

개요에서 언급한 바와 같이 동의서 부족이나 동의서 양식의 하자 등을 문제 삼아 조합설립취소 내지 무효를 구하는 소송이 제기되면 최종 확정판결이 있기 전에 새로이 동의서를 징구하고 창립총회의 형식으로 총회를 개최한 후 조합설립변경 절차를 진행하여 승소 판결을 얻어내는 방식으로 대처하는 것은 정비사업 현장에서 하나의 매뉴얼로 자리 잡은 바 있다. 하지만 조합설립의 무효를 다투는 소송 기간 동안 새로운 동의서 징구가 불가할 경우에는 추진위원회가 그 지위를 회복하게 된다고 판단하는 판례가 있다 하더라도 엄청난 혼란에 빠지게 되는바, 관할 인허가권자와 함께 이후의 사업과정 하나하나를 면밀하게 협의하여 제2, 제3의 소송전에 대비할 필요가 있다.

추진위원이 창립총회를 위한
선거관리위원이 될 수 있을까?

· 개요

현장 여건에 따라 추진위원이나 조합의 임원, 대의원의 정족수를 채우기도 힘든 경우가 많이 발생한다. 만약 이런 현장에서 창립총회를 준비해야 한다면 선거관리위원을 확보하기도 만만치 않다. 현재 추진위원이면서 향후 조합의 임원이나 대의원에 입후보하지 않을 자라면 선거관리위원 역할을 할 수 있을까?

· 관련 유권해석 주요 내용

서울시 주거정비과-288 2020. 1. 7.

Q. 창립총회에서 임원, 대의원 선출을 위한 선거관리위원회 구성 시 추진위원회 위원의 경우 선거관리위원이 될 수 있는지?

A. 서울특별시 표준선거관리규정 [별표] 제7조제7항에 따르면 "조합의 임원·대의원과 그 직계존비속, 조합과 계약된 업체 또는 단체의 임·위원 또는 직원, 입후보자 또는 그 직계존비속은 선관위원이 될 수 없다."라고 규정함. 또한, 표준선거관리규정 [별표] 제51조제2항에 따르면 창립총회에서 임원·대의원 선출을 위한 선거관리

를 시행할 경우에는 제2조 내지 제55조 규정을 준용한다. 이 경우 "조합"을 "조합설립 추진위원회"로 "정관"을 "정관(안)"으로 "총회"를 "창립총회"로 "조합원"을 "토지등소유자"로 "대의원회"를 "추진위원회"로 한다고 규정합니다. 따라서, 추진위원은 표준선거관리규정 [별표] 제7조제7항에 의거 선관위원이 될 수 없음을 알려드립니다.

· 실무자가 챙겨야 할 사항

서울 지역 현장의 경우 서울시의 표준선거관리규정을 추진위원회나 조합의 내규로 반영해야 하기에 상기의 유권해석 내용을 벗어날 수 없다. 다만, 서울 외의 지역인 경우 현장 여건상 불가피할 경우에는 선거관리규정에 저촉되지 않는 범위 내에서 추진위원일지라도 조합의 임원이나 대의원으로 입후보하지 않는다면 선관위원의 역할을 할 수 있을 것이기에 처음 선거관리규정을 작성할 때부터 현장의 여건을 고려하여 선거관리규정을 정할 필요가 있다.

PART 2

조합운영

1. 조합원 자격 논란

무허가건축물 소유자의 조합원 자격은?

· 개요

도심 외곽 변두리 지역의 경우 사업 구역 내 무허가건축물 소유자가 상당수 존재하게 되는데 이들에게도 조합원 자격을 부여하는 것이 문제가 없는지? 문제가 없다면 이들은 어떤 절차에 의해 조합원 자격이 부여되는지? 이에 대한 의문이 계기가 되어 많은 조합들이 조합설립무효 혹은 취소 소송을 당한 바 있다. 이에 대한 대응 방안은?

· 관련 판례 주요 내용

대법원 2009. 9. 24. 2009마168, 169 결정 [가처분이의·직무집행정지 가처분]

무허가건축물은 원칙적으로 관계 법령에 의하여 철거되어야 할 것인데도 그 소유자에게 조합원 자격을 부여하여 결과적으로 재개발사업의 시행으로 인한 이익을 향유하게 하는 것은 위법행위를 한 자가 이익을 받는 결과가 되어 허용될 수 없는 점, 재개발사업의 원활한 시행을 위하여는 정비구역 안의 무분별한 무허가주택의 난립을 규제할 현실적 필요성이 적지 않은 점, 무허가건축물의 소유자를 당연히 구 도시정비법 제2조제9호가목에서 정하는 토지등소유자로 해석한다면 다른 사람의 토지 위에 무단으로 무허가건축물을 축조한 다수의 소유자들이 조합설립추진위원회 및 재개발조합을 결성하여 그 토지소유자를 재개발사업에 강제로 편입시킴으로써 적법한 토지소유자의 재산권을 침해할 우려가 있는 점 등 여러 사정을 고려하여 볼 때, 구 도시정비법 제2조제9호가목 및 제19조제1항에 의하여 소유자에게 조합원의 자격이 부여되는 건축물이라 함은 원칙적으로 적법한 건축물을 의미하고 무허가건축물은 이에 포함되지 않는다고 보아야 할 것이다. 다만, 이와 같은 법리에 의하여 토지등소유자의 적법한 동의 등을 거쳐 설립된 재개발조합이 각자의 사정 내지는 필요에 따라 일정한 범위 내에서 무허가건축물 소유자에게 조합원 자격을 부여하도록 정관으로 정하는 것까지 금지되는 것은 아니다 (대법원 1999. 7. 27. 선고 97누4975 판결 참조).

· 실무자가 챙겨야 할 사항

  대법원 판례에 따르면 원칙적으로 무허가건축물 소유자는 조합원으로 인정하는 것이 불가하나 예외적으로 조합이 정관을 통해 무허가건축물 소유자에게 조합원 자격을 부여하는 것까지 금지되는 것은 아니라고 하며, 표준정관 제9조제2항에서는 '건축물이 무허가인 경우에는 법에 의하여 제정된 시 · 도조례(이하 "시 · 도조례"라 한다)에서 정하는 기존

무허가건축물로서 자기 소유임을 입증하는 경우에 한하여 그 무허가건축물 소유자를 조합원으로 인정한다'고 정하고 있기에 대부분 조합들이 이를 반영하여 무허가건축물 소유자에게도 조합원 자격을 부여하고 있다. 다만, 이와 같은 정관은 조합설립이 관할 지자체로부터 인가된 이후에 효력이 발생되기에 추진위원회 설립을 위한 동의서 징구나 조합설립을 위한 동의서 징구 시에는 이들 무허가건축물 소유자를 제외하고 명부를 작성하여 추진위설립무효나 조합설립무효 소송 등에 대비할 필요가 있다.

구분소유 상가의
조합설립동의서 징구 시 유의할 사항은?

· 개요

재건축사업을 추진하는 단지에서는 등기부등본상 하나의 물건으로 소유하고 있으나 실제적으로는 수인이 각각 개별적으로 재산권을 행사하는 경우도 있고, 그 반대의 경우도 있는데 통상 동의서를 징구하는 입장에서는 등기부등본상의 소유형태를 기준으로 동의서를 징구할 수밖에 없으나, 동의자 수와 관련한 소송이 제기된다면 추진위원회설립 혹은 조합설립 자체가 무효화될 수 있습니다. 이와 같은 사례에서 유의할 사항은?

· 관련 판례 주요 내용

대법원 2019. 11. 15. 2019두46763 판결 [조합설립인가취소]

공동주택 또는 복리시설에 해당하는 1동의 건물(이하 '공동주택 등'이라고 한다) 중 구분된 건물 부분이 구조상·이용상 독립성을 갖추고 있고, 물리적으로 구획된 건물 부분을 각각 구분소유권의 객체로 하려는 구분 행위가 있는 경우에는 공동주택 등이 등기부에 구분건물로 등기되지 않았더라도 구분소유가 성립한다고 보아야 한다. 또한 공동주택 등이 구분건물이 아닌 일반건물로 등기되어 있는 관계로 구분소유자들이 구분등기를 마치지 못하고 형식상 공유등기를 마쳤더라도 그러한 이유만으로 구분소유의 성립을 부정할 것이 아니다.

· 실무자가 챙겨야 할 사항

추진위원회나 조합이 설립된 이후 동의율이 문제가 되어 인허가가 취소될 경우 그 피해가 막대하므로, 사업 구역 내 상가에 대해서는 동의 대상 상가의 이용현황과 공부상 현황을 반드시 사전에 확인해 보고, 이용현황과 공부현황이 상이할 경우 상기의 대법원 판례를 토대로 업무추진 방향을 정하고, 관할 지자체에 사전검토 의뢰하여 동의 대상을 확정한 후 동의서 징구 및 인허가 절차를 진행할 필요가 있다.

하나의 물건은 공유로, 또 하나의 물건은 단독으로 소유하고 있을 경우 대표자를 선정하는 방법에 따라 조합원 수가 달라지나?

· 개요

재건축사업의 경우 비교적 소유형태가 단순하지만, 재개발사업의 경우에는 소유형태가 매우 다양하고 복잡하다. A 토지는 갑, 을이 공유하고 B 토지는 을이 단독으로 소유한 상황에서 A 물권에 대한 대표를 갑으로 지정할 경우의 조합원 수와 A 물권에 대한 대표를 을로 지정할 경우의 조합원 수는 어찌될까?

· 관련 유권해석 주요 내용

법제처 18-0701, 2018. 12. 7. 민원인
「도시 및 주거환경정비법」에 따른 정비구역에서 토지 또는 건축물의 소유형태에 따른 조합원 자격 등(「도시 및 주거환경정비법」 제39조 등 관련)

도시정비법 제39조제1항 각 호 외의 부분 본문에서는 "정비사업의 조합원은 토지등소유자로 하되 같은 항 각 호의 어느 하나에 해당하는 때에는 그 여러 명을 대표하는 1명을 조합원으로 본다"고 하면서 같은 항 제1호에서는 "토지 또는 건축물의 소유권과 지상권이 여러 명의 공유에 속하는 때"를 규정하고 있는바, 이 사안의 경우 A 토지를 갑과 을이 공동으로 소유하고 있으므로 문언상 A 토지에 대해서는 "대표하는 1명"이 갑인지 을인지 여부와 관계없이 갑과 을을 대표하는 1명을 조합원으로 보는 것이 타당합니다.

한편 B 토지의 경우 갑은 B 토지의 소유자로서 정비사업의 조합원이 되고, 이 경우 A 토지의 대표조합원으로서의 갑과 B 토지에 대한 조합원으로서의 갑은 표면적으로는 동일한 자이나 A 토지에 대해서 그 본질은 "갑과 을의 대표"이므로 B 토지에 대한 소유자로서의 갑과 동일성이 인정되지 않는다는 점에서 이 사안의 경우 조합원의 자격을 갖는 사람은 2명으로 보아야 합니다.

아울러 도시정비법령에서는 대표조합원의 변경 절차에 관하여 별도의 규정이 없으므로 대표자가 누구인지에 따라 조합원의 수가 변경된다고 보는 경우에는 단순히 공유자들 간의 합의에 따라서 조합원의 수가 변동될 수 있어 안정적인 도시정비사업의 추진이 어렵다는 점도 이 사안을 해석할 때 고려해야 합니다.

· 실무자가 챙겨야 할 사항

상가 유권해석에서 살펴본 바와 같이 하나의 물건은 공유로, 또 하나의 물건은 단독으로 소유하고 있을 경우에는 대표조합원이 누구인지에 관계없이 조합원 수는 2인으로 해석하는 것이 타당하다. 실무를 접하다 보면 상기의 사례 외에도 조합원 수 산정 시 애매모호한 케이스가 다수 발견되는데 이럴 때는 법제처 유권해석 사례와 판례를 토대로 쟁점이 될 만한 케이스에 대해 방향을 결정하고 이를 자료화하여 관할 지자체의 사전검토 후 업무를 진행하는 것이 안전하다.

조합설립 당시의 다물권자로부터 소유권을 이전받은 자의 조합원 자격은? 분양권은?

· 개요

구 도시정비법 제19조(현재는 제39조)에 따라 조합설립 당시의 다물권자로부터 소유권을 이전받은 자의 경우 단독으로는 조합원 지위도, 분양권도 행사할 수 없다. 이에 대한 해결 방안은?

· 관련 유권해석 주요 내용

법제처 10-0010, 2010. 2. 22. 국토해양부

조합원이 아닌 토지등소유자가 분양권을 받을 수 있는지 여부(「도시 및 주거환경정비법」제19조 및 제48조 등 관련)

「도시 및 주거환경정비법」(이하 "도정법"이라 한다) 제19조제1항에서는 조합원은 토지등소유자로 하되, 토지 또는 건축물의 소유권과 지상권이 수인의 공유에 속하는 때(제1호), 수인의 토지등소유자가 1세대에 속하는 때(제2호) 및 조합설립인가 후 1인의 토지등소유자로부터 토지 또는 건축물의 소유권이나 지상권을 양수하여 수인이 소유하게 된 때(제3호)에는 그 수인을 대표하는 1인을 조합원으로 보도록 하고 있어, 토지등소유자 중 조합원이 되지 못하는 자가 있게 됩니다. (중략)

도정법 제19조제1항제3호에 따라 조합원이 되지 못한 토지등소유자

의 경우에 대하여 구체적으로 살펴보면, 해당 규정은 2009. 2. 6. 자로 개정된 도정법에서 신설되었는바, 해당 규정의 신설취지는 세대분할이나 조합설립 이후 토지등 양수로 인해 조합원이 증가하는 등 지분 쪼개기를 통한 투기세력의 유입에 의한 도시정비사업의 사업성 저하를 방지하고 기존 조합원의 재산권을 보호하기 위한 것인 점에 비추어 볼 때, 해당 규정에 따라 조합원이 되지 못한 토지등소유자는 정비사업에 따른 분양권을 받을 수 없음이 명백하다 할 것입니다.

· 실무자가 챙겨야 할 사항

상기의 법제처 유권해석과 다수의 국토교통부 및 서울시의 질의회신 사례를 통해 조합설립 당시의 다물권자로부터 소유권을 이전받은 자는 단독으로는 조합원 지위나 분양 대상자로서의 지위를 확보할 수 없고 매도자와 함께 공유 형태로 간주하여 대표선임을 하고 함께 분양신청서를 제출해야 조합원 지위나 분양 대상자로서의 지위가 인정 가능하다. 하지만, 다른 누군가와 공유 형태로 조합원으로서의 권한을 행사하기 위해 부동산물건을 취득하는 경우는 극히 드물기에 대부분 중개업자나 당사자가 관련 규정을 제대로 이해하지 못해 이런 상황이 발생하게 된다.

통상 조합원들이 소유권을 변경하게 되면 조합에 권리변동신고서를 제출하게 되는바, 이와 같은 권리변동신고서에 '조합설립 당시 다물권자로부터 물건을 매수했는지 여부'를 체크할 수 있는 칸을 만들어 조합원들의 권리변동 신고 시 실무자가 놓치지 않고 문제를 파악할 수 있게 조치할 필요가 있다.

조합설립 당시 1세대가 여러 물건을 소유하다 조합설립 후 그중 일부를 매매한다면 조합원 자격은?

· 개요

도시정비법에서는 조합설립 당시 다수의 물건 소유자가 조합설립 이후 소유물건 중 일부를 제3자에게 처분할 경우 단독으로 조합원 자격을 인정하고 있지 않다. 그럼 조합설립 당시 1세대가 여러 물건을 소유하다 조합설립 후 그중 일부를 매매한다면 조합원 자격은 어찌될까?

· 관련 유권해석 주요 내용

법제처 12-0468, 2012. 12. 26. 민원인
정비사업조합원의 대상 범위(「도시 및 주거환경정비법」 제19조 등 관련)

1세대에 속하는 A, B, C, D 중 C가 조합설립인가 이후 다른 세대에 속하는 甲에게 C의 소유권 또는 지상권을 양도한 경우라면 甲은 A, B, D와 1세대에 속하지 아니할 뿐만 아니라 독립적인 토지등소유자의 지위를 갖는다고 할 것이므로 같은 호의 적용 대상에 해당하지 않고, 같은 호의 괄호 안에서는 사후적으로 세대를 달리하는 경우를 1세대로 보는 경우를 조합설립인가 후 세대를 분리하여 동일한 세대에 속하지 아니하는 경우로 매우 제한적으로 규정하고 있을 뿐, 조합설립인가 후 수인의 토지등소유자 일부가 양도·양수로 인해 1세대가 아닌 사람이 소유하게

된 경우까지도 이를 1세대로 간주하는 명문의 규정을 두고 있지 아니하므로, 이 사안에서 甲은 도정법 제19조제1항 각 호 외의 부분에 따라 단독으로 조합원의 자격을 가진다고 할 것입니다.

· 실무자가 챙겨야 할 사항

조합설립 당시 1세대가 여러 물건을 소유하다 조합설립 후 그중 일부를 매매한다면 1인이 다수의 물건을 소유하고 있다 매매하는 경우와 달리 매도자뿐만 아니라 매수자도 단독으로 조합원 자격이 인정 가능하다. 다만, 이와 같이 조합원 수가 변동될 경우 불필요한 민원이 발생할 수 있고 인허가 과정에서도 검토기일이 오래 소요될 수 있기에 조합설립동의서 징구 단계에서부터 조합원 상담 시 체크리스트 같은 것을 준비하여 사업 구역 내 여러 개의 물건을 보유하고 있는지 혹은 세대구성원 중 다른 누군가가 물건을 보유하고 있는지 등을 확인하여 이러한 시빗거리를 사전에 차단할 필요가 있다.

국가와 부동산물건을 공유하고 있는
조합원의 총회의결권 행사 방법은?

· 개요

재개발 구역의 경우 국가와 공유 형태로 토지를 소유하고 있는 경우가 종종 파악된다. 이와 같은 경우 총회에 참석하여 조합원으로서의 권한을 행사하기 위해서 필요한 조치는?

· 관련 유권해석 주요 내용

국토교통부 2AA-1901-126907 2019. 1. 10. 대표조합원 선임 관련

도시정비법 시행령 제33조에서는 소유권 또는 구분소유권을 여럿이서 공유하는 경우에는 그 여럿을 대표하는 1인을 토지등소유자로 산정하도록 규정하고 있기 때문에 개인, 국가 등 구분 없이 위 규정을 적용해야 함을 알려드립니다.

· 실무자가 챙겨야 할 사항

국가와 토지를 공유하고 있는 토지등소유자의 경우 추진위원회 설립동의서 혹은 조합설립동의 시 동의서를 제출하였다면, 국가는 별도의 반대의사를 표하지 않은 경우 동의한 것을 간주할 수 있다는 취지의 판례(대법원 2014. 4. 14. 선고 2012두1419 전원합의체 판결)가 있기에 동

의자 수에 포함시키는 것은 문제되지 않는다. 다만, 조합원으로서의 총회 참석권, 의결권 등을 행사하기 위해서는 개인과 마찬가지로 대표조합원 선임이 필요하다는 취지의 질의회신 사례이다. 하지만, 실무적으로 토지의 관리청으로부터 대표조합원 선임동의서를 징구하는 것은 매우 드문 실정인바, 총회 준비 과정에서 참석자 명부 작성 시 주의할 필요가 있다.

국가나 지방자치단체가 소유하고 있는 토지등에 대한 동의서 징구 방법은?

· 개요

사업 구역 내 토지 혹은 건축물을 국가나 지방자치단체가 소유하고 있을 경우 동의서를 받아야 할까? 받아야 한다면 어떤 절차를 거쳐야 할까?

· 관련 판례 주요 내용

대법원 2014. 4. 14. 선고 2012두1419 전원합의체 판결 [주택재건축정비사업조합설립인가처분취소]

국가와 지방자치단체가 정비사업시행과 관련하여 여러 공적 권한과 역할을 부여받고 있음과 아울러 공공복리 실현을 위하여 정비사업을 지원하고 사업의 추진에 협조할 의무를 지고 있는 점 등에 비추어 보면, 해당 정비사업조합에 대한 설립을 인가하는 관할관청이 대표하는 지방자치단체가 정비구역 내에 토지를 소유하는 경우에 지방자치단체는 조합설립인가처분을 통하여 해당 정비사업조합의 설립에 동의한 것으로 볼 수 있고, 또한 국가 또는 정비구역 지정권자가 대표자로 있는 지방자치단체가 정비구역 내에 국·공유지를 소유하는 경우에 정비기본계획의 수립 및 정비구역의 지정으로부터 관할관청의 구체적인 조합설립인가처분에 이르기까지의 과정에서 협의 절차 등을 통하여 정비사업 자체나 해당 정비사업조합에 의한 사업 추진에 대하여 명시적으로 반대의 의사를 표시하거나 반대하였다고 볼 수 있는 행위를 하지 않았다면, 국가 또는 지방자치단체는 관할관청의 인가에 의하여 이루어지는 해당 정비사업조합의 설립에 동의한 것으로 볼 수 있다.

· 실무자가 챙겨야 할 사항

상기 판례에서 살펴볼 수 있는 바와 같이 지방자치단체의 경우에는 추진위원회 설립인가 혹은 조합설립인가 등의 처분을 통해 사실상 정비사업 추진에 동의한 것으로 볼 수 있고, 나머지 국공유 재산 관리청의 경우에도 정비계획수립 과정에서 협의를 진행하게 되는데 통상 이 과정에서 사업을 추진하지 말라는 의견은 제시되지 않기에 정비사업조합의 설립에 동의한 것으로 봐야 한다는 취지의 판례이다. 만약 이제 막 조합설립을 준비하는 현장의 실무자라면 이와 같은 판례를 활용하여 동의 대상자 명부를 만들고 동의율을 산정하여 조합설립을 위한 요건의 충족 여부를 검토하여야 한다.

여러 명의 공유에 속하는 토지의 공유자 중 일부가 소재불명인 경우 동의서 징구 방법은?

· 개요

도시정비법 시행령 제33조에서는 소재불명자 즉, 토지등기부등본·건물등기부등본·토지대장 및 건축물관리대장에 소유자로 등재될 당시 주민등록번호의 기록이 없고 기록된 주소가 현재 주소와 다른 경우로서 소재가 확인되지 아니한 자는 토지등소유자의 수 또는 공유자 수에서 제외하도록 정하고 있다. 그럼 공유자 중 일부가 소재불명자인 경우에는 어떻게 해야 할까?

· 관련 판례 주요 내용

대법원 2017. 2. 3. 선고 2015두50283 판결 [주택재건축정비사업조합설립인가처분취소]

도시정비법 시행령 제28조제1항제4호는, 토지등기사항증명서·건물등기사항증명서·토지대장 및 건축물관리대장에 소유자로 등재될 당시 주민등록번호의 기재가 없고 기재된 주소가 현재 주소와 상이한 경우로서 소재가 확인되지 아니한 자(이하 '소재불명자'라 한다)는 토지등소유자의 수에서 제외하여야 한다고 규정하고 있는데, 이는 의사 확인이 어려운 토지등소유자를 조합설립동의 등의 절차에서 동의 대상자에서 제외함으로써 사업 진행을 원활하게 하려는 것이다. 그런데 여러 명의 공유에 속하는 토지의 공유자 중 일부가 소재불명자이면 앞서 본 바와 같이 유효한 조합설립동의를 할 수 없다는 점에서 토지의 단독소유자가 소재불명자인 경우와 다르지 아니하므로, 공유자 중 일부가 소재불명자인 경우도 단독소유자가 소재불명인 경우와 마찬가지로 조합설립동의 대상이 되는 토지 또는 건축물 소유자의 수에서 제외하여야 한다.

· 실무자가 챙겨야 할 사항

소유자가 단독소유자인지 공유자 중 일부인지 여부와 관계없이 소재불명자에 해당할 경우 그 사람은 조합설립동의서 징구 대상에서 제외해야 한다는 취지의 판례이다. 조합설립인가 직후 무효나 취소를 주장하는 소송이 제기되지 않는다 하더라도 부동산경기가 침체되거나 뒤늦게 조합설립 사실을 알게 된 소유자로부터 조합설립이 무효라거나 취소해 달라는 취지의 소송은 끊임없이 발생하고 있다. 따라서 사례와 같이 공유자 중 일부가 소재파악이 되지 않을 경우에는 시행령에서 규정하고 있는 요건이 모두 충족하는지 여부를 잘 살펴 동의자 수를 산정하여야 하며, 소재불명자임을 증명할 수 있는 공부(등기 및 대장)와 우편물 발송 근거 등을 확보한 후 인허가 신청 시 첨부하여 소송 등에 대비할 필요가 있다.

총회개최 시 국·공유 재산의 관리청도 조합원 수에 포함시켜야 하나?

· 개요

평소에는 크게 문제 되지 않지만, 총회의 효력을 다투는 소송이 진행되면 국공유 재산의 관리청이 조합원 수에 포함되는지 여부가 이슈화되곤 한다. 어떻게 대응하는 것이 좋을까?

· 관련 판례 주요 내용

서울행정법원 2014구합53933 2014. 10. 30. 조합설립변경인가취소

도시정비법 제17조제1항, 제2항, 시행령 제28조제1항제1호다목, 제5호에 의하면, 국유지·공유지에 대해서는 그 재산관리청을 토지등소유자로 산정하되, 주택재개발사업의 경우에 1인이 다수 필지의 토지 또는 다수의 건축물을 소유하고 있는 경우에는 필지나 건축물의 수에 관계없이 토지등소유자를 1인으로 산정하도록 규정하고 있다.

한편 여러 필지의 국가 또는 지방자치단체 소유의 국·공유지(이하 '국·공유지'라 한다)에 대하여 소관 관리청이 다른 경우에 관한 특별한 예외규정을 두고 있지 아니하나, 이와 같은 관계 법령의 문언에 의하면 정비구역 안에 여러 필지의 국·공유지가 있는 경우에도 소유권의 수에

관계없이 토지 또는 건축물 소유자를 소유자별로 각각 1명으로 산정하여야 한다(대법원 2014. 4. 14. 선고 2012두1419 전원합의체 판결 등 참조).

갑 제23, 27호증의 각 기재 및 변론 전체의 취지에 의하면, 이 사건 정비구역 내에는 국토해양부가 재산관리청인 14필지, 기획재정부가 재산관리청인 21필지, 산림청이 재산관리청인 1필지의 대한민국 소유의 국유지와, 서울특별시 소유의 공유지 13필지, 서울특별시 ○○구 소유의 공유지 48필지가 존재하는 사실을 인정할 수 있다. 따라서 이 사건 결의 당시 조합원 총수에 국·공유지의 토지등소유자 3명(대한민국, 서울특별시, 서울특별시 ○○구)을 조합원 총수에 포함시켜야 한다.

· 실무자가 챙겨야 할 사항

시간이 흐를수록 총회의 의결요건은 까다로워지기에 상황에 따라서는 법에서 요구하는 의결요건을 충족시키기 어려울 때가 발생하기도 하여 현실적으로 의결권 행사가 불가능한 국·공유 재산의 관리청을 조합원 수에서 배제하기 십상이다. 하지만, 다수의 판례와 질의회신 사례에서 국·공유 재산의 관리청 역시 총회개최를 위한 조합원 수에 포함시켜야 한다는 입장이므로 이들 국·공유 재산 관리청에 총회책자를 발송하거나 서면결의서를 징구하는 것은 현실적으로 어렵다 하더라도 총 조합원 수에는 포함시켜 시빗거리를 차단할 필요가 있다.

조합설립 당시 시부모와 며느리가 각각 주택을 소유하다 분가했을 경우 조합원 자격은?

· 개요

도시정비법 제39조에서는 1세대로 구성된 여러 명의 토지등소유자가 조합설립인가 후 세대를 분리하여 동일한 세대에 속하지 아니하는 때에도 이혼 및 19세 이상 자녀의 분가(세대별 주민등록을 달리하고, 실거주지를 분가한 경우로 한정한다)를 제외하고는 1세대로 본다고 규정하고 있는데 주택을 소유한 며느리의 분가도 상기와 같은 예외규정을 적용하여 시부모와 며느리 각각 조합원으로 인정할 수 있을까?

· 관련 유권해석 주요 내용

법제처 19-0465, 2019. 12. 30. 민원인

조합원 자격의 인정 기준과 관련하여 "19세 이상 자녀의 분가"의 의미 (「도시 및 주거환경정비법」 제39조제1항 등 관련)

도시정비법 제39조제1항제2호 후단에서는 배우자는 동일한 세대별 주민등록표에 등재되어 있지 않더라도 1세대로 보고 있어 부부가 모두 토지등소유자이더라도 둘 중 1명만을 조합원으로 인정하고 있으므로, 같은 규정의 "19세 이상 자녀의 분가"는 반드시 부 또는 모와 그 자녀로 만 한정할 것이 아니라 자녀의 배우자까지 포함하는 것으로 보는 것이

타당합니다.

그렇다면 이 사안과 같이 시어머니인 甲의 아들이 아니라 그 며느리인 乙이 토지등소유자라고 하더라도 그 시어머니인 甲과 동일한 세대에 속했다가 甲의 아들과 그 배우자인 乙이 분가하여 세대를 분리한 이상, 이는 도시정비법 제39조제1항제2호 후단의 "19세 이상 자녀의 분가"에 해당하는 것이므로 더 이상 甲과 乙은 1세대에 속하는 것이 아니어서 乙에게도 조합원의 자격이 인정된다고 보아야 합니다.

· 실무자가 챙겨야 할 사항

조합원의 자격에 관한 사항은 얼핏 생각하면 당연한 듯하면서도 막상 명부를 작성하려 하면 또 쉽지 않은 것이 사실이다. 다양한 사례를 통해 자신만의 기준을 정립해 나가는 것이 가장 중요하다 할 것이다. 이 사례의 결론은 며느리도 법에서 언급하는 자녀에 포함되는 것으로 해석하여 시부모와 며느리 각각 조합원으로 인정 가능하다는 점. 조합원의 각종 동의서 징구나 권리변동신고 시 무심코 서류를 접수하다 보면 이런 케이스를 제대로 체크하지 못할 수 있으므로 각종 양식 혹은 접수대장에 사업 구역 내 다른 세대구성원의 주택 소유여부를 체크할 수 있는 항목 등을 삽입하여 조합원 명부를 관리할 필요가 있다.

조합원 상당수가 분양신청을 하지 않은 상태에서 사업시행계획을 폐지한다면 조합원 지위가 회복될까?

· 개요

사업시행계획인가 이후 관리처분계획수립을 위한 분양신청절차를 진행하였으나 조합원 상당수가 분양신청을 하지 않아 사업이 중단된 이후 이를 재개하기 위해 최초의 사업시행계획을 폐지한다면 사업시행인가 이후 진행된 분양신청 등의 절차를 무효로 하여 분양신청 미실시로 인해 조합원 지위를 상실한 사람들의 지위를 회복시킬 수 있을까?

· 관련 판례 주요 내용

대법원 2021. 2. 10. 선고 2020두48031 판결

주택재개발정비사업조합의 조합원이 분양신청절차에서 분양신청을 하지 않으면 분양신청 기간 종료일 다음 날에 현금청산 대상자가 되고 조합원의 지위를 상실한다. 그 후 그 분양신청절차의 근거가 된 사업시행계획이 사업시행기간 만료나 폐지 등으로 실효된다고 하더라도 이는 장래에 향하여 효력이 발생할 뿐이므로 그 이전에 발생한 조합관계 탈퇴라는 법적 효과가 소급적으로 소멸하거나 이미 상실된 조합원의 지위가 자동적으로 회복된다고 볼 수는 없다. 조합이 새로운 사업시행계획을 수립하면서 현금청산 대상자들에게 새로운 분양신청 및 조합 재가입

의 기회를 부여하는 것은 단체 자치적 결정으로서 허용되지만, 그 기회를 활용하여 분양신청을 함으로써 조합에 재가입할지 여부는 현금청산 대상자들이 개별적으로 결정할 몫이지, 현금청산 대상자들의 의사와 무관하게 조합이 일방적으로 현금청산 대상자들이 조합원의 지위를 회복하는 것으로 결정하는 것은 현금청산사유가 발생하면 150일 이내에 현금청산을 하도록 규정한 구 도시 및 주거환경정비법(2013. 12. 24. 법률 제12116호로 개정되기 전의 것) 제47조제1항의 입법 취지에도 반하고, 현금청산 대상자들의 의사와 이익에도 배치되므로 허용되지 않는다고 보아야 한다.

· 실무자가 챙겨야 할 사항

부동산경기 침체기에는 사업시행인가 혹은 관리처분인가를 득한 상황에서도 사업이 장기간 중단되는 사례가 발생하게 된다. 이런 경우 도시정비법 제50조에서는 '사업시행자는 정비사업을 시행하려는 경우에는 사업시행계획서에 정관등과 그 밖에 국토교통부령으로 정하는 서류를 첨부하여 시장·군수 등에게 제출하고 사업시행계획인가를 받아야 하고, 인가받은 사항을 변경하거나 정비사업을 중지 또는 폐지하려는 경우에도 또한 같다.'고 하여 사업시행계획의 폐지도 허용하고 있기에 사업시행계획인가 이후 진행된 모든 절차를 원점으로 되돌리는 차원에서 사업시행계획의 폐지를 고려할 수 있다. 하지만, 상기 판례에서 살펴본 바와 같이 설령 이와 같은 사업시행계획의 폐지가 있다 하더라도 조합에서 일방적으로 이미 청산자가 된 자들을 조합원으로 회복시킬 수는 없다. 따라서, 만약 이런 상황에 처한다면 조합원 지위 회복과 관련된 정관 개정(안)과 조합원 지위 회복에 대한 안건을 총회에서 상정하여 의결할 필요가 있으며 정관 내용에는 '당사자의 조합설립동의서 제출과 총회에서 조합원 지위 회복을 의결할 경우 조합원으로 인정한다'는 취지의 문구를 포함시켜야 한다.

투기과열지구 내 재건축사업에서 조합설립 후 공유자 중 일부가 소유권을 매매하였을 경우 나머지 공유자의 조합원 자격은?

· **개요**

투기과열지구 내 정비사업의 경우 재건축사업은 조합설립 후 조합원 지위 양도가 금지된다. 만약 조합설립 당시 A와 B가 공유로 소유하고 있다 조합설립 후 A가 그 지분을 제3자에게 매각하게 된다면 조합원 자격은 어떻게 될까?

· **관련 유권해석 주요 내용**

법제처 22-0544, 2022. 11. 25. 민원인

투기과열지구의 재건축사업에서 여러 명의 공유에 속하는 건축물에 대해 그 여러 명을 대표하여 조합원이 된 자가 조합설립인가 후 지분 전부를 양도한 경우 조합원 자격(「도시 및 주거환경정비법」 제39조제2항 등 관련)

도시정비법 제39조제1항제1호는 토지 또는 건축물의 소유권과 지상권이 여러 명의 공유에 속하는 때에는 공유자로 하여금 사업시행자인 조합에 대한 관계에 있어서 공유자 1명을 공유자대표조합원으로 선정하고, 그 1명을 조합에 등록하도록 하여 하나의 의결권 등을 행사하게 함으로써 조합운영의 절차적 편의를 도모하려는 것으로서, B와 같은 나

머지 공유자를 조합원이 되지 못하도록 하려는 취지로 볼 수는 없다고 할 것인데(각주 : 대법원 2009. 2. 12. 선고 2006다53245 판결례 참조), 조합설립인가 후 건축물의 대표조합원의 지분 양도가 있는 경우 기존의 다른 공유자들 전부가 공유자대표조합원이 될 수 없다고 보는 것은 이러한 규정취지에 반할 뿐만 아니라, 결국 공유자대표조합원이 없기 때문에 B와 같은 나머지 공유자가 같은 법 제72조에 따라 분양신청을 할 방법이 없게 되어 공유자 중 1명에 지나지 않는 공유자대표조합원의 지분 처분이 다른 공유자의 권리를 과도하게 제한하는 결과를 가져오므로 타당하지 않습니다.

따라서 이 사안의 경우, B는 도시정비법 제39조제1항 각 호 외의 부분 본문 및 제1호에 따라 공유자대표조합원이 될 수 있습니다.

· 실무자가 챙겨야 할 사항

통상 이런 상황이 생기면 이론 없이 제3자는 조합원 자격이 없는 것으로 해설할 것이다. 하지만 나머지 공유자의 지분만으로 조합원 자격이 있는지 그리고 분양 대상 조합원이 될 수 있는지가 문제인데, 상기 유권해석에 따르면 나머지 지분 소유자가 대표조합원이 될 수 있다는 취지이다. 다만, 이와 같은 유권해석에도 불구 분양 대상인지 여부는 별개이기에 만약 이런 상황이 발생된다면 당사자에게 분양 대상 자격에 문제가 생길 수 있음을 안내하여 매매취소 등 향후 관리처분계획수립 시 문제가 생기지 않게끔 조치할 필요가 있다.

재건축조합설립에 미동의한 다물권자가 조합설립인가 후 일부 물권을 매각하고 조합설립동의를 할 경우의 조합원 자격은?

· 개요

다수의 부동산물건을 소유한 조합원의 경우 조합설립 이후 그중 일부를 제3자에게 매각하게 되면 그 제3자와 공유 형태로 조합원으로서의 권한을 행사하고 분양권도 인정받을 수 있다. 만약, 조합설립에 동의하지 않은 상태에서 조합설립후 소유 물건 중 일부를 매각하였다면 조합원 자격을 어떻게 처리해야 할까?

· 관련 유권해석 주요 내용

법제처 22-0441, 2022. 10. 28.

재건축사업의 정비구역 내 토지등소유자가 조합설립인가 후 건축물 양도 시점에도 재건축사업에 동의하지 않은 경우 「도시 및 주거환경정비법」에 따른 정비사업조합원의 범위(「도시 및 주거환경정비법」 제39조 제1항 등 관련)

"조합설립인가 후"에 1명의 토지등소유자로부터 토지 및 건축물의 소유권을 양수하여 여러 명이 소유하게 된 때에는 그들을 대표하는 1명만이 조합원이 된다는 점이 문언상 명백하고, 같은 호는 본인 소유의 여러 건축물 중 하나를 조합설립인가 후 제3자에게 양도하고 그 양도 이후에도 여전히 해당 정비구역 내에 다른 건축물을 소유하고 있는 양도인과 양수인에 대해서도 적용되는 것인바(각주 : 법제처 2017. 1. 25. 회신 16-0632 해석례 참조), 주택의 양수 시기가 조합설립인가 후인 것이 분명함에도 양도 시 양도인인 토지등소유자가 재건축사업에 동의하지 않은 상태였다는 사정이 있다고 하여 양도인과 양수인 각각을 조합원으로 보는 것은 본질적으로 차이가 없는 사안을 달리 취급하는 것으로 타당하지 않다고 할 것입니다.

· 실무자가 챙겨야 할 사항

법제처 유권해석에 따르면 다물권자의 경우 조합설립에 동의했는지 여부에 관계없이 조합설립인가 이후 분리매각하게 되면 공유 형태로만 조합원으로 봐야 한다는 취지다. 따라서 추진위원회 설립 당시부터 사업 구역 내 다수의 부동산을 소유한 자들의 명단을 관리하여 당사자에게 조합설립 이후에 동의할지라도 분리매각할 경우 공유 형태로만 조합원 지위가 인정됨을 안내하고 각종 안내문이나 동의서 징구안내 책자에도 관련 문구를 포함시켜 시빗거리를 차단할 필요가 있다.

자신의 부동산을 팔고
또 다른 부동산을 매수하는 과정에서
일시적으로 2주택자가 될 경우 조합원 지위는?

· 개요

조합설립 이후 본인이 소유한 부동산 외에 다른 부동산을 매입하게 되면 두 개의 부동산물건을 소유한 것을 전제로 조합원 지위가 인정된다. 만약, 자신의 물건을 팔고 다른 물건을 취득하는 과정에서 일시적으로 기간이 겹쳐 1세대 2주택에 해당할 경우 조합원 지위는 어떻게 될까?

· 관련 판례 주요 내용

서울행정법원 2019. 12. 3. 선고 2019구합61700 판결 [조합설립변경인가처분취소]

정비구역 내 부동산을 소유한 조합원이 당해 주택에 관하여 매매·증여 등 권리의 변동을 수반하는 원인행위를 할 당시 1세대 1주택자로서 도시정비법 시행령 제37조제1항 각 호에서 정한 소유기간 및 거주기간의 요건을 구비하고 있었다면 위 예외규정에서 정한 "양도인"의 요건을 충족하였다고 할 것이어서, 조합설립인가 후라도 양수인이 조합원 지위를 취득할 수 있는 경우에 해당한다고 봄이 상당하다. 이와 달리 정비구역 내 주택에 대한 등기가 경료된 시점을 기준으로 도시정비법 제39조제2항제4호의 적용 여부를 판단하게 되면 매매계약에서 정한 등기시점의 선후라는 우연한 사정으로 인하여 일시적으로 주택 양도인이 2주택자가 된 경우에도 주택 양수인이 조합원 지위를 인정받을 여지가 없게 되므로, 이는 조합원이 실제 거주지를 이전할 목적으로 재건축 대상 부동산을 양도하고 새로운 주택을 매수하는 것에 지나친 어려움이 발생하지 않도록 고려한 도시정비법 제39조제2항제4호 규정의 취지에 부합하지 않고, 재건축주택의 양수인에게도 불측의 사정으로 인하여 조합원 지위를 인정받지 못하는 중대한 피해를 주는 것으로 타당하지 않다.

· 실무자가 챙겨야 할 사항

상기 판례에서는 일시적으로 2주택자가 될 경우 원인행위를 할 당시 즉, 매매계약 시점을 기준으로 조합원의 권리를 따져야 하는 것으로 판단하고 있다. 하지만, 실무상 이런 일이 생기고 조합설립변경 과정에서 인허가 담당자가 이를 인지하게 된다면 거의 대부분의 담당자는 단독으로 조합원 지위를 행사하는 것을 인정하지 않으려 하는바, 일차적인 협의과정에서 담당자를 설득하기 어렵다면 당사자에게 안내하여 매매취소(착오취소 또는 합의해제) 절차를 진행하게 하거나 조합을 상대로 한 소송을 제기하게 하여 그 판결에 따라 인허가 절차를 진행하여야 한다.

신발생 무허가건축물도 손실보상 대상이 될 수 있을까?

· 개요

대부분의 재개발 구역 조합들은 시·도조례가 정하는 바에 따라 1989. 1. 24. 이전에 건축된 것을 증명 가능한 무허가건축물(이를 통상 '기존무허가건축물'이라 한다.)에 대해서는 조합원 자격을 인정하고 분양권도 인정해 주고 있으며, 만약 분양신청을 하지 않을 경우 손실보상도 해 주고 있다. 그럼 1989. 1. 24 이후에 지어진 신발생 무허가건축물은 손실보상을 해 주지 않고 철거할 수 있을까? 실무상 주의할 점은?

· 관련 판례 주요 내용

수원지방법원 2020. 6. 18. 선고 2019구합61749 판결 [손실보상금]

피고는, 원고 B가 관할 행정청으로부터 적법한 개축허가가 없이 발코니 확장공사를 실시하여 그 확장 부분이 침실로 변경된 상태였는데, 이러한 불법건축물은 철거의 대상일 뿐 손실보상의 대상이 될 수 없음에도 이를 반영하여 감정평가액을 산정한 관련 사건 법원감정 결과는 위법하여 취신할 수 없다고 주장한다. 그러나 건축물에 관하여 토지보상법 제75조나 토지보상법 시행규칙 제33조가 건축허가의 유무에 따른 구분을 두고 있지 않으므로 지장물인 건물은 통상 적법한 건축허가를 받았는지 여부에 관계없이 사업인정의 고시 이전에 건축된 건물이기만 하면 손실보상의 대상이 된다(대법원 2000. 3. 10. 선고 99두10896 판결 참조).

· 실무자가 챙겨야 할 사항

상기 판례에 따르면 토지보상법상 손실보상과 관련한 규정에 건축허가의 유무를 구분하고 있지 않으므로 설령 신발생 무허가건축물일 경우에도 손실보상을 해 줘야 한다는 취지이다. 다만, 이렇게 손실보상 대상으로 인정이 가능하다면 당사자와의 합의가 어려울 경우 수용재결도 진행해야 하는바, 사전에 측량을 하고 수용·사용 토지 및 건축물 명세에 포함시켜야 한다. 또한 조합원 지위가 인정 가능한 기존무허가건축물의 경우에도 사업시행계획인가 후 진행되는 감정평가 시 건축물의 면적과 관련하여 민원이 생길 수밖에 없기에 아예 사업시행계획수립 단계에서 구역 내 무허가건축물 전체에 대해 건축물현황 측량을 하여 대비할 필요가 있다.

2. 각종 회의와 관련된 논란

임원 연임총회는
반드시 선거관리위원회를 구성해야 하는가?

· **개요**

임원의 임기가 만료되면 통상 연임총회를 진행하게 되며, 특히나 조합 설립 이후 한 차례 연임총회를 성공시킨 집행부의 경우 두 번째 혹은 세 번째 연임총회에서는 꼭 선거관리위원회를 구성해야 하는지 의문을 제기하며 이를 생략하기도 한다. 과연 어떻게 하는 것이 안전할까?

· **관련 판례 주요 내용**

수원지방법원 안산지원 2021. 2. 25. 2021카합50011 결정 [총회개최 금지가처분]

도시 및 주거환경정법은 조합임원의 임기는 3년 이하의 범위에서 정관으로 정하되 연임할 수 있고, 선출방법은 정관으로 정한다고 규정하고 있고(제41조제4, 5항), 채무자의 정관은 "임원은 총회의 의결을 거쳐 연임할 수 있다."고 정하고 있으며(제13조제4항), 채무자의 선거관리규정은 연임의 경우에 관하여 별도로 규정하고 있지 않다. 여기에 선거관리규정 제4조가 "모든 선거는 선거관리위원회가 주관한다."고 규정한 것은 선거절차가 존재하는 경우를 전제로 한 것으로, 위 규정이 선거절차를 거치지 아니하는 연임의 경우에도 당연히 적용된다고 볼 근거가 없는 점, 연임의 경우 다른 조합원들에게 입후보 및 선거운동의 기회가 부여되어야 하는 선임절차와는 차이가 있는 점 등을 보태어 보면, 채무자의 임원이 연임하는 경우에도 필요적으로 선거관리위원회가 구성되어야 한다고 단정하기 어렵다.

· **실무자가 챙겨야 할 사항**

연임총회 진행과 관련하여 선거관리위원회를 구성하지 않은 하자가 있다며 민원이 제기되거나 소송이 제기되는 경우가 상당하므로 설령 조합 선거관리규정이 명확하지 않다 하더라도 선거관리위원회를 구성한 후 연임총회를 진행하여 불필요한 분쟁을 최소화할 필요가 있다. 물론, 사례의 판례에서는 조합이 승소하였지만, 하급심 판례는 언제든지 뒤바뀔 수 있기에 업무계획수립 시 보수적 접근이 필요하다.

조합설립을 위한 창립총회에서 조합임원 선임이 부결될 경우 해결 방안은?

· 개요

힘들게 조합설립동의서 징구를 완료하고 조합설립을 위한 창립총회를 개최하였으나 임원이나 대의원 선임이 일부 부결되는 사례가 종종 발생한다. 이럴 경우 해결 방안은?

· 관련 판례 주요 내용

대법원 2014. 10. 30. 선고 2012두25125 판결 [조합설립인가처분취소]

구 도시 및 주거환경정비법 시행규칙(2012. 4. 13. 국토해양부령 제456호로 개정되기 전의 것) 제7조제1항에서는 조합의 설립인가신청서에 첨부할 서류로 조합정관, 조합원 명부, 조합설립동의서, 창립총회 회의록 등을 규정하는 한편, 제7호에서 '창립총회에서 임원·대의원을 선임한 때에는' 임원·대의원으로 선임된 자의 자격을 증명하는 서류를 첨부하도록 정하고 있다. 이에 비추어 보면 조합의 임원이나 대의원을 반드시 창립총회에서 선임할 필요는 없으므로, 창립총회에서 조합장 등 조합임원 선임의 결의가 부결되었다고 하더라도 이 때문에 창립총회가 무효라고 볼 수는 없다.

· 실무자가 챙겨야 할 사항

정비사업의 초기 단계에서는 대부분의 토지등소유자들이 동의서 제출을 꺼려 하며 창립총회가 임박한 시점에서야 동의서를 제출하는 경우가 다반사이다. 설령 이렇게 힘겹게 창립총회를 개최하였다 하더라도 반대자가 많을 경우 혹은 집행부 세력이 나뉠 경우에는 일부 임원이나 대의원 선출이 부결될 수 있다. 이와 같은 상황이 발생하게 되면 상기 대법원 판례에서 언급하고 있는 바와 같이 설령 창립총회에서 일부 임원이나 대의원 선임에 관한 안건이 부결될 경우에도 추진위원회는 여전히 유효하기에 재차 창립총회를 개최하여 부족한 임원이나 대의원을 선출하는 안건을 처리하면 될 것이다.

다만, 최근에 각광받고 있는 가로주택정비사업이나 소규모재건축정비사업의 경우 추진위원회 단계가 없기에 설령 정관개정의 건 등 일부 안건이 가결되거나 일부 임원 혹은 대의원이 선임되었다 할지라도 조합설립을 위한 필수적 요건이 충족되지 않았다면 변호인의 법률자문 및 지자체와의 사전협의를 통해 동일한 내용의 안건으로 제2차 창립총회를 개최하여 불필요한 시비를 방지하는 것을 검토할 필요가 있다.

시공사 계약해지를 위한 총회도 조합원 과반수가 참석해야 할까?

· 개요

통상 시공사와의 계약해지를 위한 총회는 새로운 시공사 선정총회와 함께 진행하기에 국토교통부 고시 정비사업계약업무처리기준 등에 의거 조합원 과반수 요건을 충족시킨 상태에서 총회를 진행하게 된다. 하지만, 만약 부득이한 상황으로 시공사 계약해지만을 총회에 안건으로 상정하게 된다면, 이 경우에도 과반수 요건을 충족시켜야 할까? 보다 안정적으로 총회를 준비할 방법은?

· 관련 판례 주요 내용

서울북부지방법원 2011. 8. 25. 선고 2011가합2207 판결 [정기총회결의무효확인]

이미 선정된 시공자에 대한 선정을 철회하고, 시공자와 체결한 (가)계약을 해제하는 안건에 대한 결의에 선정기준 제14조제1항, 정관 제12조제1항, 제22조제7항에 의한 조합원 과반수 직접 출석이 필요한지에 관하여 보건대, 조합이 일정한 경우 선정을 무효화하기 위해서는 선정과 동일한 방식의 총회의결을 거치도록 정하고 있는 선정기준 제15조의 규정 취지에 비추어 보면 조합의 일방적인 시공자 선정 철회를 위해서도 당연히 선정기준 제14조에 따른 총회의 의결이 필요한 것으로 보이는 점, 만일 피고의 주장과 같이 시공자 선정의 철회를 일반 의사정족수에 의해 자유롭게 할 수 있다면 선정기준 제15조에 의한 제한을 잠탈하게 되는 점, 또한 피고 정관 제12조제1항 단서에 의하면 선정된 시공자의 변경 시에도 시공자 선정기준에 따르도록 되어 있는바, 시공자의 변경은 이미 선정된 시공자에 대한 선정 철회와 새로운 시공자의 선정이 결합된 행위이므로 별도로 선정 철회만을 의결함에 있어서도 변경과 동일한 의사정족수가 필요한 것으로 해석함이 상당한 점 등에 비추어 이 사건 총회 제8호 안건에 대한 결의를 위해서는 조합원 과반수의 직접 출석이 필요하다고 할 것인바 (중략)

· 실무자가 챙겨야 할 사항

사례의 판례에서는 시공사 계약해지를 위한 총회 역시 조합원 과반수 직접 참석 요건을 충족하여야 한다는 판례이나, 불필요하다는 취지의 판례(서울동부지방법원 2015. 1. 21. 2014카합10149)도 존재한다. 이와 같이 판례가 엇갈릴 때는 보수적으로 접근하는 것이 타당하므로 부득이 새로운 시공사 선정 절차 없이 계약해지 절차만 진행하려 한다면 총회 준비단계에서 조합원 과반수 직접 참석을 목표로 하는 것이 안전하다. 아울러, 아무런 대안도 없이 시공사와의 계약해지 절차를 진행하는 것은 여러 가지 측면에서 비효율적이므로 꼭 시공사를 교체해야 할 상황이라면 이사회 및 대의원회 결의를 토대로 계약해지 절차 진행 예정임을 기존 시공사에게 알리는 것과 동시에 새로운 시공사 선정 절차를 진행하여 불필요한 분쟁을 방지할 필요가 있다.

임원선거에 있어 OS(홍보요원)을 활용한 서면결의서 징구 문제없나?

· **개요**

통상 정비사업 현장에서 총회를 개최하게 되면 홍보요원은 필수적이라고 인식되고 있으며, 임원선출 선거라고 하여 달리 인식되고 있는 것은 아니다. 다만, 서울시 표준선거관리규정상에는 이 부분이 문제가 될 수 있는바, 이에 대한 대응 방안은?

· **관련 유권해석 주요 내용**

서울시 재생협력과-12880(2018. 9. 5.)

서면결의서로 투표를 하고 OS(홍보요원)을 통하여 제출한 경우, 적법 여부

「정비사업 표준선거관리규정」[별표]에 따른 투표 방법은 투표용지를 통하여 총회·사전투표·우편(서면)투표·전자투표 방식만 가능하며, 또한 부정선거를 방지하고 공정한 선거를 위하여 같은 규정 제28조제3항에 따라 누구든지 선거기간 내 선거인을 호별로 방문할 수 없음.

· **실무자가 챙겨야 할 사항**

대부분의 정비사업 현장에서는 총회를 원활하게 진행하기 위해 부득이

홍보요원을 활용하고 있는 것이 현실이며, 설령 임원선출 총회라 할지라도 나머지 일반안건도 있기에 총회 무산을 각오한 상황이 아니라면 홍보요원 투입이 필수적이다. 따라서 서울 지역 현장이라면 불필요한 시빗거리를 차단하는 차원에서 변호사의 자문 및 관할 지자체와의 사전협의를 통해 아래와 같이 관련 규정을 개정해 두는 것이 좋을 것으로 판단되며, 임원선출 총회가 진행될 경우에는 실제 총회를 운영하는 과정에서 모든 절차 하나 하나에 신중을 기해 분쟁이 생기지 않도록 대처할 필요가 있다.

〈선거관리규정 개정(안)〉

서울시 표준 선거관리규정	개정(안)	비고
제12조(선거관련 조합의 지위 등) ① 조합 또는 조합과 계약된 모든 업체 관계자는 조합 선관위가 구성되어 선거업무를 개시함과 동시에 선거와 관련된 일체의 업무를 할 수 없다. ② 조합의 ───────── ③ 제7조제3항 ─────────	제12조(선거관련 조합의 지위 등) ① 조합의 ───────── ② 제7조제3항 ─────────	조합운영여건 고려하여 제1항 삭제
제45조(우편에 의한 투표) ① ─────────── ② 선거인이 제1항에 따라 우편에 의한 방식으로 투표하고자 할 경우 조합 선관위에서 송부 받은 우편투표용지에 기표한 후 선거인이 직접 우편발송하여야 하며, 이 경우 선거일 전일 18시까지 조합 선관위에 도착되도록 하여야 한다. ③ ─────────── ④ ───────────	제45조(우편에 의한 투표) ① ─────────── ② 선거인이 제1항에 따라 우편에 의한 방식으로 투표하고자 할 경우 조합 선관위에서 송부 받은 우편투표용지에 기표한 후 우편발송할 수 있으며, 이 경우 선거일 전일 18시까지 조합 선관위에 도착되도록 하여야 한다. ③ ─────────── ④ ───────────	조합운영 여건 고려하여 '선거인이 직접'이라는 문구 삭제

도장날인이 없는 서면결의서를 유효하다고 인정해야 할까?

· 개요

총회를 위한 서면결의서의 효력과 관련하여 총회소집주체의 확인도 장이나 서면결의서 작성자의 도장 날인이 없어 인정할 수 없다는 주장이 제기되며 소송이 진행되기도 한다. 이에 대한 대처 방안은?

· 관련 판례 주요 내용

서울서부지방법원 2010. 11. 12. 2010가합9023 [총회결의무효확인]

① 이 사건 총회에 제출된 서면결의서에 조합원의 주민등록번호, 물건소재지, 현주소 등 인적사항을 기재하도록 되어 있고, ② 이 사건 안건에 대한 의사표시방법으로 도장날인 또는 "O" 표를 하도록 되어 있으며, ③ 밑부분에 조합원의 자필서명 및 날인을 하도록 되어 있다고 할지라도, ①에 대하여는 피고 조합이 조합원 명▲을 통하여 조합원인지 여부를 확인할 수 있음에 비추어 서면결의서에 조합원의 성명이 자필로 기재되어 있는 이상 위와 같은 인적사항의 기재가 누락되었다고 하여 무효라고 볼 수 없고, ②에 관하여는 의사표시방법이 명확하다면, 서명, 무인 또는 "V" 표시를 하여도 무효라고 볼 수 없으며, ③에 대하여는 도장의 날인 없이 서명 또는 무인만 있다고 하여도 무효라고 볼 수 없다.

· 실무자가 챙겨야 할 사항

상기 사례뿐만 아니라 다수의 판례에서 서면결의서의 경우에는 방식의 제한이 없어 조합원의 신원과 의사를 확인할 수 있는 정도의 요건이 구비되면 효력이 있다고 봄이 상당하다는 취지로 판결됨을 알 수 있다. 하지만, 실무를 준비하는 입장에서는 분쟁거리는 최소화하는 것이 상책이므로 총회 준비 과정에서는 서면결의서 양식에 소집 주체의 날인을 꼼꼼히 챙기고, 서면결의서 징구를 위한 홍보요원 사전 교육 시에는 반드시 당사자로부터 직접 서면결의서를 징구하고 성명과 서명, 제출 날짜 등 모든 기재사항을 조합원이 직접 자필로 작성 받도록 강조할 필요가 있다.

운영비 및 사업비 예산 심의를 위한 총회도 직접 참석 20% 의결요건이 필요한가?

· 개요

도시정비법 제45조 및 같은 법 시행령 제42조에 따르면 창립총회, 사업시행계획서의 작성 및 변경, 관리처분계획의 수립 및 변경을 의결하는 총회, 정비사업비의 사용 및 변경을 위하여 개최하는 총회는 조합원 20%가 직접 참석하도록 정하고 있다. 어느 조합이나 매년 1회 운영비 및 사업비, 수입 예산을 수립하기 위한 안건을 총회에 상정하게 되는데 이를 '정비사업비의 사용 및 변경을 위하여 개최하는 총회'로 보아 20% 이상 직접 참석 요건에 해당한다고 해석해야 할까?

· 관련 유권해석 주요 내용

법제처 21-0690, 2021. 11. 11. 민원인

조합원 100분의 20 이상의 직접 출석이 요구되는 정비사업비의 사용을 위하여 개최하는 총회의 의미

일반적으로 "정비사업비의 사용"을 위해서는 사전에 예산을 수립하고 그에 따라 비용을 집행한 후 결산을 진행하게 되고, 도시정비법 제45조 제1항제3호에서 예산안에는 "정비사업비의 세부 항목별 사용계획"을 포함하도록 규정하여 예산안 및 예산의 사용내역이 "정비사업비의 사용"

과 관련된다는 것이 명확하므로, 같은 호는 도시정비법 시행령 제42조 제2항제4호에 따른 "정비사업비의 사용"에 관한 사항을 총회의 의결사항으로 한 규정으로 볼 수 있을 것입니다.

· 실무자가 챙겨야 할 사항

상기의 법제처 유권해석이 있기 전까지는 조합의 각종 예산 수립을 위한 총회가 직참 20% 요건을 갖춰야 하는지를 두고 의견이 분분하였으며, 만약 예산 수립을 위한 총회가 직참 20% 요건을 지켜야 한다면 사실상 거의 모든 총회가 직참 20% 요건을 충족시켜야 하기에 조합운영에 많은 애로 사항이 있음은 주지의 사실이나 법제처의 유권해석이 명확한 만큼 예산이 포함된 총회개최 시에는 직참 20% 요건을 충족시켜 안정적으로 조합을 운영할 필요가 있다.

서면결의서 제출한 조합원이 총회 당일 현장에 참석하기는 하지만, 투표권을 행사하지 않을 경우 직접 참석자로 봐야 할까?

· 개요

총회에 상정되는 안건의 성격에 따라 조합원의 10% 혹은 20%가 직접 참석하여야 하며, 시공사 선정을 위한 총회의 경우 반드시 50% 이상이 직접 참석하여야 한다. 통상 조합에서는 안정적인 총회 운영을 위해 과반수 이상의 서면결의서 징구를 목표로 총회를 준비하게 되는데 이와 같이 서면결의서를 제출한 조합원이 현장에 올 경우 반드시 투표를 해야 직접 참석자로 인정 가능할까?

· 관련 유권해석 주요 내용

법제처 19-0716, 2020. 4. 21. 민원인

재건축사업·재개발사업조합원이 서면으로 의결권 행사 후 총회에 참석한 경우 "직접 출석"에 해당하는지 여부(「도시 및 주거환경정비법」 제45조제6항 등 관련)

도시정비법 제45조제5항 각 호 외의 부분에서는 조합원은 서면으로 의결권을 행사할 수 있다(전단)고 하면서 서면으로 의결권을 행사하는 경우 정족수를 산정할 때 "출석"한 것으로 본다(후단)고 규정하고 있고, 같은 조 제6항에서는 총회의 의결은 조합원의 100분의 10 이상 또는 100

분의 20 이상이 "직접 출석"해야 한다고 규정하여 "출석"과 "직접 출석"을 구분하고 있는바, 이는 서면결의서의 제출이 가능함에 따라 극소수의 참여만으로 총회가 열릴 수 있는 문제점을 보완하고 총회의결 시 조합원의 의사를 명확하게 반영하기 위해 일정 비율의 조합원이 총회에 직접 출석한 경우에 한하여 의결할 수 있도록 한 것입니다.

그런데 도시정비법 제45조제6항에서는 총회에서 의결하는 사항에 따라 조합원의 100분의 10 또는 100분의 20 이상이 직접 출석해야 한다고 규정하고 있을 뿐 조합원이 직접 출석해서 의결권을 행사해야 한다고 규정하고 있지 않으므로, "직접 출석"을 조합원의 현실적인 출석을 넘어 총회에서 의결권까지 직접 행사하는 것을 의미한다고 볼 수는 없습니다.

· 실무자가 챙겨야 할 사항

상기 법령해석에 따르면, 서면결의서 제출자가 총회 참석 시에는 투표권을 행사하지 않더라도 직접 참석자로 인정 가능하다. 따라서 특히나 시공사 선정을 위한 총회에서는 이와 같은 유권해석 사례를 잘 활용하여 총회운영을 계획할 필요가 있다. 다만, 특히나 시공사 선정총회의 경우 소송 전으로 치닫는 경우가 많으므로 현장 여건이 허락된다면 서면결의서 제출자가 현장참석 시 서면결의서를 철회해 주고 현장 투표용지를 교부하여 안정적으로 총회를 준비할 필요가 있다.

법정 대의원 수에 미달되는
대의원회에서 이루어진 결의의 효력은?

· **개요**

사업을 진행하다 보면 임원이나 대의원에 결원이 발생하게 되는데, 만약 이로 인해 일시적으로 법정 대의원 수에 미달하는 상황에 처할 경우 대의원회는 그 기능을 할 수 있을까?

· **관련 판례 주요 내용**

대구고등법원 2012. 1. 13. 2011나4224 판결 [대의원결의무효확인등]

도시정비법 제25조제2항은 "대의원회는 조합원의 10분의 1 이상으로 하되 조합원의 10분의 1이 100인을 넘는 경우에는 조합원의 10분의 1 범위 안에서 100인 이상으로 구성할 수 있으며, 총회의 의결사항 중 대통령령이 정하는 사항을 제외하고는 총회의 권한을 대행할 수 있다."고 규정하고 있고, (중략) (이 사건 대의원회 개최 당시의 조합원 수가 2,000명을 초과하였음은 분명해 보인다) 피고 조합의 대의원회는 100인 이상으로 구성되어야 한다.

그런데 앞서 본 바와 같이 이 사건 대의원회 개최 당시 재적 대의원은 70명에 불과하여 법률이 정한 정원에 미달하는 사실을 알 수 있는바, 이와 같이 법률에서 정한 정원에 미달하는 대의원회는 총회의 권한을 대행하여 결의할 수 없다고 할 것인 만큼, 이 사건 각 결의는 대의원회 구성에 중대한 하자가 있어 무효로 볼 수밖에 없다.

· 실무자가 챙겨야 할 사항

상기의 고등법원 판결은 대법원에서 그대로 확정되었고(대법원 2012. 5. 10. 선고 2012다15824) 이후로도 이와 유사한 판례가 다수 있었기에 법정 대의원 수에 미달하는 대의원회의 효력은 비교적 일관되게 인정되지 않는다. 따라서 만약 조합이 이런 상황에 처하게 된다면 총회를 통해 대의원을 보궐선임하여 사업을 진행할 필요가 있다.

한편, 사전에 이와 같은 상황을 만들지 않기 위해서는 우선 정관상 대의원 수를 조합원의 1/10 이상으로 정해 두고 실제 대의원 선출 시에는 여유 있게 대의원을 선출하여 설령 일부 대의원이 자격을 상실하거나 사퇴할 경우에도 법정 대의원 수에 미달되는 상황이 발생되지 않도록 관리할 필요가 있다.

마지막으로, 추진위원회 단계에서 추진위원 중 일부가 궐위될 경우는 어떻게 될까? 일부 변호인들은 추진위원회는 조합을 설립하는 것이 유일한 목적이므로 엄격한 재적인원 제한을 적용할 필요가 없다고 법률해석을 하고 있으나 이와 같은 주장은 지자체에서 받아들여지기 힘들다. 따라서 추진위원회 단계의 현장 역시 앞서 언급한 바와 같이 추진위원 수를 관리해 나갈 필요가 있다.

대의원 정족수가 부족한 경우 임원선출을 위한 선거관리 위원회 구성은 어떻게 해야 할까?

· **개요**

조합을 운영하다 보면 갑작스런 사퇴나 매매 등으로 인해 대의원 수가 부족한 경우가 종종 발생하게 되는데, 법정 대의원 수에 미달되는 대의원회의 효력은 인정할 수 없다는 취지의 판례(대법원 2012. 5. 10. 선고 2012다15824)가 있기에 선거 준비를 어떻게 해야 하는지 매우 혼란스러울 수 있다. 이런 상황의 해결 방법은?

· **관련 판례 주요 내용**

서울서부지방법원 2015. 4. 28. 선고 2015카합50005 결정 [직무집행정지 및 직무대행자선임]

이 사건 임시총회에서의 조합임원선출을 위해 구성된 선거관리위원회가 이 사건 조합의 대의원회가 아니라 이사회에서 선정된 것은 당사자 사이에 다툼이 없다. 그러나 이 사건 조합의 대의원회가 개최되기 위해서는 도시정비법상 법정 대의원 수인 96명(전체 조합원 수 956명의 10분의 1 이상) 이상의 대의원이 필요한데, 이 사건 조합은 종전 대의원들의 사임이나 자격상실 등의 사유로 법정 대의원 수에 현저히 미달하는 69명 정도만이 대의원으로 있어 대의원회의 개최가 쉽지 않은 상태에 있었고, 그럼에도 후임 조합장이나 조합임원들을 선출하여 업무공백 상태를 신속히 해소해야 할 필요가 있어, 이사회를 통해 선거관리위원회를 구성하였던 것으로 보인다. 위와 같은 경위에 비추어 보면, 비록 이 사건 조합이 대의원회의 결의 없이 선거관리위원회를 구성하여 절차를 진행했다 하더라도, 이 사건 임시총회에서 '선거관리위원회 구성 추인(1호 의안)'을 안건에 포함하여 위와 같은 선거관리위원회 구성에 대해 조합원들로부터 추인받은 이상, 대의원회의 결의 없이 선거관리위원회를 구성하였다는 사정만으로 이 사건 임시총회에서 이루어진 선거를 무효로 할 정도로 중대·명백한 하자가 있다고 볼 수는 없다.

· 실무자가 챙겨야 할 사항

비록 가처분 판례이긴 하지만, 상기의 판례 이후로는 대의원 수나 임원의 수가 정족수 미달 상황에 처했을 경우 대부분 상기의 판례에서 언급한 바와 같이 총회에서 선거관리위원회 구성과 선거를 위해 수행한 업무에 대해 총회에서 추인 의결을 받아 소송 리스크에 대비하고 있다. 무슨 일이든지 사전에 대비하는 것이 가장 중요하므로 이사의 수나 대의원의 수에 문제가 생기지 않게끔 조합원들의 권리변동 신고 시 철저히 확인할 필요가 있으며, 그럼에도 불구하고 정족수에 미달하는 상황이 생긴다면 도시정비법 제44조에서 정한 바에 따라 조합원 5분의 1 이상 또는 대의원 3분의 2 이상의 요구로 총회를 개최하는 형태로 하여 부족한 정족수의 상태이긴 하지만 이사회 및 대의원회를 개최하여 선거에 필요한 조취를 취하고 총회에 안건으로 상정하여 추인의결을 득하는 방법으로 하자 치유에 최선을 다하여 사법리스크에 대비할 필요가 있다.

법원에서 선임한 조합장 직무대행자가 소집할 수 있는 총회의 안건에 제한이 있나?

· 개요

정비사업 현장에서 집행부의 해임총회는 비교적 흔한 이슈이다. 이와 같이 집행부가 해임될 경우 해임 발의자 측과 해임 당사자 측 간에 소송전이 난무하게 되고 자력으로는 조합정상화가 힘든 상황에서 법원에 조합장 직무대행자를 선임해 줄 것을 요청하여 조합을 정상화시키는 경우가 발생하게 되는데 이때 유의할 점은?

· 관련 판례 주요 내용

서울서부지방법원 2009. 7. 6. 선고 2009카합1347 결정 [임시총회개최금지 등 가처분]

법원의 가처분결정에 의하여 정비사업조합의 조합장 직무를 대행하는 자를 선임한 경우에 그 직무대행자는 단지 피대행자의 직무를 대행할 수 있는 임시의 지위에 놓여 있음에 불과하므로, 그 정비사업조합을 종전과 같이 그대로 유지하면서 관리하는 한도 내의 통상업무에 속하는 사무(상무)만을 행할 수 있다고 하여야 할 것이고, 그 가처분결정에 다른 정함이 있는 경우 외에는 정비사업조합의 통상업무에 속하지 아니한 행위를 하는 것은 이러한 가처분의 본질에 반한다(대법원 2007. 6. 28.

선고 2006다62362 판결 참조). (중략) 인가를 받았던 사업시행계획을 변경하는 것을 '정비사업조합을 종전과 같이 그대로 유지하면서 관리하는 한도 내의 통상업무에 속하는 사무'라고 볼 수는 없다. (중략) 임원 선임에 관한 정관 및 선거관리규정을 변경하는 것을 '정비사업조합을 종전과 같이 그대로 유지하면서 관리하는 한도 내의 통상업무에 속하는 사무'로 볼 수는 없다. (중략) 전년도에 비하여 예산안의 변동이 생기지는 않게 되는 점 등을 감안할 때, 채무자 S가 조합원 총회에 2008년도 결산을 보고하고 2009년도 예산안의 승인을 얻는 것은 '정비사업조합을 종전과 같이 그대로 유지하면서 관리하는 한도 내의 통상업무에 속하는 사무'로 볼 수 있다.

· 실무자가 챙겨야 할 사항

판례에 따르면 법원에서 선임한 직무대행자는 그 정비사업조합을 종전과 같이 그대로 유지하면서 관리하는 한도 내의 통상업무에 속하는 사무(상무)만을 행할 수 있다. 따라서 정관이나 선거관리규정의 변경 등은 가급적 피하는 것이 상책이며 조합운영에 꼭 필요한 예산(이 역시 가급적 전년도 예산과 동일하게 책정하는 내용만 취급 요함)이나 선거 관련된 안건에 한해 제한적으로 논의하는 것이 필요하다.

시공사와의 계약방식을 지분제에서 도급제로 변경할 경우 총회의 의결요건은?

· 개요

재개발 현장에서는 보기 힘들지만 다수의 재건축 현장에서 시공사 선정 당시 지분제 방식으로 입찰하여 계약을 체결하였다가 부동산경기 침체 등을 이유로 도급제 방식으로 변경하는 사례가 발생하였다. 이와 같이 시공사와의 계약방식 변경을 위한 총회의 의결요건은?

· 관련 판례 주요 내용

대법원 2015. 7. 9. 선고 2014다72203 판결 [공사도급변경계약무효확인]

구 도시 및 주거환경정비법(2012. 2. 1. 법률 제11293호로 개정되기 전의 것, 이하 '구 도시정비법'이라고 한다) 제20조제1항제8호, 제15호는 '조합의 비용부담'이나 '시공자·설계자의 선정 및 계약서에 포함될 내용'의 경우 조합원의 비용분담 등에 큰 영향을 미치는 점을 고려하여 이를 정관에 포함시켜야 할 사항으로 규정하면서, 같은 조 제3항은 그에 관한 정관 변경을 위하여는 특별히 조합원의 3분의 2 이상의 동의를 얻을 것을 요구하고 있다. 따라서 정관의 필수적 기재사항이자 엄격한 정관 변경 절차를 거쳐야 하는 '조합의 비용부담'이나 '시공자·설계자의 선정 및 계약서에 포함될 내용'에 관한 사항이 당초 조합설립동의 당시와 비교하여 조합원들의 이해관계에 중대한 영향을 미칠 정도로 실질적으로 변경되는 경우에는 비록 정관 변경을 위한 절차는 아니더라도 특별다수의 동의요건을 규정함으로써 조합원들의 이익을 보호하려는 구 도시정비법 제20조제3항, 제1항제8호 및 제15호의 규정을 유추 적용하여 조합원의 3분의 2 이상의 동의가 필요하다고 봄이 타당하다(대법원 2009. 1. 30. 선고 2007다31884 판결, 대법원 2013. 6. 14. 선고 2012두5022 판결 등 참조).

· 실무자가 챙겨야 할 사항

구 도시정비법 제24조에서는 기본적으로 총회의 의결은 '이 법 또는 정관에 다른 규정이 없으면 조합원 과반수의 출석과 출석 조합원의 과반수 찬성으로 한다'고 정하고 있으며 사업시행계획을 수립하거나 관리처분계획을 수립할 경우에는 조합원 과반수의 찬성으로 의결하도록 정하고 있으며, 총회의 의결과 관련된 규정 어디에도 조합원 3분의 2 이상의 동의가 필요하다는 규정이 없음에도 불구, 상기 대법원 판례에서는 조합이 시공사와의 계약방식을 변경하기 위해서는 조합 정관 관련 규정을 유추 적용하여 특별다수의 동의요건 즉 조합원 3분의 2 이상의 동의를 득할 필요가 있다고 판단하고 있으며, 이와 유사하게 조합원 다수의 비용분담 등 큰 영향을 끼치는 사안에 있어서는 대부분의 재판부가 이와 유사한 판결을 하고 있다. 따라서 계획하고 있는 총회의 안건이 조합원 다수의 비용부담과 관련된 사항이라면 법에서 명확하게 조합원 3분의 2 이상의 동의를 구하라고 명시되어 있지 않더라도 이를 목표로 하여 총회를 계획하는 것이 안전하다 하겠다.

총회 당일 접수된 위임장에 인감증명서가 누락된 경우 참석 및 의결권을 인정해야 할까?

· **개요**

총회를 진행하다 보면 위임장에 첨부되어야 할 인감증명서 없이 총회 참석 및 의결권을 요구하는 조합원을 꽤나 빈번하게 마주하게 된다. 이런 경우에는 어찌해야 할까?

· **관련 판례 주요 내용**

대법원 2007. 7. 26. 선고 2007도3453 판결
[공정증서원본불실기재 · 불실기재공정증서원본행사 · 도시및주거환경정비법위반]

재건축주택조합규약에서 조합총회의 결의에 대리인이 참석할 경우 본인의 위임장에 인감증명서를 첨부하여 제출하도록 하는 것은 조합원 본인에 의한 진정한 위임이 있었는지를 확인하기 위한 것이므로, 조합원 본인이 사전에 대리인에게 총회 참석을 위임하여 그 자격을 소명할 수 있는 위임장을 작성해 주고 대리인이 총회에 출석하여 그 위임장을 제출한 이상 본인의 인감증명서가 뒤늦게 제출되었다는 사정만으로 대리인의 참석을 무효라고 할 수 없다.

· 실무자가 챙겨야 할 사항

추진위원회 설립동의나 조합설립동의서 제출 시 과거에는 인감증명서를 첨부하였으나 2012년 2월 1일 도시정비법 개정 이후로는 신분증명서 사본을 첨부하는 것으로 개정되었음에도 불구 여전히 대부분의 현장에서 총회 참석 위임장 혹은 분양신청 위임장 같은 중요한 서류에는 인감증명서를 첨부하도록 요구하고 있다. 상기 대법원 판례는 총회 참석당시 위임장을 제출하고 사후적으로라도 인감증명서를 제출할 경우 이는 유효한 것으로 봐야 한다는 취지. 따라서 총회개최 전 접수요원에게사전에 이런 사항을 교육하여 접수 과정에서 분란이 생기지 않도록 조치할 필요가 있으며 총회 종료 후에는 반드시 해당 조합원으로부터 인감증명서를 징구하여 혹시 있을지 모를 총회 효력과 관련한 소송에 대비할 필요가 있다.

임원 해임을 위한 총회개최 시
총회 비용 집행을 위한 안건도 의결할 수 있을까?

· **개요**

조합원 10분의 1 이상의 발의만 있으면 조합임원의 해임총회를 개최할 수 있기에 정비사업 현장에서는 매우 빈번하게 해임총회가 소집되고 있으며 그 과정에서 해임총회를 위한 비용이나 직무대행자 선임과 관련한 안건의 상정 가능 여부를 놓고 끊임없이 소송이 제기되고 있다. 이에 대한 대응 방안은?

· **관련 판례 주요 내용**

서울서부지방법원 2020. 6. 4. 2020카합50343 [총회개최금지 가처분 신청]

임원 해임을 위해 조합원 10분의 1 이상의 발의로 소집된 임시총회에서 그 임시총회 소집을 위해 지출된 비용의 예산(안)에 관한 내용 역시 임원 해임 안건에 부수하여 안건으로 삼는 것이 가능하다고 보이고 임원 해임 안건과 별도로 채권자 조합 정관에서 정하는 일반적인 임시총회 소집 요건을 따로 갖추어야 하는 것은 아니므로, 이 사건 임시총회에서 이 사건 7호 안건을 결의하는 것도 적법하다.

· 실무자가 챙겨야 할 사항

통상 임원 해임총회가 개최되면 임원의 해임을 위한 안건 외에 해임 대상 임원의 직무정지 관련 안건과 해임총회 비용 관련 안건 등도 안건으로 상정하게 된다. 상기 판례에 따르면 해임총회 비용과 관련한 안건은 의결할 수 있지만, 직무정지 관련 안건은 상정이 불가하다. 하지만, 상기의 판례는 가처분 소송사건이라는 점에서 본안소송에서 얼마든지 뒤바뀔 수 있고 실제 상반되는 견해를 보이는 판례도 발생되고 있으므로 임원 해임총회를 준비하거나 방어해야 하는 입장에 처한다면 최신의 판례를 토대로 변호인의 조언을 통해 업무를 수행할 필요가 있다.

집행부 해임을 위한 총회가 파악될 경우 같은 날 조합에서 총회를 개최하여 방해할 수 있을까?

· 개요

집행부 해임을 위한 총회개최 움직임이 파악되면 홍보요원을 투입한 조합원 설득 및 반대 서면결의서 징구, 서면결의서 철회 등 다양한 방안이 검토되며 그중 하나로 같은 날 조합에서 총회를 개최하여 조합원들의 표를 분산시키려는 시도도 고려하게 된다. 이와 같은 방법이 가능할까?

· 관련 판례 주요 내용

의정부지방법원 고양지원 2018. 10. 12. 자 2018카합5194 결정 [총회개최금지가처분]

도시정비법 제43조제4항의 요건을 갖추어 발의자 대표가 조합임원 해임을 위한 임시총회를 적법하게 소집한 경우 이는 조합의 기관으로서 소집하는 것으로 보아야 할 것이고, 조합의 대표자라도 위 발의자 대표가 소집한 임시총회의 기일과 같은 기일에 다른 임시총회를 소집할 권한은 없게 된다고 보아야 한다(대법원 1993. 10. 12. 선고 92다50799 판결 참조). 위 법리에 비추어 이 사건에 관하여 보건대, 이 사건 해임총회가 도시정비법 제43조제4항의 요건을 갖추지 못하여 부적법하다는 점에 관한 소명이 부족한 이 사건에서, 채무자 조합의 조합장인 D는 이 사건 해임총회와 같은 기일에 다른 임시총회를 소집할 권한이 없다고 할 것이므로 이 사건 임시총회는 소집권한 없는 자에 의하여 소집되어 부적법하다.

· 실무자가 챙겨야 할 사항

설령 조합의 대표자라 할지라도 발의자 대표가 소집한 총회와 같은 날 다른 총회를 소집할 권한은 없다는 것이 사법부의 입장이며 이와 같은 판례가 뒤바뀔 가능성도 높지 않다. 따라서 만약 집행부 해임을 위한 총회를 방어해야 하는 입장이라면 해임총회와 같은 날 총회개최를 한다든지 하는 꼼수를 계획할 시간에 한 명이라도 더 조합원을 만나 해임총회의 부당함을 알리고 조합 사업이 안정적으로 진행될 수 있도록 협조해 달라고 조합원들을 설득하는 것이 타당하다.

서면결의서 제출자에게
총회 참석수당을 지급하는 것은 가능할까?

· **개요**

조합원 수가 많아 매번의 총회마다 성원요건을 충족시키기 어려운 조합들은 총회 교통비를 지급하여 총회 참석을 유도하고 부득이할 경우 서면결의서라도 제출받고 있다. 서면결의서를 제출한 조합원에게 총회 교통비를 지급하는 것이 가능할까?

· **관련 판례 주요 내용**

서울행정법원 2017. 11. 17. 2016구합80298 [총회결의무효확인]

관리처분계획의 수립을 위한 총회결의는 정비사업을 진행하기 위하여 필수적으로 요구되는 절차로서 도시정비법 제24조제7항이 정하는 정족수를 충족하여야 하는데, 서면결의서를 제출하거나 총회에 직접 참석하여 의결권을 행사하는 조합원들에게 소정의 참석비 등 명목의 금원을 지급하는 것은 조합원들의 의결권 행사를 독려하는 것으로서 합리적인 이유가 있는 점, 조합원들이 서면결의서를 작성하거나 총회에 참석하는 경우 노력과 시간을 투여하여야 하므로 이에 대하여 적절한 보상을 하는 것이 사회질서에 반하는 것이라고 보기는 어려운 점, 피고가 조합원들로부터 서면결의서를 제출받으면서 이 사건 관리처분계획의 수립 등 이 사건 총회의 안건에 대하여 찬성할 것을 유도하거나 이를 조건으로 하여 총회 참석수당을 지급하였다는 사정은 보이지 아니하는 점, 아래에서 보는 바와 같이 피고는 서면결의서를 제출한 조합원들에게 이 사건 총회에서 이를 철회하고 직접 의결권을 행사할 수 있도록 한 점 등을 종합하여 보면, 피고가 서면결의서만을 제출하거나 서면결의서를 제출하고 이 사건 총회에 참석한 조합원들에게 위와 같은 액수의 총회 참석수당을 지급하였다는 점만으로 서면결의서를 통하여 의결권을 행사한 조합원들의 공정하고 자유로운 의결권 행사를 침해한 것이라고 인정되지 아니하고, 달리 이를 인정할 증거가 없으므로, 이 사건 총회결의의 기초가 된 서면결의서는 유효하고, 이와 다른 전제에 선 원고의 이 부분 주장은 이유 없다.

· 실무자가 챙겨야 할 사항

판례에 따르면 총회에 직접 참석한 조합원은 물론 서면결의서를 제출한 조합원에게도 총회 참석수당이 지급 가능하다. 다만, 이와 같은 방식으로 총회 수당을 지급하기 위해서는 총회 교통비 지급과 관련하여 별도의 안건으로 다루거나 사업비 예산에 '서면결의서 제출자 포함 총회 참석수당 지급' 등의 방식으로 비고란을 작성한 후 관련 예산을 확보하고 총회의 의결을 득하여 시빗거리를 차단할 필요가 있다.

총회의 직접 참석은
반드시 본인만 가능한가?

· **개요**

총회를 개최하게 되면 기본적으로 조합원의 10%가 직접 참석하여야 하며 사안에 따라 20% 혹은 과반수 이상이 직접 참석하여야 한다. 이와 같은 직접 참석 요건을 따질 때 반드시 본인이 참석한 경우에만 인정 가능할까?

· **관련 유권해석 주요 내용**

법제처 20-0022, 2020. 3. 4. 민원인

조합원 본인의 대리인이 총회에 출석한 경우 "직접 출석"에 해당하는 지 여부(「도시 및 주거환경정비법」 제45조제6항 등 관련)

도시정비법 제45조제6항과 유사하게 총회의결 시 일정 비율 이상의 "직접 출석"을 요구하고 있으나 의결권의 행사가 가능한 대리인의 범위를 특정하여 제한하지 않은 「주택법 시행령」 제20조제4항과는 달리, 도시정비법 제45조제5항에서는 대리인이 총회에 참석하여 의결권을 행사할 수 있는 경우를 조합원이 권한을 행사할 수 없어 배우자, 직계존비속 또는 형제자매 중에서 성년자를 대리인으로 정하여 위임장을 제출하는 경우(제1호), 해외에 거주하는 조합원이 대리인을 지정하는 경우(제2

호) 등으로 규정하여 대리인을 지정할 수 있는 사유와 대리인의 자격 및 범위를 한정하고 있습니다.

그렇다면 「주택법 시행령」 제20조제4항에 따른 직접 출석에 대리인의 출석이 포함되지 않는다고 보는 것(각주 : 법제처 2020. 1. 23. 회신 19-0497 해석례 참조)과 달리 도시정비법 제45조제6항에 따른 직접 출석에 같은 조 제5항에 따른 대리인이 출석하는 것이 포함된다고 하더라도 조합원 본인이 직접 총회에 출석하여 의사표시를 하는 경우와 동등하다고 평가될 수 있는 제한된 대리인을 통해서만 대리인의 의결권 행사가 가능하므로 대리인 1명이 다수의 조합원을 대리하거나 대리인이 조합원 본인의 진정한 의사와 다르게 의결권을 행사하는 경우를 방지할 수 있다는 점을 고려할 때, 도시정비법 제45조제5항에 따른 대리인이 조합원 본인을 대리하여 출석하는 것도 같은 조 제6항의 직접 출석에 해당된다고 보는 것이 합리적이며, 총회의 의결에 참석할 수 있는 조합원 본인의 대리인에 대한 제한을 둔 도시정비법 규정 체계와 「민법」상 대리의 법리에 부합하는 해석입니다.

· 실무자가 챙겨야 할 사항

정비사업 현장에서는 상기의 법률해석과는 별개로 대리인이 참석할 경우에 직접 참석자로 간주하는 것을 당연시해 왔으나 누군가가 2020. 1. 23. 주택법에 따른 직접 참석자 수(대리인에 의한 참석은 직접 참석으로 인정 불가)와 관련된 회신 결과에 의문을 제기하며 한동안 이슈가 된 사안이다. 도시정비법에서는 상기에서 살펴본 바와 같이 대리인을 통한 의결권 행사를 인정하는 규정이 있었기 때문에 대리인에 의한 참석도 직접 참석으로 인정 가능하다는 취지. 상기 유권해석 당시 법제처에서는 법률개정을 권고하였고 그와 같은 권고가 받아들여져 2021. 8. 10.부터 시행된 도시정비법 제45조제7항은 다음과 같이 개정되었다.

- 도시정비법 제45조제7항 개정 내용

총회의 의결은 조합원의 100분의 10 이상이 직접 출석(**제5항 각 호의 어느 하나에 해당하여 대리인을 통하여 의결권을 행사하는 경우 직접 출석한 것으로 본다. 이하 이 조에서 같다**)하여야 한다. 다만, 창립총회, 사업시행계획서의 작성 및 변경, 관리처분계획의 수립 및 변경을 의결하는 총회 등 대통령령으로 정하는 총회의 경우에는 조합원의 100분의 20 이상이 직접 출석하여야 한다.

※ 2021. 8. 10. 법 개정으로 괄호의 문구가 추가됨.

사정상 이사회나 대의원회를 거치지 않고 총회를 개최했을 경우 그 효력은?

· 개요

사업이 장기간 중단되거나 집행부 해임 시도 혹은 소송 등으로 인해 이사나 대의원의 정족수가 부족한 상황에 처할 수 있는데, 이런 상태에서 개최한 총회의 효력은 어떻게 될까? 이런 상황에서의 대처 방안은?

· 관련 판례 주요 내용

서울고등법원 2007. 6. 7. 선고 2006나38842 판결 [총회결의무효확인]

피고 조합의 조합규약에서는 조합에 대의원회를 두어 대의원회의에서 총회 부의 안건에 관하여 사전 심의·의결하도록 하고(제21조제9호), 조합의 사무를 집행하기 위한 이사회를 두어 총회 및 대의원회에 상정할 안건을 심의·의결하도록 규정하고 있는바(제24조제2호), 재건축조합에 있어서 총회는 최고의사결정기관으로 총회의 다수결은 모든 조합원을 구속하는 반면 위와 같은 대의원회 및 이사회의 심의·의결은 단체 내부의 의사결정에 불과하므로, 설령 피고 조합이 2004. 12. 27. 개최된 임시총회에 시공사와의 공사본계약체결 동의 및 관리처분계획안 인준에 관한 안건을 상정함에 있어서 위와 같은 안건 상정에 관한 대의원회의 및 이사회의 심의·의결을 거치지 않았다고 하더라고 이는 총회의 결의를 무효로 할 만한 중대한 절차상의 하자라고 보기 어렵다고 할 것이므로, 원고들의 이 부분 주장은 이유 없다.

· 실무자가 챙겨야 할 사항

간단히 요약하자면, 총회는 조합의 최고 의사결정 기구이기에 설령 이사회나 대의원회를 거치지 않았더라도 총회의 결의가 무효로 되지는 않는다는 취지. 다만, 실제 이런 상황에 처하게 된다면 도시정비법 제44조에 의거 조합원 5분의 1 이상의 요구로 총회개최를 준비하는 형식을 취하고 정족수가 부족한 상태에서라도 이사회 및 대의원회를 개최하여 시빗거리를 조금이라도 줄일 필요가 있다. 아울러, 표준정관 제18조에서는 사임하거나 또는 해임되는 임원이 새로운 임원이 선임, 취임할 때까지 직무를 수행하는 것이 적합하지 아니하다고 인정될 때에는 이사회 또는 대의원회의 의결에 따라 그의 직무수행을 정지하고 조합장이 임원의 직무를 수행할 자를 임시로 선임할 수 있는 것으로 정하고 있는바, 이사회만 정족수가 부족하고 대의원회는 정상적으로 개최 가능한 상황이라면 활용할 만하다.

마지막으로 소송으로 인해 이사나 대의원이 궐위된 상황이라면 어쩔 수 없겠지만, 조합에서 관리를 제때 하지 못하여 소유권변경으로 인한 궐위를 막지 못하는 상황에 처하지 않도록 조합원들의 권리변동신고 시 이사 및 대의원의 수를 철저하게 확인할 필요가 있다.

총회 날짜가 연기될 경우
기존에 징구된 서면결의서는 재사용할 수 있을까?

· 개요

코로나19 같은 국가 재난에 준하는 상황에 처하거나 혹은 조합 내부 갈등으로 인해 이미 소집한 총회를 연기해야 하는 상황이 종종 발생된다. 이런 경우 서면결의서를 처음부터 다시 징구하기에는 시간과 비용의 부담이 만만치 않게 되는데, 이런 상황에서의 대처 방안은?

· 관련 판례 주요 내용

서울서부지방법원 2020. 5. 6. 자 2020카합50125 결정 [주민총회결의효력정지가처분]

이 사건 총회는 2019. 8. 29.경 개최일을 2019. 9. 28.로 하여 처음 소집 공고가 이루어진 후 3차례에 걸쳐 개최 일시·장소를 변경하는 소집 변경 공고가 이루어져 최종적으로 2020. 2. 22. 개최된 사실이 인정된다. 그러나 이 사건 기록 및 심문 전체의 취지에 의하여 인정되는 다음의 사정 즉, 이 사건 총회의 목적사항은 별지 목록 기재 안건으로서 최초 발의시의 목적사항에서 본질적인 변경은 없었던 점, 위와 같이 목적사항에 본질적인 변경이 없고 실제로 총회가 개최되고 난 이후에 다시 발의서와 서면결의서를 재사용하는 것이 아닌 이상 이를 연기된 총회에서 사용하는 것을 위법한 재사용으로 볼 수 없는 점, 이 사건 총회 및 해임 결의 시 사용된 발의서와 서면결의서에 각각 총회가 연기될 경우 재사용에 동의한다는 취지의 문구가 기재되어 있었던 점, 총회가 연기됨으로써 개최 시까지 사이에 채권자들의 해임 사유에 관한 사정변경 등으로 해임여부에 관한 찬반의사에 변동이 있을 경우 서면결의서를 제출한 토지등소유자로서는 총회개최 전까지 언제든지 찬반의사의 철회가 가능하였으므로, 총회 일정의 연기 등으로 인하여 이 사건 해임결의에 관한 토지등소유자의 의사가 왜곡되었다고 볼 수 없는 점 등을 종합하면, 위와 같은 발의서와 서면결의서의 재사용에 어떠한 위법이 있다고 볼 수 없다.

· 실무자가 챙겨야 할 사항

총회가 연기될 경우 서면결의서를 재차 사용한 것이 문제가 된 다수의 판례에서는 공통적으로 '총회가 연기될 경우 서면결의서의 재사용에 동의한다'는 취지의 문구가 서면결의서 등에 기재되어 있음을 들어 서면결의서의 효력이 유효하다고 판단한다. 다만, 이와 같은 서면결의서 재사용을 인정하지 않는 판례도 있으므로 가급적 총회를 연기해야 한다면 처음부터 다시 서면결의서를 징구하는 것으로 방향을 잡고, 부득이할 경우에는 아예 처음 총회를 소집할 당시부터 총회 공고문과 안내문, 서면결의서 양식 등에 서면결의서 재사용과 관련된 문구를 기재하여 시빗거리를 최소화할 필요가 있다.

총회장에서는 일부 임원이 참석자 과반수표 미달로 부결되었다고 발표하였다가 총회 이후 정정했을 경우 효력은?

· 개요

총회 당일 상정 안건이 많은 경우 투개표 업무에 상당한 시간이 소요되고 집계과정에서 실수도 생기게 된다. 만약 총회 당일 발표 이후 재검표 과정에서 투표결과가 잘못 발표된 것을 알게 되면 이를 변경할 수 있을까?

· 관련 판례 주요 내용

수원지방법원 안양지원 2013가합102317 조합원총회결의 무효확인 청구의 소

피고의 정관 제21조제8호, 제22조제1항과 선거규정 제11조제1항에 의하면 총회에서 조합원 과반수출석과 출석 조합원 과반수 찬성으로 이사 등의 임원을 선출하도록 규정하고 있는바, 총회 폐회 전에 후보자에 대한 투표 결과를 발표하는 것은 위와 같은 규정에 따라 임원으로 선출되었는지 여부를 확인하는 데 그치는 것으로 봄이 상당한 점, 피고의 조합장 측과 이 사건 총회 진행 및 시공자선정 안건 상정 등에 관하여 대립하고 있었던 피고의 감사가 피고 측이 제공한 이 사건 총회 관련 자료들을 검토한 후 작성한 감사보고서에서, 안ㅇㅇ 후보에 대한 재검표 및 그

결과에 관하여 문제 삼지 않고, '이사 선임을 주관한 선거관리위원회 업무는 상대적으로 원만히 운영되었다', '앞으로 선거관리위원회가 조합 총회의 모든 투·개표 업무를 관리하도록 개선할 필요가 있다'는 의견을 제시한 점 등에 비추어 보면, 원고 등이 제출한 증거만으로는 이 사건 3 결의에 의결정족수를 충족하지 못한 하자가 있다거나, 이 사건 총회 폐회 이후 피고가 임의로 득표수를 재점검하고 피고의 조합장 측근들이 피고의 감사의 참여조차 봉쇄하면서 재검표 절차를 비공개리에 진행한 하자가 있다고 보기 어렵고, 달리 이를 이정할 증거가 없다.

· 실무자가 챙겨야 할 사항

사례의 조합에서는 총회 당일 투표 집계결과 일부 이사가 참석자 과반수의 찬성 요건을 충족하지 못한 것으로 파악되어 부결된 것으로 발표하였으나 총회 이후 재검표 과정에서 참석자 과반수 찬성 요건을 충족시킨 것으로 파악되어 투표결과를 번복하였고 사법부에서는 이를 인정해 준 바 있다. 따라서 만약 일부 안건에 대한 총회집계결과에 대해 재검표가 필요하다고 판단될 경우 재검표 과정을 동영상 촬영함은 물론 재검표 과정에 선거관리위원, 조합 감사, 이해 당사자 등을 참여시켜 시빗거리를 차단할 필요가 있다. 또한, 개표 절차 진행 시에는 경험이 많은 이들에 의해 진행될 수 있도록 준비하고 미미한 표 차이로 가결 혹은 부결된 경우에는 투표결과 발표 전에라도 2차 점검을 실시하여 분쟁거리를 최소화할 필요가 있다.

찬성자 수에 조합원 자격이 없는 자가 포함된 총회의결의 효력은?

· **개요**

사업을 진행하다 보면 조합원 자격이 없는 자가 총회에 참석하여 의결권을 행사하였기에 이 총회는 무효라는 주장을 하며 민원을 제기하거나 소송이 진행되는 경우가 발생하게 된다. 이에 대한 대처 방안은?

· **관련 판례 주요 내용**

대법원 2021. 2. 10. 선고 2020두48031 판결

주택재개발정비사업조합의 최초 사업시행계획이 폐지인가를 받아 실효된 후 최초 사업시행계획에 따른 분양신청절차에서 분양신청을 하지 않아 조합원 자격을 상실한 현금청산 대상자들 중 일부가 참여한 총회에서 새로운 사업시행계획이 수립되고 인가를 받자 주택재개발사업 구역 내 부동산 소유자들이 사업시행계획의 취소를 구하는 소를 제기한 사안에서, 총회결의에 조합원 자격이 없는 현금청산 대상자들이 참여하였으나 그들을 제외하더라도 사업시행계획수립을 위한 의결정족수를 넉넉히 충족하여 사업시행계획수립에 관한 총회결의의 결과에 어떤 실질적인 영향을 미쳤다고 볼 만한 특별한 사정이 없는 이상, 조합원 자격이 없는 현금청산 대상자들에게 소집통지가 이루어졌고 그들이 총회결

의에 일부 참여하였다는 점만으로 총회결의가 무효라거나 총회결의를 통해 수립된 사업시행계획에 이를 취소하여야 할 정도의 위법사유가 있다고 단정하기는 어렵다고 한 사례.

· 실무자가 챙겨야 할 사항

상기의 판례를 비롯한 다수의 판례에서 총회의결 당시 일부 자격이 없는 자가 의결에 참여하였다 하더라도 그들을 제외하고도 의결정족수를 충족하였다면 총회의 결의를 무효로 볼 수 없다는 취지로 판결하고 있다. 다만 이와 같이 시비가 생기지 않도록 대표선임 여부, 기타 의결권 없는 조합원 등의 철저한 검토를 거쳐 총회 참석자 명부를 작성할 필요가 있으며, 혹시 모를 분쟁에 대비해 총회의 모든 안건은 최대한 많은 조합원으로부터 찬성표를 얻을 수 있도록 노력할 필요가 있다.

임원선출 시 임원명단 전체에 대한 찬/반을 묻는 방법으로 투표용지를 만들 수 있을까?

· 개요

특히나 사업 초기 단계에서는 예상치 못한 변수를 제거하고 싶다는 차원에서 임원명단 전체에 대해 찬/반을 묻는 형태로 투표용지를 만들어 총회를 진행하기도 한다. 이와 같은 방식에 문제는 없을까?

· 관련 판례 주요 내용

대구지방법원 2017. 4. 6. 선고 2016가합206400 판결 [임시총회결의 무효확인]

앞서 본 증거들에 갑 제25호증의 기재와 변론 전체의 취지를 종합하면, 조합장에 대한 해임결의 이후 이사 3인과 감사 2인에 대한 해임안을 일괄 상정하여 일괄 결의하였는데, 이 사건 총회 이전에 소집통지된 안건에는 조합장, 이사, 감사에 대한 각 해임결의가 안건으로 상정되었던 사실, 피고의 정관에는 의결권 행사 방식에 관하여 일괄투표 방식이 규정되어 있지는 않은 반면, 일괄투표를 금지하는 규정도 존재하지 아니한 사실, 이 사건 총회결의 당시 이사 및 감사에 대한 해임안이 일괄 결의로 진행된 것은 총회 진행 중 조합장에 대한 해임결의가 마쳐지자, 일부 조합원들이 절차상의 편의를 위하여 나머지 이사 3인 및 감사 2인의 해임여부에 대한 일괄 결의를 요구하였고, 이에 대하여 임시의장이 일괄 결의 투표 방식의 가부에 대한 표결을 진행한 결과, 참석한 조합원 전원의 만장일치로 투표 방식이 의결되어, 이에 따라 일괄 결의가 진행된 사실을 인정할 수 있는바, 위 인정 사실에 이와 같은 일괄투표로 진행되는 결의에서 이사 또는 감사 중 일부에 대하여 해임을 반대하는 조합원으로서는 일괄 결의 과정에서 반대표를 행사함으로써 자신의 의사를 표명할 여지가 있어 보이는 점을 더하여 보면, 이와 같은 출석 조합원 전원의 의사에 따른 결의의 진행은 참석자들의 자발적인 의사에 따른 것으로서 이와 같은 절차가 조합원들의 의결권을 침해한다거나 선거의 공정을 해하는 방법이라고 보이지도 아니하므로, 피고 조합원들의 의결권이 침해되었다고 볼 수 없다.

· 실무자가 챙겨야 할 사항

상기 판례에서는 총회 참석 조합원이 투표 방법에 대해 의결한 점, 만약 일부 명단에 대해 반대한다면 반대를 표함으로써 본인의 의사를 표할 수 있었던 점 등을 들어 일괄투표는 유효한 것으로 판단하고 있으며, 임원문제뿐만 아니라 협력업체 선정 같은 일반 안건에 있어서의 일괄투표 방식과 관련한 다른 많은 판례에서도 유사한 취지로 판단하고 있다. 다만, 판결 결과와는 관계없이 일괄투표 방식으로 투표용지를 작성하게 되면 거의 대부분의 현장에서 민원이 발생하게 되는바, 가급적 각 개인별로 혹은 각 개별 사안별로 조합원들이 의사표시를 할 수 있게 투표용지를 준비하여야 한다.

정부의 방역정책 등으로 인해 미니버스 여러 대에 나눠 조합원이 참석한 후 실시간 중계 방식으로 총회를 진행했을 경우 효력은?

· 개요

2020년 초 발생한 코로나19로 인해 우스꽝스러운 촌극이 많이 벌어졌다. 자동차 극장이나 대형 운동장 내에서 각 개인의 승용차와 미니버스를 대절하여 총회를 개최하기도 하고, 예식장 연회룸을 여러 개 빌려 조합원들을 분산시켜 총회를 개최한 현장도 있다. 이와 같은 총회 방식의 효력은?

· 관련 판례 주요 내용

서울중앙지방법원 2021. 2. 8. 자 2020카합22332 결정 [총회결의효력정지가처분]

'회의'의 본질을 고려할 때 적어도 구성원 중 2인 이상이 참석하여 토론의 가능성이 열려 있어야 이를 유효한 총회의 성립으로 볼 수 있다. 특히 의결권이라는 것은 총회에 직접 참석하여 토론이나 안건에 대한 충분한 설명을 듣고 행사하는 것이 원칙이고, 결의자가 토론 전에 미리 자신의 의사를 정하였더라도 토론을 통하여 자신의 결의내용을 변경할 가능성을 열어 둘 수 있도록 그 절차를 보장하는 것이 토론이나 회의 체결정의 핵심적인 존재가치이다. (중략) 이 사건 총회는 실질적인 토론이 이루어질 수 없는 방식으로 상당히 폐쇄적으로 진행된 것으로 보이고, 이와 같은 총회의 진행은 중대한 절차적 위법에 해당하는 것으로 보이는바, 이 사건 결의는 무효이다. ① 참가인 등은 당초 G 공원 주차장에서 소위 '드라이브 스루' 방식의 총회를 개최하려 한 것으로 보인다. 그런데 결과적으로는 이 사건 총회가 사실상 미니버스 안에서 이루어진 것으로 보이고, 위 미니버스의 규모나 위 미니버스에 조합원들이 탑승하는 것이 쉽사리 허용되지 않았던 것으로 보이는 사정 등에 비추어 볼 때, 이 사건 총회에 참석한 조합원으로서는 실제 총회가 이루어진 위 미니버스 안에서 자신의 의견을 제시하거나 토론할 수 있는 실질적인 기회가 제공되었다고 보기 어려우며, 설령 위 미니버스 안에서 이루어진 총회를 실시간 동영상을 통하여 중계하였다고 하더라도 마찬가지이다.

· 실무자가 챙겨야 할 사항

정부의 방역 정책으로, 동일한 공간 내의 집합인원 제한으로 인해 개인 자가용이나 미니버스 등을 이용하여 총회를 할 경우에도 총회를 진행하고 있는 단상의 실황중계는 물론 유선전화나 무전기 등을 통한 실시간 질의응답이 가능하게 하여 토론권을 보장할 필요가 있다. 상기의 판례는 실질적인 토론권이 보장되지 않았다는 것을 이유로 총회의 효력을 부인한 사례.

서로 뜻이 맞지 않아 계약해지를 위해 총회결의를 했음에도 인정될 수 없다?

· 개요

사업을 진행하다 보면 협력업체의 계약위반, 계약 불이행 등 여러 사유로 계약해지 또는 해제 절차를 진행하게 되며 이는 당연히 총회의 의결을 구하게 된다. 하지만, 총회의 의결을 득했음에도 불구하고 재판에서 이를 인정하지 않은 사례가 있는데, 이와 관련하여 조치할 사항은?

· 관련 판례 주요 내용

대구지방법원 2021. 7. 14. 자 2021카합10222 결정 [입찰 절차 진행금지 등 가처분]

이 사건 기록과 심문 전체의 취지에 의하여 소명되는 다음과 같은 사정들을 종합하면, 채무자의 2021. 5. 11. 정기총회에서 이루어진 민법 제673조에 의한 이 사건 도급계약 해제 의결은 채무자의 조합원들이 그에 따른 손해배상책임의 발생과 예상되는 손해배상액에 관하여 충분한 설명을 받지 못한 채 이루어진 것이어서 유효한 의결로 인정하기 어렵고, 이를 기초로 한 채무자의 해제 의사표시 또한 적법하다고 볼 수 없다.

· 실무자가 챙겨야 할 사항

통상 부동산경기가 얼어붙게 되면 조합의 운영비를 대여하던 시공사들이 이를 중단하거나 감액하여 조합들과 마찰을 빚는 경우가 많다. 상기의 사례 역시 시공자가 사업비 대여의무를 불이행하고, 공사비 증액에 관한 근거자료를 제출하지 않는 등으로 계약을 위반하였고 이로 인해 조합과 시공사 상호 간의 신뢰관계가 파탄되었으므로 도급계약을 해지하는 것으로 방향을 잡고 총회의 의결을 구했으나, 재판부에서는 총회에 안건을 상정할 당시 조합원들에게 시공사와의 도급계약해지로 인해 손해배상책임이 발생할 수 있다는 점, 그 손해배상금액 등을 알리지 않고 의결한 하자가 있다는 점 등을 들어 유효한 의결로 인정하기 어렵다고 판단하였다.

따라서, 특정 업체와의 계약해지 또는 해제를 총회에 상정하고자 한다면, 총회 제안사유 말미에 「수급인이 이미 지출한 비용과 일을 완성하였더라면 얻었을 이익을 합한 금액' 범위 내에서 손해배상금을 인정해 달라는 취지의 소송이 제기될 수 있으며 소송 결과에 따라 변동되는 정비사업비에 대해서는 소송 후 진행될 총회에서 재차 의결절차를 구할 예정임」과 같은 문구를 삽입하여 소송에 대비할 필요가 있다.

서면결의서는 꼭 종이로만 제출해야 할까?
전자투표 방법은?

· 개요

조합 집행부나 조합원들 입장에서는 매번 총회를 개최할 때 마다 수천만 원의 돈을 들여 홍보요원(속칭 OS)을 활용하여 총회 서면결의서를 징구하는 것이 못마땅할 수 있다. 더군다나 전 세계에서 인정하는 자칭 타칭 IT 강국 대한민국에서. 더구나 아파트의 입주자대표 선거 등은 전자투표 방법도 많이 활용하고 있는데, 정비사업이라고 안될 이유가 있나? 만약 이와 같은 서면결의서를 전자투표 방법으로 진행한다면 그 효력은 어떻게 될까?

· 관련 판례 주요 내용

부산고등법원 2021. 10. 26. 자 2021라5130 결정 [임시총회결의 효력 정지가처분]

도시정비법 제45조제5항은 "조합원은 서면으로 의결권을 행사하거나 다음 각 호의 어느 하나에 해당하는 경우에는 대리인을 통하여 의결권을 행사할 수 있다. 서면으로 의결권을 행사하는 경우에는 정족수를 산정할 때에 출석한 것으로 본다."고 규정하여 '서면'으로 의결권을 행사할 수 있도록 하였는데, 전자문서나 전자투표는 그 자체로서는 전자적 형태의 정보에 불과하여, 문자나 기타 가독적 부호에 의해 계속적으로 의사나 관념이 표시되어 있을 것을 전제로 하는 '문서' 또는 '서면'과 동일하게 볼 수 없으므로, 법률에서 명문으로 이를 허용하고 있지 않는 이상, 전자문서 등 전자적 형태의 기록으로 위 조항의 '서면'을 대신할 수는 없다고 보아야 하는데(대법원 2012. 3. 29. 선고 2009다45320 판결 참조), 도시정비법은 달리 전자적 결의방법에 의한 의결권의 행사를 허용하거나 이를 서면결의로 보는 규정을 두고 있지 아니하다. (중략) 한편 2021. 8. 10. 법률 제18388호로 개정되어 2021. 11. 11. 시행될 예정인 도시정비법 제45조제8항은 '재난의 발생 등 대통령령으로 정하는 사유가 발생하여 시장 등이 조합원의 직접 출석이 어렵다고 인정하는 경우에는 전자적 방법으로 의결권을 행사할 수 있다'고 규정하고 있으나, 이는 재난 등 제한적인 상황에서만 예외적으로 전자적 결의방법을 통해 의결권을 행사할 수 있다는 취지로 보아야 하고, 위 조항을 근거로 현행 도시정비법이 전자적 결의방법에 의한 의결권 행사를 허용하고 있다고 해석할 수는 없고, 오히려 현행 도시정비법에서는 허용되지 않는 전자적 결의방법에 의한 의결권 행사를 예외적으로나마 허용하기 위한 근거를 마련하기 위하여 위 조항이 신설된 것이라고 보는 것이 타당하다.

· 실무자가 챙겨야 할 사항

2020년 봄에 시작된 코로나19 사태로 인해 행정 당국으로부터 집합제한이 발령되자 많은 조합들이 총회를 개최하는 데 어려움을 겪은 바 있다. 현장의 이런 애로사항을 고려하여 2021년 8월 도시정비법 개정을 통해 전자적 결의방법에 대한 근거를 규정하긴 하였으나 이 역시 행정당국에서 조합원의 직접 출석이 어렵다고 인정하는 경우에 한 해 예외적으로 가능하며, 전자투표 방식을 도입할 경우 서면결의서와 병행이 가능한지 등도 여전히 문제로 남아 있다. 상기 판례에서는 이와 같은 점을 들어 조합에서 임의로 전자적 투표 방법에 의해 서면결의서를 징구한 총회는 무효라는 취지이다. 따라서 혹 조합원이나 조합 집행부로부터 전자적 투표 방식에 의한 총회개최 준비 요구가 있게 된다면 상기의 판례 등을 활용하여 조합이 혼란에 빠지지 않도록 대처하여야 한다.

서면결의서 철회 언제까지 가능할까?

· **개요**

기왕에 제출한 서면결의서를 일부러 철회할까 싶기도 하지만, 총회를 진행하다 보면 종종 서면결의서를 철회해 달라는 조합원들이 발생한다. 서면결의서 개표 작업에 상당한 시간이 소요되기에 통상적으로 총회 성원보고가 완료되면 안건을 일괄 상정하고 투표개시를 선언하기에 그 이후에는 서면결의서 철회가 불가하다고 하게 되는데 이와 같은 방식에 문제는 없을까?

· **관련 판례 주요 내용**

대법원 2008. 8. 21. 선고 2007다83533 판결

서면결의의 방법에 의한 재건축결의에 있어서 재건축결의가 유효하게 성립하기 전까지는 재건축결의에 대한 동의를 철회할 수 있고, 그 철회의 의사표시는 재건축결의에 대한 동의의 의사표시와 마찬가지로 조합규약이나 정관에 다른 정함이 없는 이상 반드시 일정한 절차와 방식에 따라서만 하여야 하는 것은 아니며, 그 철회의 의사를 분명히 추단할 수 있는 행위나 외관이 있는 것으로 충분하다고 보아야 한다(대법원 2002. 3. 11. 자 2002그12 결정 참조).

· 실무자가 챙겨야 할 사항

상기의 판례에서는 매우 심플하게 결론짓는다. 총회의 결의가 유효하게 성립하기 전까지는 그 동의의 의사를 철회할 수 있다고. 일반적인 총회에 이를 적용한다면 설령 안건을 일괄 상정하고 투표개시 선언을 했다 할지라도 투표가 최종 종료되기 전까지는 서면결의서의 철회가 가능하다 할 것이다. 다만, 이미 서면결의서의 개표작업이 이뤄진 상황에서 서면결의서를 철회하게 되면 일일이 철회 요청자의 서면결의서를 찾아야 하기에 가급적 조합원을 설득하여 총회가 지연될 수 있는 점 등을 들어 현장 투표를 포기하는 방향으로 유도해 볼 필요가 있으며 그럼에도 당사자가 요청할 경우에는 이에 응하는 것이 현명하다. 또한, 통상 서면결의서 철회를 희망하시는 분들은 총회 참석자 확인 과정에서 요청하게 되므로 사전에 접수요원 교육을 철저히 하여 불필요한 시비가 생기지 않도록 조치할 필요가 있다.

부득이한 사정으로 갑자기 총회 장소를 변경해야 한다면 어떻게 해야 할까?

· 개요

총회를 앞두고 조합원 일부가 총회 장소를 대여해 준 기관이나 단체 혹은 소유자에게 악성 민원을 제기하게 될 경우 설령 총회 당일이라 하더라도 총회 장소가 변경되는 경우가 있다. 이럴 경우 유의할 사항은?

· 관련 판례 주요 내용

서울북부지방법원 2011. 8. 25. 선고 2011가합2207 판결 [정기총회결의무효확인]

소집통지 및 공고가 적법하게 이루어진 이후에 당초의 소집 장소에서 개회를 하여 소집 장소를 변경하기로 하는 결의조차 할 수 없는 부득이한 사정이 발생한 경우, 소집권자가 대체 장소를 정한 다음 당초의 소집 장소에 출석한 주주들로 하여금 변경된 장소에 모일 수 있도록 상당한 방법으로 알리고 이동에 필요한 조치를 다한 때에 한하여 적법하게 소집 장소가 변경되었다고 볼 수 있을 것이다(대법원 2003. 7. 11. 선고 2001다45584 판결 등 참조).

위 인정 사실에 의하면, 총회 장소로 정해진 X 교회에서 장소를 빌려

주지 않겠다고 하여 소집통지된 시각에 그 소집 장소에서 총회를 개최할 수 없었던 사실, 이에 피고는 소집 장소를 인근 식당으로 변경한 후 두 차례에 걸쳐 조합원들에게 장소 변경 사실을 고지한 사실, 피고는 공고된 소집 장소인 X 교회에 장소 안내에 관한 공고문을 부착하였고, 2명의 안내원을 위 교회 앞에 배치한 사실 등을 인정할 수 있고, 위 인정 사실 및 을30호증의 기재에 변론 전체의 취지를 종합하여 인정되는 다음과 같은 사정 즉, 이 사건 총회는 정해진 소집시간인 14:00에 시작되어 그로부터 2시간가량이 지난 15:59경 개표가 종료된 후 피고 조합장이 개표결과를 선포함으로써 종료되었으므로 기존에 공고된 소집 장소인 X 교회로 찾아간 조합원이라도 X 교회에 부착된 공고문 내지 위 교회에 배치된 안내원의 안내를 통하여 이 사건 총회가 종료되기 이전에 변경된 소집 장소인 Z에 도착할 수 있었을 것으로 보이는 점, 실제로 이 사건 총회가 시작할 무렵 현장에 직접 참석한 조합원이 53명이었으나, 총회결의를 위한 투표를 할 시점에는 직접 참석한 조합원이 74명으로 늘어났던 점 등에 비추어 보면, 피고가 출석한 주주들로 하여금 변경된 장소에 모일 수 있도록 상당한 방법으로 알리고 이동에 필요한 조치를 다하여 적법하게 소집 장소가 변경되었다고 봄이 상당하므로, 이 부분 원고들의 주장은 이유 없다.

· 실무자가 챙겨야 할 사항

상기 판례에서 살펴본 바와 같이 총회 소집통지 이후 총회 장소를 변경해야 할 상황이 발생할 경우, 총회개최 시까지 여유가 있다면 이사회를 정식으로 개최하여 총회 장소 변경에 대한 논의를 거친 후 조합원들에게 등기우편 통지, 문자발송, 구역 내 현수막 게첩 등 필요한 조취를 취하고 행사 당일에는 기존 장소에 안내문 부착, 안내요원 배치, 기존 장소에서 새로운 장소까지의 이동수단 제공 등의 조치를 취하고 각각의 증빙을 보관하여 누군가 제기할지 모를 소송에 대비할 필요가 있다. 아울러, 모든 일에는 항상 예상치 못한 상황이 생길 수 있기에 총회개최를 위한 이사회 및 대의원회 논의 시 '총회 안건, 일시, 장소에 관한 세부사항 및 변동사항은 집행부에 위임 요청'이라는 문구를 회의자료에 포함시켜 경미한 변동사항 발생에 대비하여야 한다.

서면결의서 철회에 대한 재철회는 인정될 수 있을까?

· 개요

정비사업 현장에서 세력다툼이 생길 경우 흔하게 볼 수 있는 장면이 서면결의서 철회와 이에 대한 재철회이다. 과연 철회에 대한 재철회는 인정될 수 있을까?

· 관련 판례 주요 내용

광주지방법원 2021. 6. 24. 자 2021카합50370 결정 [총회결의효력정지가처분]

재개발조합 또는 재건축조합의 총회에 관하여 조합원이 도시정비법 제45조제5항에 따라 서면으로 의결권 행사한 경우 결의가 유효하게 성립하기 전까지는 서면 제출 방법에 의한 의결권 행사를 철회할 수 있는 바(대법원 2008. 8. 21. 선고 2007다83533, 83540 판결 참조), 이 사건에서 조합원 262명이 이 사건 임시총회가 개최되기 전인 2021. 5. 11. 17:00 이전에 서면결의 철회서를 제출한 점은 당사자 사이에 다툼이 없으므로, 위 262명의 서면 제출 방법에 의한 의결권 행사는 철회되어 소멸되었다. (중략) 일반적으로 상대방 있는 의사표시는 상대방에게 도달한 때로부터 그 효력이 생기므로(민법 제111조제1항), 발신 후이더라도 도달하기 전에는 철회할 수 있다. 이때 철회의 의사표시는 늦어도 먼저 발신한 의사표시와 동시에 도달하여야 한다. 의사표시가 도달하여 효력이 발생한 후에는 표의자가 이를 철회하지 못한다. (중략) 반면에, 서면 제출 방법에 의한 의결권 행사를 철회한다는 조합원의 의사표시가 조합에 도달하면 이미 한 의결권 행사를 소멸시키는 효력이 즉시 발생하므로, 조합원은 이미 한 철회의 의사표시를 철회할 수 없다). 따라서 서면 제출에 의한 의결권 행사를 철회한 조합원은 다시 서면을 제출하거나, 총회에 출석하여 현장 투표하는 방법으로 의결권을 행사하여야 한다.

· 실무자가 챙겨야 할 사항

상기 판례에 따르면 일단 서면결의서를 철회하겠다고 의사를 표하고 그 의사가 조합에 접수되었다면 이미 효력이 발생하였기에 철회에 대한 재철회는 인정될 수 없다. 문제는 통상 서면결의서를 철회해야 하는 상황에 처한 현장이라면 본인에게 유리한 서면(철회서든 혹은 철회서에 대한 철회서든)을 징구한 세력 간에 제출 마감 시한 직전까지 제출 시기를 놓고 저울질하는 상황이 생기기에 철회의사가 상대에게 도달하기 전에 재철회서를 낸 것인지 아닌지 혹은 철회의 대상인 서면결의서가 접수된 것인지 여부가 혼란스러운 상황이 생길 수 있다는 점이다. 따라서 부득이 이런 상황에서는 섣부르게 판단할 게 아니라 법률 전문가의 조언을 토대로 서면철회서, 철회서에 대한 철회서, 2차 서면결의서, 사실확인서(이 문건에 첨부된 의사가 본인의 진정한 의사라는 취지) 등을 준비하고 징구하여야 하며 제출 시기 또한 면밀하게 검토하여 총회 이후 발생 가능한 소송전에 대비할 필요가 있다.

서면결의서에
신분증까지 첨부해야 한다?

· 개요

도시정비법 제45조제6항이 2021. 8. 10. 개정되어 조합에서는 서면결의서 제출자가 본인인지 여부를 확인하여야 한다. 이를 이행하기 위해서는 구체적으로 어떻게 해야 할까?

· 관련 판례 주요 내용

서울중앙지방법원 2022. 3. 21. 자 2021카합22041 결정 [해임총회효력정지가처분]

도시정비법 제45조제6항(2021. 8. 10. 개정되어 2021. 11. 11.부터 시행)은 '조합은 제5항에 따른 서면의결권을 행사하는 자가 본인인지를 확인하여야 한다.'라고 규정하고 있다. 위 개정조항의 취지가 단체법적 법률관계의 객관성, 명확성, 안정성을 위하여 불필요한 법적 분쟁을 방지하기 위한 것이라고 이해되는 이상, 비록 위 법률 조항 시행에 따른 구체적인 본인확인방법이 채무자의 정관에 반영되어 개정되지는 않았더라도 이 사건 총회 당시 채무자로서는 서면의결권을 행사하는 자가 본인인지 여부를 확인하였어야 할 것이다. 그러나 보조참가인들이 제출한 서면결의서에는 신분증 사본 등 본인인지 여부를 확인할 수 있는 자료가 첨부되어 있지 아니하고, 달리 채무자나 조합장의 권한을 대행하는 보조참가인들이 이들의 본인 여부를 확인하였다고 볼 만한 아무런 자료가 없다.

· 실무자가 챙겨야 할 사항

2021. 8. 10. 개정된 도시정비법은 서두에서 언급한 본인확인 외에도 서면의결권의 행사기간 및 장소 등 서면의결권 행사에 필요한 사항을 정하여 조합원에게 통지하도록 정하고 있으며 이와 같은 내용은 정관에도 반영되어야 한다. 다만, 실무상 정관을 개정하는 것은 조합에서 준비한 정관 개정안을 인허가권자가 인정할지 여부를 고려할 때 용이하지 않으므로 총회소집통지문과 공고문 작성 시에 아래와 같은 문구를 반드시 포함하고 서면결의서 용지 양식은 신분증 첨부가 필요한 것으로 준비하여 시빗거리를 차단할 필요가 있다.

서면의결권의 행사기간 및 장소 등 서면의결권 행사에 필요한 사항

- 행사기간 : 20××. ××. ××~20××. ××. ××(총회소집 공고일부터 총회개최 전일 18:00까지)
- 행사장소 : 조합원의 자택 혹은 기타 조합원이 지정하는 장소
- 기타 서면의결권 행사에 필요한 사항
  부득이한 사정으로 금번 총회에 본인 또는 대리인 참석도 불가한 경우에는 조합 정관 제○○조에 의거 서면으로 총회의결의권을 행사할 수 있으므로 첨부된 "총회 서면결의서"를 작성하신 후 신분증 사본을 첨부하여 우편 또는 인편으로 제출하여 주시기 바랍니다.

3. 협력업체 선정과 관련된 논란

정비업체는 추진위원회에서 한 번, 조합에서 다시 한 번 두 번 선정해야 한다?

· **개요**

2019년 9월 "조합의 업무범위에 속하는 업무를 정비사업전문관리업자에게 위탁하거나 그에 관하여 자문을 받기로 하는 것"은 조합설립추진위원회의 업무에 속하지 않는 다는 취지의 법제처 유권해석 이후 최근까지도 추진위원회 단계에서 선정한 정비업체를 조합단계에서 인정 가능한지를 두고 분쟁이 계속되고 있다. 이에 대한 대처 방안은?

· **관련 판례 주요 내용**

전주지방법원 2021. 5. 27. 2020구합2827 판결 [시정명령처분취소의소]

피고는 이 사건 계약을 포괄승계하기로 의결한 창립총회는 원고 설립 이후에 개최되는 조합총회와 다르므로 창립총회의 승계 결의만으로 원고에 대한 관계에서 그 효력을 인정할 수 없다고 주장하나, 만일 창립총회의 승계 결의만으로 부족하다면 원고가 다시 조합총회를 개최하여 이 사건 계약의 포괄승계 여부 등을 의결할 수 있다고 할 것이다. 따라서 그러한 사정만으로 피고가 이 사건 처분을 통하여 요구하는 대로 도시정비법 제29조와 정비사업 계약업무 처리기준 및 원고 정관에 규정된 절차와 방식에 따라 새로 정비사업전문관리업자를 선정하고 용역 계약을 다시 체결하여야 한다고 볼 수는 없다.

· 관련 법제처 유권해석 주요 내용

법제처 19-0206, 2019. 9. 6. [민원인]

조합설립추진위원회의 업무범위에 "조합의 업무범위에 속하는 업무를 정비사업전문관리업자에게 위탁하거나 그에 관하여 자문을 받기로 하는 것"이 포함되지 않습니다.

· 실무자가 챙겨야 할 사항

2019년 9월 6일의 법제처 유권해석 이후 많은 조합에서 사례와 유사한 소송이 제기되고 있으며 일부 정비업체 입장에서 유리한 판결이 있기도 하였으나 여전히 소송전이 계속되고 있다. 다만, 정비사업의 처음부터 사업 종료 시까지 조합과 운명을 같이할 정비업체 선정을 두 번에 걸쳐 해야 한다는 것은 여러 가지로 불합리한바, 조합설립 이후 진행되는 최초 총회에서 '추진위원회 단계에서의 정비업체 선정 및 계약체결 추인의 건' 혹은 '기존 정비업체 지위 조합 승계의 건'과 같은 형태로 안건을 상정, 의결을 득하여 분쟁발생에 대비할 필요가 있다.

추진위원장 또는 사업시행자가 금융회사 등과 체결하는 대출계약은 반드시 일반경쟁입찰 절차를 진행해야 하는가?

· 개요

도시정비법 제29조제1항 본문에서는 추진위원장 또는 사업시행자는 이 법 또는 다른 법령에 특별한 규정이 있는 경우를 제외하고는 계약을 체결하려면 일반경쟁에 부쳐야 한다고 하면서 해당 계약에는 공사, 용역, 물품구매 및 제조 등을 포함한다고 규정하여 계약의 범위를 한정하고 있지 않아, 사업진행에 필요한 각종 금융기관 선정 시 일반경쟁입찰을 진행하여야 하는지 여부를 놓고 의견이 분분하다. 이에 대한 대처 방안은?

· 관련 유권해석 주요 내용

법제처 19-0426, 2019. 12. 27. 민원인

「도시 및 주거환경정비법」 제29조제1항의 적용을 받는 계약의 범위(「도시 및 주거환경정비법」 제29조제1항 등 관련)

도시정비법 제29조제1항 본문에서는 추진위원장 또는 사업시행자는 이 법 또는 다른 법령에 특별한 규정이 있는 경우를 제외하고는 계약을 체결하려면 일반경쟁에 부쳐야 한다고 하면서 해당 계약에는 공사, 용역, 물품구매 및 제조 등을 포함한다고 규정하여 계약의 범위를 한정하

고 있지 않습니다. (중략) 그런데 정비사업비 조달을 위한 대출의 경우 위에서 살펴본 바와 같이 차입 방법이나 이자율 등에 대해 총회의 의결을 거치도록 하여 조합원의 의사로 결정할 수 있는 절차를 마련하고 있어 도시정비법 제29조제1항에 따라 원칙적으로 일반경쟁에 부치지 않는다고 하더라도 정비사업의 투명성을 개선하려는 같은 규정의 입법취지에 반한다고 보기 어렵습니다.

· 실무자가 챙겨야 할 사항

상기의 법제처 유권해석이나 다수의 국토교통부 질의회신을 통해 추진위원회나 조합의 정비사업비 조달을 위한 대출의 경우 일반경쟁입찰이 불필요한 것으로 확인된 바 있다. 다만, 도시정비법 제45조에 의거 자금의 차입과 그 방법·이자율 및 상환방법은 총회의 의결이 반드시 필요한바, 자금차입 전에 총회의 의결을 거쳐 분쟁이 생기지 않도록 대비할 필요가 있다.

현금청산 협의 과정에서 토지등소유자가 추천하는 감정평가사도 총회의 의결이 필요한가?

· 개요

도시정비법 제45조에 따르면 감정평가사의 선정 및 계약은 총회의 의결을 필요로 하는 것으로 정하고 있어 사업시행계획수립 시 필요한 감정평가사나 관리처분계획수립 시 필요한 감정평가사의 선정 및 계약은 총회의 의결을 토대로 진행하고 있다. 그럼 현금청산 절차 진행과정에서 토지등소유자나 지자체에서 추천하여 사업시행자가 선정하여야 하는 감정평가사 역시 총회의 의결이 필요할까?

· 관련 유권해석 주요 내용

국토교통부 2019. 2. 14. 2AA-1902-058290

도시정비법 제45조제1항에 따르면 시공자·설계자 및 감정평가법인등(제74조제4항에 따라 시장·군수등이 선정·계약하는 감정평가법인등은 제외한다)의 선정 및 변경. 다만, 감정평가법인등 선정 및 변경은 총회의 의결을 거쳐 시장·군수 등에게 위탁할 수 있다고 정하고 있습니다.

그리고 도시정비법 시행령 제60조제1항에 따르면 사업시행자가 법 제73조제1항에 따라 토지등소유자의 토지, 건축물 또는 그 밖의 권리에 대하여 현금으로 청산하는 경우 청산 금액은 사업시행자와 토지등소유자가 협의하여 산정한다. 이 경우 재개발사업의 손실보상액의 산정을 위한 감정평가법인등 선정에 관하여는 「공익사업을 위한 토지등의 취득 및 보상에 관한 법률」 제68조제1항에 따른다고 규정하고 있습니다.

다만, 재개발사업의 손실보상액의 산정을 위한 감정평가업자 선정에 관하여는 「공익사업을 위한 토지등의 취득 및 보상에 관한 법률」 제68조 제1항에 따라 토지등소유자 추천, 시·도지사 추천으로 사업시행자가 선정하도록 하고 있으므로 조합의 총회의결 없이 선정이 가능할 것으로 판단됩니다.

· 실무자가 챙겨야 할 사항

통상 조합에서는 현금청산 절차 진행과정에서 토지등소유자나 지자체가 토지보상법에 따른 수용재결 절차 진행과정에서 감정평가사를 추천해 올 경우 이사회 및 대의원회 결의를 토대로 선정·계약 절차를 마무리하고 총회에서는 추인의결 절차를 진행하는 방법으로 업무를 처리해 오고 있으나 간혹 이와 같은 업무처리가 도시정비법 제45조를 위반했다며 관할 지자체나 조합에 민원을 제기하거나 조합 집행부를 고발하는 사례가 발생한다. 만약 실제 이런 상황이 발생한다면 상기와 같은 질의회신 사례를 토대로 관계 당국에 자료를 제출하여 불상사가 생기지 않도록 조치할 필요가 있다.

추진위원회의 업무대행 정비사업전문관리업자가 등록취소 등의 처분을 받을 경우 조치해야 할 사항은?

· 개요

조합의 업무대행 정비사업전문관리업자(정비업체)가 행정당국으로부터 등록취소 등의 처분을 받게 될 경우 사업시행자인 조합으로부터 계속적인 업무수행에 대한 동의를 득하게 되면 업무정지 기간에도 계속하여 업무를 수행할 수 있다. 추진위원회 단계의 현장에서도 이와 동일하게 처리하면 될까?

· 관련 유권해석 주요 내용

법제처 20-0638, 2020. 12. 25. 민원인

추진위원회가 등록취소처분 등을 받은 정비사업전문관리업자의 업무 계속 수행에 대한 동의를 할 수 있는지 여부 등(「도시 및 주거환경정비법」 제106조 등 관련)

도시정비법 제106조제1항에서는 정비사업전문관리업자에 대한 등록취소처분 등의 사유를 각 호로 규정하고 있고, 같은 조 제4항 전단에서는 정비사업전문관리업자는 등록취소처분 등을 받기 전에 계약을 체결한 업무는 계속하여 수행할 수 있다고 규정하고 있으며, 같은 조 제5항 제2호에서는 정비사업전문관리업자가 등록취소처분 등을 받은 날부터

3개월 이내에 사업시행자로부터 업무의 계속 수행에 대하여 동의를 받지 못한 경우에는 같은 조 제4항 전단에도 불구하고 업무를 계속 수행할 수 없다고 규정하여 등록취소처분 등을 받은 정비사업전문관리업자가 업무를 계속 수행할 수 있는 요건으로 "사업시행자"의 동의를 명시하고 있습니다.

그리고 도시정비법 제2조제8호에서는 정비사업을 시행하는 자를 "사업시행자"라고 정의하면서 같은 법 제25조에서는 재개발사업 및 재건축사업의 시행자 중 하나로 "조합"을 규정하고 있고, 같은 법 제31조제1항에서는 사업시행자인 조합을 설립하려는 경우에는 조합설립을 위한 추진위원회를 구성해야 한다고 규정하고 있는바, 도시정비법에서는 사업시행자인 조합과 조합을 설립하기 위해 임시로 구성된 단체인 추진위원회를 구분하고 있으므로, 같은 법 제106조제5항제2호에서 동의의 주체로 규정한 "사업시행자"는 추진위원회로 볼 수 없는 것이 문언상 명백합니다.

· 실무자가 챙겨야 할 사항

대부분의 현장에서는 정비업체가 등록취소될 경우 새로운 정비업체를 찾기 마련이다. 하지만, 해당 업체가 계속 업무를 수행할 의지가 있고 시간이 지난 후 재차 행정청에 등록 가능하다든지 하는 특수한 사정이 있을 경우 조합단계의 현장에서라면 총회나 대의원회 결의를 통해 계속적으로 업무수행이 가능하며, 추진위원회 단계라면 법률적으로는 사업시행자가 아니기에 동의를 할 수 없어 반드시 새로운 정비업체 선정 절차를 진행하여야 한다(단, 행정처분의 내용이 업무정지일 경우에는 제외).

아울러, 도시정비법 제106조제5항에 의거 사업시행자의 동의는 반드시 등록취소된 날로부터 3개월 이내에 득하여야 문제가 없다.

소규모주택정비사업의 정비사업전문관리업자는 지명경쟁으로 선정 가능한가?

· 개요

소규모주택정비사업의 시공자 및 정비사업전문관리업자 선정기준 제 4조를 살펴보면 지명경쟁입찰 시 3인 이상의 입찰 대상자를 지명하여 2 인 이상이 입찰 참가하면 되는 것으로 정하고 있어 정비사업계약업무처 리기준(4인 이상 입찰 대상자 지명 후 3인 이상이 입찰 참가)에 비하여 완화되었으나, 추정 용역비 관련해서는 별도의 언급이 없어 금액에 제 한 없이 지명경쟁 방식으로 선정 가능한지가 문제가 될 수 있다. 어떻게 해야 문제가 없을까?

· 관련 유권해석 주요 내용

서울시 주거환경개선과 2021. 4. 9. 20210402904606

「소규모주택정비사업의 시공자 및 정비사업전문관리업자 선정기준」 (이하 "선정기준" 제2조에서는 「정비사업 계약업무 처리기준」(이하 "처 리기준")을 준용하도록 하고 있고, 처리기준 제6조에서는 도시정비법 시 행령 제24조제1항에 해당하는 경우에 한해 지명경쟁할 수 있도록 하고 있으므로 도시정비법 시행령에서 정한 지명경쟁사유에 해당되는 경우 에만 지명경쟁 가능함.

· 실무자가 챙겨야 할 사항

상기의 질의회신 사례에서 살펴본 바와 같이 선정기준 제4조(정비사업전문관리업자 선정 시 예외사항) 규정은 지명경쟁입찰 시 지명인 수, 입찰 참가 신청인 수에 대한 예외규정으로, 추정 용역비는 도시정비법 시행령 제24조제1항에 따라 1억 원 미만일 경우에만 지명경쟁으로 정비사업전문관리업자를 선정할 수 있으니 유의할 필요가 있다.

협력업체 선정 시
추정가격에는 부가가치세가 포함될까?

· **개요**

도시정비법 제24조에서는 용역의 추정가격이 5천만 원 이하인 용역은 수의계약, 추정가격이 1억 이하인 용역은 지명경쟁방식으로 업체 선정이 가능한 것으로 정하고 있다. 그럼 이와 같은 추정가격에는 부가가치세가 포함되는 것일까?

· **관련 유권해석 주요 내용**

기획재정부 회계 41301-763/추정가격에 부가가치세가 포함되는지의 여부

[질의내용]

공공시장 개방 규모를 추정가격 58억3천만 원(현행 78억 원) 이상의 공사로 하였는바, 이는 부가가치세가 포함된 가격인지의 여부.

[답변내용]

국가를 당사자로 하는 계약에 관한 법률 시행령 제2조제1호의 규정에 의하면 "추정가격"은 물품공사용역 등의 조달계약을 체결함에 있어서 동법률 제4조의 규정에 의한 국제입찰 대상 여부를 판단하는 기준 등으

로 삼기 위하여 예정가격이 결정되기 전에 제7조의 규정에 의하여 산정된 가격을 말하는바, 동 추정가격에는 부가가치세법에 의한 부가가치세를 포함하지 아니함.

· 실무자가 챙겨야 할 사항

상기의 기획재정부 유권해석 사례를 비롯 다수의 유권해석 사례에서 일관되게 국가를 당사자로 하는 계약에 관한 법률상 입찰 절차를 진행하는데 있어 추정가격은 부가가치세를 제외하고 판단하여야 한다고 해석하고 있으며, 도시정비법 제29조 및 정비사업의계약업무처리기준, 조합표준정관 제32조제7항에 의해 조합이 사업시행상 조력을 얻기 위하여 용역업자와 계약을 체결하고자 하는 경우에는 국가를 당사자로 하는 계약에 관한 법률의 내용을 준용할 수 있기에 도시정비법에 의한 입찰에서도 상기의 질의회신 사례는 유효하다 할 것이다. 따라서, 혹 누군가 이런 부분에 대해 문제제기를 한다면 상기의 질의회신 사례를 활용하여 대응할 필요가 있다.

지장물 철거공사는
반드시 시공사와의 계약에 포함시켜야 할까?

· 개요

정비사업 반대론자들의 단골 이슈. 대부분의 정비사업 반대론자들은 조합을 공격할 때 조합이 사업 구역 내 건축물 철거를 포함하여 시공사 계약을 했음에도 불구하고 이중으로 지장물 철거 업체를 선정하여 비리가 있다며 공격하고 있다. 이에 대한 대응 방안은?

· 관련 판례 주요 내용

서울고등법원 2018. 12. 13. 자 2018라20991 결정 [공사금지가처분]

현행 도시 및 주거환경정비법 제29조에는, "조합은 조합설립인가를 받은 후 조합총회에서 제1항에 따라 경쟁입찰 또는 수의계약(2회 이상 경쟁입찰이 유찰된 경우로 한정한다)의 방법으로 건설업자 또는 등록사업자를 시공자로 선정하여야 한다(제4항).", "사업시행자(사업대행자를 포함한다)는 제4항부터 제8항까지의 규정에 따라 선정된 시공자와 공사에 관한 계약을 체결할 때에는 기존 건축물의 철거공사(「석면안전관리법」에 따른 석면 조사·해체·제거를 포함한다)에 관한 사항을 포함해야 한다(제9항)."라고 규정하여 석면 관련 공사는 기존 건축물의 철거공사에 포함된다고 명시적으로 규정한 반면, 이 사건 공사에 대하여는 별도로 규정하고 있지 않은 점 등에 비추어 보면, 채권자들이 제출한 자료들만으로는 이 사건 공사(지장물의 철거공사)가 구 도시정비법에서 정하고 있는 기존 건축물의 철거공사에 포함된다는 점을 소명하기에 부족하다.

· 실무자가 챙겨야 할 사항

상기 판례에서 살펴본 바와 같이 지장물 철거를 위한 업체 선정은 판례에서는 적법하다고 인정된다. 하지만, 정비사업 반대자들은 마치 조합이 대단한 비리를 저지르고 있는 것처럼 사실을 호도하며 조합원들을 선동하고 관계 기관 곳곳에 민원을 제기하는 것은 물론 심지어 고소고발이나 소송까지 제기하기도 한다. 따라서 혹 실무를 담당하고 있는 현장에서 이와 같은 상황이 발생한다면 상기의 판례를 적극 활용하여 대응할 필요가 있으며, 가급적 시공사와 협의하여 아예 지장물 철거공사를 포함하여 도급계약을 체결하는 것도 방법이라 하겠다.

추진위 단계에서 선정한 정비사업전문관리업자는 조합에 승계될 수 있을까?

· 개요

통상 추진위원회 승인 직후 정비업체와 설계업체를 선정하여 조합설립을 위한 준비를 해 나가게 되며, 정비업체는 사업의 처음부터 마지막까지 함께하는 용역업체이다. 추진위원회 단계에서 조합업무와 관련된 업체를 선정할 수 없다고 하는데 이에 대한 대응 방안은?

· 관련 판례 주요 내용

서울고등법원 2022. 6. 22. 선고 2021나2043911 판결 [용역계약해지무효확인]

추진위원회와 조합의 업무는 준별되므로, 조합이 자신의 업무를 위탁할 정비사업전문관리업자를 선정하고, 그 위탁 범위를 결정하는 것은 조합의 업무이고, 이것이 추진위원회의 업무에 속한다고 보기 어렵다. 추진위원회가 조합의 업무를 수행할 권한이 없음에도, 조합의 업무를 대행하여 수행할 정비사업전문관리업자를 선정해 줄 권한은 있다고 보는 것은 모순이기도 하다. 따라서 추진위원회가 정비사업전문관리업자와 체결한 용역 계약에 조합의 업무에 관한 부분을 위탁하는 내용이 포함되어 있다면 이는 추진위원회가 전문관리업자에게 위탁할 수 있는 자신의 업무에 속하지 아니하므로, 추진위원회가 그 업무범위 내에서 행한 업무와 관련된 사항이 아니며, 위 사항과 관련한 권리와 의무는 조합에 포괄 승계된다고 볼 수 없다. (중략) 나아가 피고의 조합 창립총회에서 원고의 정비사업전문관리업자 지위를 승계하지 않고, 피고의 업무에 관하여는 별도로 정비사업전문관리업자를 선정하기로 의결하였다는 점은 앞서 본 바와 같으므로, 이 사건 용역 계약에 따른 원고의 정비사업전문관리업자의 지위가 피고 조합에 대한 관계에서 특별승계되었다고 볼 수도 없다.

· 실무자가 챙겨야 할 사항

2019년 9월 법제처에서 추진위에서 선정한 정비업체는 조합에서 승계할 수 없다는 취지의 유권해석을 내놓은 이후 많은 조합들이 이로 인해 혼란을 겪고 있다. 정비업체의 경우 업무의 성격상 사업의 처음부터 마지막까지 함께해야 하는데 동일한 용역업체를 추진위 단계에서 한 번 조합설립 이후 또 한 번 선정하는 것은 현실적으로 매우 불합리하다. 하지만, 상기의 판례에서 살펴볼 수 있는 바와 같이 사법부에서도 법제처의 유권해석과 동일한 취지의 판단을 하고 있어 새로운 판례가 나오기 전까지는 주의가 필요하다. 다만, 상기의 판례에서는 조합 창립총회 당시 새로운 정비업체를 선정하기로 한다는 의결이 있었음도 판단근거의 하나로 제시하고 있기에 만약 창립총회나 조합설립 이후 개최되는 총회에서 정비업체와의 계약을 승계하기로 의결할 경우 다른 판단이 나올 가능성도 배제할 수는 없다. 따라서 여건이 허락된다면 조합설립 이후 새로운 정비업체를 선정하여 시빗거리를 차단할 필요가 있으며, 부득이할 경우 창립총회 혹은 조합설립 이후 개최되는 총회에서 정비업체와의 계약을 승계한다는 취지의 안건을 상정하여 의결할 필요가 있다.

4. 비대위의 단골 메뉴 정보공개

정보공개, 열람·복사 대상 자료 관련 규정 및 판례(종합)

사업 추진 자체에 대한 불만이나 집행부에 대한 불만을 가진 세력들이 가장 손쉽게 조합 집행부를 괴롭히는 방법이 정보공개의무 위반 혹은 정보공개 요청 거부에 따른 고소 절차 진행이며 이로 인해 벌금 100만 원 이상의 형이 확정될 경우 곧바로 조합임원의 지위가 상실될 수 있다. 이에 정보공개와 관련된 규정과 판례를 토대로 주의해야 할 사항을 정리해 보고자 한다.

· 조합에서 반드시 조치해야 할 사항

① 정보공개해야 할 자료가 작성될 경우 15일 이내 공개

도시정비법 제124조 등에 의거 추진위원장 또는 사업시행자는 정비사업의 시행에 관한 서류 및 관련 자료가 작성되거나 변경된 후 15일 이내에 이를 조합원, 토지등소유자 또는 세입자가 알 수 있도록 인터넷과 그 밖의 방법을 병행하여 공개하여야 한다.

② 매 분기 1회 공개 대상의 목록 등에 대해 서면통지

도시정비법 시행령 제94조에 의거 매 분기가 끝나는 달의 다음 달 15일까지 공개 대상의 목록, 공개 자료의 개략적인 내용, 공개 장소, 대상자별 정보공개의 범위, 열람·복사 방법, 등사에 필요한 비용 등에 대해 조합원 또는 토지등소유자에게 서면으로 통지하여야 한다.

③ 중요회의는 속기록, 녹음 또는 영상자료 만들어 청산 시까지 보관

도시정비법 제125조, 같은 법 시행령 제94조제2항에 의거 용역계약(변경계약을 포함한다) 및 업체 선정과 관련된 회의, 조합임원·대의원의 선임·해임·징계 및 토지등소유자(조합이 설립된 경우에는 조합원을 말한다) 자격에 관한 회의 등 조합원 또는 토지등소유자의 비용부담을 수반하거나 권리·의무의 변동을 발생시키는 회의는 속기록, 녹음 또는 영상자료 만들어 청산 시까지 보관하여야 한다.

· **정보공개 관련 벌칙**

① 2년 이하의 징역 또는 2천만 원 이하의 벌금 해당 사항

1) 정비사업의 시행에 관한서류 및 관련 자료를 거짓으로 공개한 추진위원장 또는 조합임원

2) 열람·복사 요청에 허위의 사실이 포함된 자료를 열람·복사해 준 추진위원장 또는 조합임원

② 1년 이하의 징역 또는 1천만 원 이하의 벌금 해당 사항

1) 정비사업시행과 관련한 서류 및 자료를 인터넷과 그 밖의 방법

을 병행하여 공개하지 아니하거나 조합원 또는 토지등소유자의 열람·복사 요청을 따르지 아니하는 추진위원장, 전문조합관리인 또는 조합임원

2) 속기록 등을 만들지 아니하거나 관련 자료를 청산 시까지 보관하지 아니한 추진위원장, 전문조합관리인 또는 조합임원

· **정보공개 시 유의할 사항**

정보공개 요청항목	공개 대상 여부	관련 판례
조합원 연락처	공개 대상	대법원 2021. 2. 10. 선고 2019도18700
참석자 명부와 서면결의서	공개 대상	대법원 2012. 2. 23. 선고 2010도8981
회의자료에 첨부된 입찰지침서, 견적서 등	공개 대상	대법원 2016. 2. 18. 선고 2015도10976
속기록·녹음 또는 영상자료, 자금수지보고서	대상 아님	대법원 2022. 1. 27. 선고 2021도15334
조합원별 신축건물 동호수 배정 결과	공개 대상	대법원 2021. 2. 19. 선고 2019도18700

개인정보보호법 등을 들어 조합원의 전화번호를 공개하지 않을 수 있는가?

· 개요

통상 비상대책위원회가 생기게 되면 조합을 상대로 전화번호를 포함한 조합원 명부의 공개를 요청하게 되는데, 이를 피할 방법이 있을까?

· 관련 판례 주요 내용

대법원 2021. 2. 10. 선고 2019도18700 판결 [도시및주거환경정비법위반]

이 사건 의무조항은 '조합원 명부'를 열람·복사 대상으로 규정하고 있으므로 조합원 명부에 조합원들의 전화번호가 기재되어 있다면 조합원들의 전화번호가 포함된 조합원 명부가 열람·복사의 대상이 된다. 설령 조합원 명부에 조합원들의 전화번호가 기재되어 있지 않다고 하더라도, 조합이 정비사업시행을 위해 조합원들의 전화번호를 수집하여 관리하고 있다면 이 사건 의무조항에서 열람·복사의 대상으로 규정한 '정비사업의 시행에 관한 서류와 관련 자료'에 해당한다고 보아야 한다. (중략) '조합원과 토지등소유자'만 열람·복사를 청구할 수 있으므로 공개의 범위가 일반 공중이 아니라 '해당 정비사업의 시행에 직접적인 이해관계가 있는 한정된 범위의 사람들'로 제한된다. 또한 도시정비법 제124조제6

항은 이 사건 의무조항에 따라 열람·복사를 요청한 사람은 제공받은 서류와 자료를 사용목적 외의 용도로 이용·활용하여서는 아니 된다는 제한을 규정하고 있다. (중략) 조합원의 전화번호는「개인정보 보호법」제2조제1호에서 정한 개인정보에 해당하나, 이 사건 의무조항은「개인정보 보호법」제18조제2항제2호에서 정한 '다른 법률에 특별한 규정이 있는 경우'에 해당하므로 조합임원은 정보주체인 조합원의 별도의 동의 절차를 거칠 필요 없이 이 사건 의무조항에 따라 조합원의 전화번호를 공개하여야 한다. 만약 이 사건 의무조항에 따라 조합원의 전화번호를 제공받은 사람이 이를 제공받은 목적(정비사업의 시행과 관련하여 조합원 또는 토지등소유자들 사이의 의견수렴·의사소통) 외의 용도로 이용하거나 제3자에게 제공하는 경우에는 형사처벌의 대상이 된다(「개인정보 보호법」제19조, 제71조제2호).

· 실무자가 챙겨야 할 사항

본 사례의 판결이 있기 전까지 수많은 조합에서 전화번호 공개 여부와 관련된 소송과 고소고발 사건이 진행된 바 있었으며, 그 결과 역시 각양각색이었다. 하지만, 사례의 판결 이후로는 대체적으로 아무리 억울한 상황이라 하더라도 전화번호를 포함한 연락처를 공개하는 것은 정석으로 간주되고 있는바, 조합원들로부터 이러한 정보공개 요청이 있을 경우 있는 그대로 공개하는 것이 타당하다. 다만, 정보공개 시에는 정보공개 요청자에게 정보공개 요청의 '목적사항', '정보이용기간', '개인정보의 복사방지 및 제3자에게 제공하지 않겠다는 취지의 확약서 및 이와 같은 상황 발생 시에 대한 책임방법', '정보이용 종료 시 파기하겠다는 내용과 파기하지 않을 경우에 대한 책임방법' 등을 기재한 서면을 받아 개인정보를 함부로 다루지 못하도록 경고할 필요가 있으며 이를 어길 경우 적극적으로 대처할 필요가 있다.

각종 회의의 녹음자료를 공개 요청할 경우 대응 방안은?

· 개요

사업 추진에 불만을 가진 세력들 입장에서는 보다 정확한 회의진행 상황 등을 파악하여 공격거리를 찾기 위해 각종 회의 당시의 녹음자료를 공개해 달라고 요청하는 경우가 많이 발생한다. 이에 대한 대처 방안은?

· 관련 유권해석 주요 내용

법제처 21-0374, 2021. 8. 2. 민원인

정비사업의 시행자가 공개하여야 하는 서류 및 관련 자료에 조합의 이사회·대의원회의 녹음자료가 포함되는지 여부(「도시 및 주거환경정비법」 제124조제1항 등 관련)

도시정비법 제124조제1항 및 같은 항 제3호에서는 추진위원장 또는 사업시행자가 공개해야 하는 대상으로 정비사업의 시행에 관한 추진위원회·주민총회·조합총회 및 조합의 이사회·대의원회의 "의사록"과 "관련 자료"를 규정하고 있는바, 일반적으로 "의사록"은 회의가 진행되는 과정 및 결과, 참석자들의 안건에 대한 의사 등을 기록한 것(각주 : 법제처 2011. 9. 1. 회신 11-0324 해석례 참조)이므로, 조합의 이사회·대의원회의 녹음자료가 그 자체로 해당 회의의 의사록에 해당한다고 볼 수 없음은 문언상 분명합니다. 그런데 도시정비법령에서 의사록의 "관련 자료"에 대해서는 명확한 정의 규정이나 해석지침으로 참고할 만한 규정을 두고 있지 않은데, (중략) 통상적으로 의사록의 관련 자료란 의사록이 진정하게 작성되었는지 여부, 의사정족수와 의결정족수가 충족되었는지 여부 및 조합원의 의사결정 내용이 올바르게 반영되었는지 여부 등을 판단하기 위해 확인해야 할 필수적 자료로서 참석자 명부와 서면결의서(각주 : 대법원 2012. 2. 23. 선고 2010도8981 판결례 참조) 등을 의미한다는 점에 비추어 볼 때, 녹음자료가 그러한 확인 자료로서의 의미를 가진다고 보기는 어렵습니다.

또한 도시정비법 제125조제1항에서는 추진위원장 또는 사업시행자 등이 청산 시까지 보관해야 하는 대상을 규정하면서 같은 법 제124조제1항에 따른 "서류 및 관련 자료"와 "속기록·녹음 또는 영상자료"를 별도로 구분하고 있고, 속기록·녹음 또는 영상자료는 모든 회의가 아닌 총회 또는 중요한 회의가 개최되는 때에만 만들도록 하고 있다는 점에 비추어 볼 때, 조합의 이사회·대의원회의 녹음자료가 같은 법 제124조제1항제3호에 따라 공개해야 하는 서류 및 관련 자료에 해당한다고 보는 것은 이와 같은 규정체계에 부합하지 않습니다.

· 실무자가 챙겨야 할 사항

집행부를 흠집 내거나 공격하기 위해 가장 많이 활용하는 것이 정보공개 위반임을 이유로 한 고발 사건 진행이다. 만약 고발 사건에서 벌금형에 처해지고 그 금액이 100만 원 이상이 될 경우 조합임원의 자격이 자동 상실되므로 정보공개와 관련된 사항은 엄격하게 대비할 필요가 있다. 상기에서 살펴본 바와 같이 법제처 유권해석에 따르면 녹음자료는 정보공개 대상으로 보기 어렵다고 판단하고 있으므로 공개가 어렵거나 곤란한 상황이라면 상기의 유권해석을 근거로 하여 정보공개를 거부하는 것도 방법이나, 가급적 있는 그대로 공개하여 불필요한 분쟁을 차단하고 시빗거리를 하나라도 제거하는 것이 안전하다. 아울러, 도시정비법에서는 '총회 또는 중요한 회의'가 있을 때에만 녹음을 하도록 규정하고 있으나 회의 때마다 이를 가려 녹음 여부를 결정하는 것은 자칫 중요한 회의임에도 녹음을 누락시킬 가능성이 있으므로 가급적 모든 회의에 대해 녹음을 하여 예상치 못한 공격에 대비할 필요가 있다.

속기록, 자금수지보고서는 반드시 공개해야 할까?

· 개요

조합을 가장 골치 아프게 하는 정보공개 요청, 만약 속기록이나 자금수지보고서를 공개 요청한다면? 혹은 이런 것들이 인터넷을 통해 공개되어 있지 않다고 민원을 제기하거나 고소를 진행할 경우 대응 방안은?

· 관련 판례 주요 내용

대법원 2022. 1. 27. 2021도15334 판결 [도시및주거환경정비법위반]

구 도시정비법 제81조제2항, 현행 도시정비법 제125조제1항은 위와 같이 공개하여야 할 서류를 포함하여 총회 또는 중요한 회의가 있은 때에는 속기록·녹음 또는 영상자료를 만들어 청산 시까지 보관하여야 한다고 규정한다. 즉, 구 도시정비법과 현행 도시정비법은 신속하게 공개하여야 할 자료와 일정한 경우에 한하여 작성 후 청산 시까지 보관하여야 할 자료를 구분하고, 속기록·녹음 또는 영상자료는 보관 대상으로 규정할 뿐 의사록과 같은 공개 대상으로 명시하지 않고 있다. 의사록이 진정하게 작성되었는가는 참석자 명부와 서면결의서를 통해서도 확인할 수 있으므로, 반드시 참석자의 구체적인 발언 내용이 담긴 속기록이 필요하다고 보기 어렵다. (중략) 도시정비법이 처음부터 공개 대상으로 명시한 월별 자금의 입금·출금 세부 내역에도 월별 수입·지출 내역, 현금예금 보유내역, 차입금 현황 등이 포함되어 있으므로, 결산보고서가 진정하게 성립되었는지 판단하기 위하여 반드시 자금수지보고서가 필요하다고 보기 어렵다.

· 실무자가 챙겨야 할 사항

집행부를 흠집 내거나 공격하기 위해 가장 많이 활용하는 것이 정보공개 위반임을 이유로 한 고발 사건 진행이다. 만약 고발 사건에서 벌금형에 처해지고 그 금액이 100만 원 이상이 될 경우 조합임원의 자격이 자동 상실되게 되므로 정보공개와 관련된 사항은 엄격하게 대비할 필요가 있다. 상기에서 살펴본 바와 같이 대법원 판례에 따르면 속기록이나 자금수지계산서는 정보공개 대상으로 보기 어렵다고 판단하고 있으므로 공개가 어렵거나 곤란한 상황이라면 상기의 판례를 근거로 하여 정보공개를 거부하는 것도 방법이나, 가급적 있는 그대로 공개하여 불필요한 분쟁을 차단하고 시빗거리를 하나라도 제거하는 것이 안전하다.

현금청산자의 감정평가금액을 청산자 본인이 아닌 제3자에게 공개하여야 하는지 여부

· 개요

간혹 현금청산자로부터 본인의 감정평가금액 외에 다른 현금청산 대상자의 감정평가금액을 공개해 달라는 정보공개 요청서가 접수된다. 이럴 경우 대처 방안은?

· 관련 유권해석 주요 내용

국토교통부 2018. 8. 27. 2AA-1808-271399

「도시 및 주거환경정비법」 추진위원장 또는 사업시행자(조합의 경우 청산인을 포함한 조합임원, 토지등소유자가 단독으로 시행하는 재개발사업의 경우에는 그 대표자를 말한다)는 정비사업의 시행에 관한 다음 각 호의 서류 및 관련 자료가 작성되거나 변경된 후 15일 이내에 이를 조합원, 토지등소유자 또는 세입자가 알 수 있도록 인터넷과 그 밖의 방법을 병행하여 공개하여야 한다고 규정하고 있으므로, 현금청산 대상자가 토지등소유자인 경우에는 알 수 있도록 인터넷과 그밖의 방법을 병행하여 공개하여야 할 것입니다.

· 실무자가 챙겨야 할 사항

상기의 질의 회신 사례를 보면, '현금청산 대상자가 토지등소유자'로 표현하여 아직 청산절차가 완료되지 않았다면 정보공개에 응해야 함을 알 수 있다. 따라서 만약 현금청산이 종료된 경우라면 더 이상 사업과 이해관계가 없기에 정보공개에 응할 필요가 없음에 유의하여야 한다.

조합원 지위를 상실한 자가 정보공개 요청을 할 경우 이에 응해야 하나?

· 개요

이미 조합으로 소유권 이전이 완료되었음에도 불구 후속되는 소송 혹은 고소고발 등을 위해 각종의 정보를 공개해 줄 것을 요청하는 현금청산자가 있다. 이런 경우의 대응책은?

· 관련 유권해석 주요 내용

법제처 22-0002, 2022. 4. 20. 국토교통부

재개발사업의 조합원 지위를 상실한 자가 재개발사업에 관한 서류 등에 대해 열람·복사 요청을 할 수 있는지 여부(「도시 및 주거환경정비법」 제124조제4항 등 관련)

도시정비법 제124조제4항에서는 조합원, 토지등소유자가 같은 조 제1항에 따른 서류 및 같은 조 제4항 각 호를 포함하여 정비사업시행에 관한 서류 등에 대해 열람·복사 요청을 한 경우 사업시행자 등은 그 요청에 따라야 한다고 규정하고 있을 뿐, 조합원 지위를 상실한 자가 서류의 열람·복사를 요청할 수 있도록 허용하고 있지 않으므로, 같은 항에 따른 열람·복사를 요청할 수 있는 주체는 그 요청 당시에 조합원의 지위를 유지하고 있거나 토지등소유자인 자로 한정된다는 점이 문언상 분명한바, 이

사안과 같이 열람·복사 요청 대상 자료가 조합원 지위를 유지했던 기간 동안의 관련 자료라고 하더라도 조합원 지위를 상실하여 더 이상 조합원의 지위가 없는 자는 같은 항에 따른 열람·복사 요청의 주체가 될 수 없습니다.

· 실무자가 챙겨야 할 사항

상기의 유권해석이 나오기 전까지는 현금청산이 완료된 자의 정보공개 요청에 응할지 여부는 매우 조심스러운 사안이었다. 자칫 집행부를 상대로 한 고소고발이 제기될 수 있고 이로 인한 조합장의 자격상실 및 사업 중단으로까지 이어질 수 있기에. 법제처에서는 매우 명확하게 조합원 지위를 상실한 자는 정보공개 요청의 주체가 될 수 없다고 밝히고 있으므로 혹 이런 요구가 있다면 간단명료하게 대응할 필요가 있다.

사용목적을 기재하지 않은 정보공개 청구에 응해야 할까?

· 개요

도시정비법 시행규칙 제22조에서는 토지등소유자 또는 조합원의 열람·복사 요청은 사용목적 등을 기재한 서면(전자문서를 포함한다)으로 하여야 한다고 정하고 있어 조합으로서는 정보공개 요청이 있게 되면 사용목적과 다른 용도로 사용했을 경우의 책임 방법 등을 기재하여 정보공개 청구를 해 달라고 요청하여 함부로 공개된 자료를 활용하지 못하게 유도하고자 한다. 만약 당사자가 조합의 요구에 불응할 경우 대처 방안은?

· 관련 판례 주요 내용

대구지방법원 2018. 10. 26. 선고 2018노1910 판결 [도시및주거환경정비법위반]

구 도시 및 주거환경정비법 제81조제6항은 "정비사업시행에 관한 서류와 관련 자료를 조합원, 토지등소유자가 열람·복사 요청을 한 경우 추진위원회 위원장이나 사업시행자는 15일 이내에 그 요청에 따라야 한다."라고 규정하고 있다. 그러나 같은 조 제7항은 "제6항에 따른 청구인은 제공받은 서류와 자료를 '사용목적 외의 용도'로 이용·활용하여서는 아니 된다."라고, 같은 법 시행규칙(2018. 2. 9. 국토교통부령 제491호로 전부개정되기 전의 것) 제22조제2항은 "법 제81조제6항에 따른 토지등소유자 또는 조합원의 열람·복사 요청은 사용목적 등을 기재한 서면 또는 전자문서로 하여야 한다."라고 각 규정하고 있다. 이러한 규정 취지에 비추어 보면, 조합원으로 하여금 형식적 요건을 갖추어 열람·복사를 요청하도록 하고 있는바, 조합원 등이 사용목적 등을 기재하지 않고 열람·복사 청구를 한 경우에까지 15일 이내에 그 요청에 따를 의무가 있다고 볼 수 없다.

· 실무자가 챙겨야 할 사항

정보공개와 관련한 판례가 끊임없이 쏟아지는 것은 도시정비법 위반으로 벌금 100만 원 이상의 형이 확정될 경우 자동으로 조합임원 자격이 상실되기에 수많은 이들이 조합 집행부를 공격하는 수단으로 사용하기 때문이다. 상기 판례에서는 사용목적을 기재하지 않았음을 이유로 정보공개를 하지 않은 조합임원이 무죄라는 취지이나 이와 같은 판례는 얼마든지 뒤바뀔 수 있으며 실제 몇 몇 하급심에서는 유죄로 선고되기도 했다. 따라서, 정보공개 청구가 있게 되면 가급적 있는 그대로, 늦지 않게 공개하여 고소고발을 당하는 일이 없도록 하는 것이 최선이다.

조합원별 신축건물 동호수 배정 결과는 정보공개 대상이 될까?

· 개요

관리처분인가가 있게 되면 조합원들의 동호수 추첨 절차를 진행한 후 분양계약을 진행하게 되는데, 이와 같은 동호 추첨 결과는 정보공개 대상이 될까? 실무상 주의할 점은?

· 관련 판례 주요 내용

대법원 2021. 2. 10. 선고 2019도18700 판결 [도시및주거환경정비법 위반]

앞서 본 관계 법령의 규정 내용과 체계에 정비사업조합이 수립하는 관리처분계획의 내용 등을 종합하면, 조합원별 신축건물 동호수 배정 결과는 이 사건 의무조항에 따른 열람·복사의 대상이라고 보아야 한다. 그 구체적인 이유는 다음과 같다.

① 조합원별 신축건물 동호수 배정 결과는 이 사건 의무조항에서 열람·복사의 대상으로 규정한 '정비사업의 시행에 관한 서류와 관련 자료'에 해당한다.
② 조합원별 신축건물 동호수 배정 결과는 정비사업조합의 관리처분

계획 및 이전고시를 통해 조합원들에게 공개되어야 하는 정보이다 (도시정비법 제74조제1항제3호, 제86조제2항). 도시정비법 제76조제1항제1호는 관리처분계획수립기준으로서 '대지 또는 건축물이 균형 있게 분양신청자에게 배분'되도록 하여야 한다고 규정하고 있다. 정비사업에서 신축건물 동호수의 추첨·배정은 개별 조합원들의 이해관계가 첨예하게 걸린 문제로서, 동호수 추첨·배정이 투명하고 공정한 절차에 따라 이루어졌는지를 조합원이 감시하고 확인할 수 있는 기회가 보장되어야 한다. 조합원들이 조합의 집행부가 마련한 관리처분계획안이 적정하게 수립되었는지 여부에 관하여 사전에 정보를 공유하고 의견을 수렴하기 위해서는, 조합원들이 관리처분계획안 수립의 필수 구성요소인 조합원별 신축건물 동호수 추첨·배정 결과를 조합의 집행부가 관리처분계획안을 총회 안건자료로서 조합원들에게 공개하기 전이라도 미리 알아야 할 필요가 있으며, 조합의 집행부가 그 추첨·배정 결과를 미리 조합원들에게 공개하지 못할 합리적인 이유를 찾기 어렵다.

③ 신축건물 배정 동호수는 「개인정보 보호법」 제2조제1호에서 정한 개인정보에 해당하지 않으며, 정보공개법 제9조제1항 각 호에서 정한 비공개 대상 정보에도 해당하지 않는다.

· 실무자가 챙겨야 할 사항

상기 판례에서 언급한 바와 같이 조합원의 동호수 추첨이 있게 되면 이를 반영하여 이전고시 절차 진행 전 관리처분계획을 변경하여야 하며, 관리처분계획의 세부 내역은 당연히 정보공개 대상인바 개인정보보호 등을 이유로 동호수 추첨 결과를 공개하지 않겠다는 것은 매우 위험한 생각이다. 비단 조합원들의 동호수 추첨 결과뿐만 아니라 설령 다소 불합리하게 여겨지는 사안들에 대해서도 가급적 공개하는 것을 원칙으로 하여 정보공개의무 위반으로 처벌받는 함정에 빠지지 않도록 주의할 필요가 있다. 아울러, 최근에는 관리처분계획의 세부 내역이 총회 1개월 전에 통지되지 않았다는 것을 이유로 조합이 소송을 당하여 패소하는 사례가 늘어나고 있다. 따라서 동호수 추첨 결과 등을 포함한 세부 내역을 개인정보보호 처리 후 총회책자에 포함시켜 이와 같은 사법리스크에 대비할 필요가 있다.

5. 조합정관 관련 논란

조합 정관 변경 시
경미한 변경사항의 효력발생 시기는?

· **개요**

같은 날 총회에서 제1호 안건으로 정관 변경의 건을 의결하고 제2호 안건으로 그와 같이 변경된 정관을 토대로 임원선출 안건을 진행할 경우 효력이 있는지 여부에 대해 분쟁이 생길 수 있다. 이에 대한 대처 방안은?

· **관련 판례 주요 내용**

서울고등법원 2011. 11. 10. 2011누23865 판결 [조합설립변경인가거부처분취소]

갑 주택재건축정비사업조합이 임시총회를 개최하여 정관 중 조합임원의 선임에 관한 의결정족수를 변경하는 의결을 한 후 변경된 정관에 따라 조합장을 선출한 다음 조합장 변경을 내용으로 하는 조합설립변경인가를 신청하였으나, 관할 구청장이 조합장 선출 결의가 도시 및 주거환경정비법(이하 '도시정비법'이라 한다)에 따른 정관 변경에 대한 인가(신고) 없이 이루어져 무효라는 이유로 이를 거부하는 처분을 한 사안에서, 도시정비법 제20조제3항 단서는 대통령령이 정하는 '경미한 사항'에 대하여 정관을 변경하고자 하는 때에는 도시정비법 또는 정관으로 정하는 방법에 따라 변경하고 시장·군수에게 신고하여야 한다고 규정하고, 도시 및 주거환경정비법 시행령(이하 '도시정비법 시행령'이라 한다) 제32조제1호, 도시정비법 제20조제1항제6호에서 '조합임원의 선임방법에 관한 사항'을 '경미한 사항'으로 열거하고 있는데, 도시정비법 제20조제3항 단서와 도시정비법 제16조제1항 단서의 규정 형식과 내용의 차이, 도시정비법 제20조제3항 단서의 입법 취지 등에 비추어 보면, 특별한 사정이 없는 한 갑 조합이 도시정비법, 도시정비법 시행령, 정관의 규정에 따라 정관 변경을 의결한 때 변경된 정관의 효력이 발생하고 이후 관할 구청장에게 조합설립변경인가 신청을 하면서 정관 변경에 대한 신고도 이루어진 것으로 볼 수 있으므로 유효한 정관에 따라 조합장 선출을 의결하였다는 이유로, 위 처분이 위법하다고 한 사례.

· 실무자가 챙겨야 할 사항

2011년 서울고등법원의 판례 이후에도 한동안은 상기 사례와 유사한 분쟁이 지속적으로 발생하였으나 최근에는 '정관의 경미한 사항은 신고 없이도 총회의 의결을 득한 때부터 효력이 발생한다'고 업계 관계자 대부분이 전제하고 제반업무를 추진하고 있다. 다만, 이와 관련한 분쟁을 원천적으로 차단하기 위해서는 정관의 부칙에 '이 정관의 내용 중 관련 법에 따른 경미한 사항의 변경은 총회의 결의를 득한 날부터 효력이 발생된다'와 같은 문구를 포함시켜 두어야 한다.

의결요건이 상이한 다수의 정관 규정을 개정하기 위한 총회에서 일부 조항에 관하여 변경에 필요한 의결정족수를 채우지 못할 경우 해당 내용을 제외한 나머지만 가결된 것으로 인정할 수 있는가?

· 개요

총회를 준비하다 보면 투표용지가 복잡해질 경우 조합원들의 불편이 예상되어 최대한 간단하게 작성할 수 있도록 준비하기 마련이다. 만약, 의결요건이 상이한 다수의 정관 규정을 개정하기 위한 총회에서 일부 조항에 관하여 변경에 필요한 의결정족수를 채우지 못할 경우 해당 내용을 제외한 나머지만 가결된 것으로 인정할 수 있는가? 인정될 수 없다면 해결 방안은?

· 관련 판례 주요 내용

대법원 2019. 1. 31. 선고 2018다227520 판결 [조합총회결의무효확인]

구 도시 및 주거환경정비법(2017. 2. 8. 법률 제14567호로 전부 개정되기 전의 것) 제20조는 조합 정관의 변경 관련하여 정관 조항의 구체적 내용에 따라 총회에서의 의결 방법을 달리 정하고 있다. 구체적으로 조합원 3분의 2 이상의 동의를 필요로 하는 사항, 조합원 과반수의 동의를 필요로 하는 사항, 통상적인 총회의결 방법에 따라 변경할 수 있는 사항으로 나누어진다.

조합이 총회에서 위와 같이 가결 요건이 다른 여러 정관 조항을 변경하려 할 때에는 사전에 조합원들에게 각 조항별로 변경에 필요한 의결 정족수에 관하여 설명하여야 하고, 의결정족수가 동일한 조항별로 나누어서 표결이 이루어지도록 하는 등의 방법으로 각 조항별 가결 여부를 명확히 알 수 있도록 하여야 한다. 이와 다르게 조항별 가결 요건에 대한 사전설명도 없이 의결정족수가 다른 여러 조항을 구분하지 않고 일괄하여 표결하도록 한 경우, 만약 그 표결 결과 일부 조항에 대해서는 변경에 필요한 의결정족수를 채우지 못하였다면, 특별한 사정이 없는 한 정관 개정안 전체가 부결되었다고 보아야 하고 의결정족수가 충족된 조항만 따로 분리하여 그 부분만 가결되었다고 볼 수는 없다. 단체법적 법률관계를 규율하는 정관의 변경은 객관적이고 명확하게 결정되어야 하기 때문이다.

· 실무자가 챙겨야 할 사항

조합집행부나 조합원들 입장에서는 조합정관 변경에 대한 관심도가 상대적으로 다른 안건에 비해 떨어지기에, 설령 같은 날 총회에서 조합원 3분의 2 이상의 찬성이 필요한 안건이 있다 하더라도 정관이 이 요건을 충족시키지 못하여 부결되는 경우가 발생하기도 한다. 따라서 다소 불편함이 따르더라도 정관개정에 대해서는 반드시 의결요건별로 정관변경 대비표를 만들고 이를 토대로 투표용지를 준비하여 인허가 진행과 정에서 문제가 생기지 않도록 조치할 필요가 있다.

<h2>〈투표용지 작성례〉</h2>

안건		안건 내용	의사 표시	
			찬성	반대
제0호 안건 ※ 중복 찬성 가능	조 합 정 관 변 경 의 건	▶ 참석자 과반수 동의요건		
		제3조(사업시행구역), 제4조(사무소), 제5조(시행방법), 제6조(사업 기간), 제8조(정관의 변경), 제14조(정비사업전문관리업자의 변경 및 계약), 제21조(총회의 의결사항)		
		▶ 조합원 과반수 동의요건		
		제15조(임원), 제24조(대의원회의 설치), 제59조(채무변제 및 잔여재산의 처분)		
		▶ 조합원 2/3 이상 동의요건		
		제12조(시공자의 선정 및 계약), 제13조(설계자의 선정 및 계약), 제32조(조합의 회계)		

총회소집통지는 반드시 등기우편으로 발송해야 할까? 우체국 택배를 이용하는 방법은?

· 개요

표준정관 제7조에서는 조합은 조합원의 권리·의무에 관한 사항(변동사항을 포함한다. 이하 같다)을 조합원 및 이해관계인에게 성실히 고지·공고하여야 하며, 고지·공고방법은 등기우편으로 하여야 함을 명시하고 있다. 하지만, 등기우편은 부재중일 경우 우편물 수령이 번거롭기에(일부 지역의 경우 직접 우체국을 방문하여야 함) 우체국 택배를 이용하기도 하는데 주의할 점은 무엇이 있을까?

· 관련 판례 주요 내용

서울동부지방법원 2017. 8. 24. 2017카합10189 결정 [총회결의효력정지가처분]

채무자는 소집통지를 등기우편으로 할 경우, 조합원 본인이 부재중인 경우 반송되는 경우가 많아 도달률을 높이기 위하여 택배를 이용하여 소집통지를 하였다고 주장하고 있는바, 이러한 채무자의 주장이 부당하다고 보기 어렵다. 따라서 위와 같이 소집통지를 택배로 한 것이 이 사건 각 결의를 무효로 볼 만한 중대한 하자라고 보기 어렵다.

· 실무자가 챙겨야 할 사항

등기우편 대신 택배를 통한 총회소집과 관련한 다수의 판례에서 그 효력을 인정받은 바 있지만, 대부분은 하급심 판례이기에 만약 택배를 이용한 총회소집 혹은 분양신청 안내 등과 관련하여 민원이 발생하게 되면 대응하기가 쉽지 않은 것이 현실이다. 따라서 관할 지자체의 사전검토·협의를 통해 등기우편뿐만 아니라 우체국택배도 조합 정관상의 고지·공고 방법으로 명시한 후 정관 변경 절차를 진행하여 시빗거리를 차단하는 것이 안전하다.

조합설립동의서에 포함된 '조합정관'의 내용을 창립총회에서 변경할 수 있을까?

· 개요

조합설립동의서 징구를 위한 준비 당시 대비 법령의 개정이나 내부 여건의 변화 등으로 인해 창립총회에 상정할 정관의 내용이 변경될 수 있다. 이럴 경우 예상되는 문제점은?

· 관련 판례 주요 내용

대법원 2014. 1. 16. 선고 2011두12801 판결 [조합설립인가취소]

철회의 의사표시를 하지 아니한 상태에서 창립총회에서 변경된 정관안이 조합정관으로 확정되었다면 당초 동의서를 제출하였던 토지등소유자들은 조합설립인가 신청 시 그것이 관할 행정청에 제출되는 것을 예견하였다고 할 것이어서 그들은 변경된 정관안의 효력을 인정한다는 의사를 표시한 것으로 볼 수 있는 점, ④ 나아가 법정동의서의 정관에 관한 사항 부분은 정관에 포함될 구체적 내용에 대한 동의를 얻기 위한 취지라기보다는 조합의 운영과 활동에 관한 자치규범으로서 정관을 마련하고 그 규율에 따르겠다는 데에 대한 동의를 얻기 위한 취지로 해석되므로 추진위원회가 조합의 정관 또는 정관 초안을 첨부하지 아니한 채 법정동의서와 같은 서식에 따른 동의서에 의하여 조합설립에 관한 동의를 받았다고 하더라도 적법하다고 할 것인 점 등을 종합적으로 고려하여 보면, 조합설립인가 신청 시 제출된 동의서에 포함된 '조합정관'의 사항에 변경이 있다고 하더라도 조합설립의 인가에 동의하였던 토지등소유자가 구 도시정비법 시행령 제28조제4항 및 제5항에서 정한 동의 철회의 시기와 방법 등 절차에 따라 동의를 철회하지 아니하는 한 그 동의서의 효력은 그대로 유지된다고 할 것이고, 행정청으로서는 추진위원회가 작성한 정관 초안의 내용이 창립총회에서 변경되었다고 하더라도 조합설립인가 신청 시 제출된 토지등소유자의 동의서만으로 조합설립인가 여부를 심사하는 것으로 충분하다.

· 실무자가 챙겨야 할 사항

상가의 판례를 간단히 요약하자면 만약 정관이 바뀌는 것에 동의하지 않는다면 동의의사를 철회할 수 있었을 것이기에 설령 창립총회에서 정관이 바뀌고 조합설립동의서에 정관이 첨부되지 않았다 하더라도 조합설립인가에는 문제가 없다는 취지이다. 물론 대법원 판례이기에 하급심에서 번복될 가능성은 상대적으로 낮다 하겠지만 조금이라도 시빗거리를 없애는 것이 가장 안전하기에 처음 조합설립동의서 징구를 계획할 때부터 꼼꼼하게 정관을 검토하여 창립총회 등에서 변경되는 일이 없도록 하여야 하며, 동의서 징구 안내 책자를 만들고 그 속에 정관을 포함시켜 정관을 보지도 못했다는 등의 주장이 제기되지 않도록 조치할 필요가 있다.

같은 날 총회에서 앞선 안건으로 정관 개정을 의결하고 이어지는 안건에서 정관 개정을 전제로 한 안건을 논의할 수 있을까? 개정된 정관의 효력발생 시기는?

· 개요

사업을 진행하다 보면 법률의 개정이나 조합 내부 여건상 필요에 의해 정관을 개정하는 일이 다수 발생한다. 다만, 임원선거나 협력업체 선정 기준 등을 변경하기 위한 정관개정의 경우 같은 날 총회에서 개정 결의한 정관의 효력이 발생되는 것을 전제로 임원선출 안건 등 다른 안건을 상정하여 논의하는 경우도 발생하게 되는데 이런 상황에서 유의할 점은?

· 관련 판례 주요 내용

대법원 2014. 7. 10. 선고 2013도11532 판결 [도시및주거환경정비법위반]

조합이 정관을 변경하고자 하는 경우에는 총회를 개최하여 조합원 과반수 또는 3분의 2 이상의 동의를 얻어 시장·군수의 인가를 받도록 규정하고 있다. 여기서 시장 등의 인가는 그 대상이 되는 기본행위를 보충하여 법률상 효력을 완성시키는 행위로서 이러한 인가를 받지 못한 경우 변경된 정관은 효력이 없다고 할 것이고(대법원 2007. 7. 24. 자 2006마635 결정 등 참조), 시장 등이 변경된 정관을 인가하더라도 정관 변경의 효력이 총회의 의결이 있었던 때로 소급하여 발생한다고 할 수 없다.

· 실무자가 챙겨야 할 사항

정관의 개정은 총회의 의결과 관할 지자체의 인가를 요하는 중대한 변경 사안과 총회의 의결 없이 관할 지자체에 신고하는 것만으로도 개정 가능한 경미한 사안이 있으며 총회의 의결을 요할 경우에도 사안에 따라 의결요건이 상이하다. 상기 대법원 판례에 따르면 총회의 의결을 요하는 중대한 변경 사항의 경우 관할 지자체의 인가를 받음으로써 효력이 발생되기에, 만약 같은 날 총회에서 선행해서 정관개정을 다루고 곧이어 정관이 가결될 것을 전제로 한 안건을 논의할 경우 유의할 필요가 있다. 한편, 다수의 판례에서는 경미한 변경 사항의 경우 신고만으로도 효력이 발생되기에 총회에서 결의한 때부터 효력이 발생되는 것으로 판단하고 있어 정관개정(안) 검토 시 유의할 필요가 있다. 아울러, 시빗거리를 최소화하는 차원에서 정관의 부칙에 '이 정관의 내용 중 관련 법에 따른 경미한 사항의 변경은 총회의 결의를 득한 날부터 효력이 발생된다'와 같은 문구를 포함시켜 둘 필요가 있다.

6. 임원선출·해임을 둘러싼 논란

임원선출을 위해서는 반드시 등기우편으로 입후보등록 공고 등을 하여야 한다?

· 개요

조합설립 초기 단계에서는 운영자금이 부족하기에 설령 임원선출과 같은 중요한 총회를 준비하면서도 선거관리위원 모집공고나 임원입후보등록 공고 등을 조합사무실이나 사업 구역 내에 공고하고 문자발송, 현수막 게첩 등으로 마무리하는 경우가 있다. 이와 같이 진행할 경우 문제는 없을까? 해결 방안은?

· 관련 판례 주요 내용

수원지방법원 안양지원 2021. 6. 18. 자 2021카합10070 결정 [총회개최금지가처분]

이 사건 공고의 내용은 선출할 조합임원의 종류와 수, 후보 등록 기간과 장소, 후보 자격, 등록 방법 및 제출 서류 등에 관한 것으로서, 채무자

조합원들의 권리·의무에 관한 사항이라고 할 것이므로, 채무자 조합으로서는 조합 정관 제7조, 조합 선거관리규정 제25조제1항에 따라 반드시 이 사건 공고의 내용을 채무자 조합 조합원들에게 개별적으로 등기우편 등으로 고지하여야 하고, 그러한 개별적 고지가 불가능한 경우 조합원들이 쉽게 접할 수 있는 장소에 있는 게시판에 공고하는 것으로 고지에 갈음할 수 있다고 할 것이다.

· 실무자가 챙겨야 할 사항

정관에서는 조합원들의 권리와 의무에 관한 사항은 반드시 등기우편으로 고지하도록 정하고 있고, 다수의 판례에서 임원선출을 위한 입후보등록 공고 내용을 등기우편으로 알리지 않았을 경우 총회개최를 금지시키는 것이 확인된다. 따라서 임원선출과 관련된 공고 진행 시에는 정관에서 규정하고 있는 바에 충실하게 등기우편으로 제반 공고절차를 진행하여 불필요한 분쟁에 대비할 필요가 있다.

임원이 사퇴서를 제출할 경우 효력발생 시기는?

· 개요

사업을 진행하다 보면 다양한 이유로 임원이나 대의원들이 사퇴서를 제출할 수 있다. 하지만 만약 이들의 사임서 제출로 인해 임원이나 대의원의 정족수가 부족해질 경우 당장 조합운영에 차질이 발생할 수밖에 없다. 이에 대한 대처 방안은?

· 관련 판례 주요 내용

서울행정법원 2016. 11. 28. 선고 2016구합3284 판결 [감사사임수리처분무효확인]

원고가 참가인에게 제출한 '사퇴서'에 기재된 사임의 의사표시는 참가인 조합장의 수리 등의 조건을 달지 아니하여 즉각적으로 효력이 발생할 것을 의도하는 것으로 해석되고, 갑 제13호증, 을가 제1호증의 각 기재에 변론 전체의 취지를 종합하면, 참가인의 정관 제18조제2항은 '임원이 자의로 사임하거나 해임되는 경우에는 지체 없이 새로운 임원을 선출하여야 한다'고 규정하고 있을 뿐 감사를 비롯한 임원의 사임절차나 사임의 의사표시의 효력이 발생하는 시기 등에 관하여 특별한 규정을 두고 있지 아니한 사실을 인정할 수 있다. (중략) 참가인의 정관 또는 조합행정업무규정은 감사가 사임의 의사표시를 하는 경우 그 효력의 발생에 관하여 별도의 규율을 하고 있다고 볼 수 없으므로, 원고가 2016. 4. 15. 참가인에 대하여 한 사임의 의사표시는 참가인에게 도달함과 동시에 효력이 발생하였다고 할 것이고 원고가 그 후에 제출한 사퇴철회서의 제출에 의하여 철회될 수 없다고 할 것이다.

· 실무자가 챙겨야 할 사항

상기에서 살펴본 바와 같이 판례에서는 임원이나 대의원의 사퇴서는 조합에 접수되는 즉시 효력이 발생되는 것으로 보고 있다. 따라서 부득이한 사정으로 임원이나 대의원이 사퇴서를 제출해야 하는 상황이라면 사퇴서 말미에 '이 사퇴서에도 불구 새로운 임원이나 대의원이 선출될 때까지는 그 임무를 수행키로 한다'는 취지의 문구를 기재해 달라고 요청하여 안정적인 조합운영을 도모할 필요가 있다. 이와 같은 문구의 작성 여부와 관계없이 몇몇 소송 사례에서는 사퇴서를 제출한 임원의 경우에도 새로운 임원이 선출되기 전까지는 그 임무를 수행할 수 있다는 취지의 판결이 있는 것으로 파악되나 실무자 입장에서는 조금이라도 안전한 방법을 취하는 것이 상책이다.

지방의회 의원의 경우
조합장이나 추진위원장 겸직이 가능할까?

· 개요

과거에는 지방의회 의원이 조합장이나 추진위원장에 입후보하거나, 조합장 혹은 추진위원장이 지방의회 의원에 입후보하여 겸직을 하는 경우가 있었으나 이와 같이 겸직을 해도 되는지 여부와 관련하여 의견이 분분하였다. 의원들의 겸직 가능할까?

· 관련 법률 발췌자료

지방자치법 제43조(겸직 등 금지)

⑤ 지방의회의원이 다음 각 호의 기관·단체 및 그 기관·단체가 설립·운영하는 시설의 대표, 임원, 상근직원 또는 그 소속 위원회(자문위원회는 제외한다)의 위원이 된 경우에는 그 겸한 직을 사임하여야 한다.

　4. 법령에 따라 해당 지방자치단체의 장의 인가를 받아 설립된 조합(조합설립을 위한 추진위원회 등 준비단체를 포함한다)의 임직원

⑥ 지방의회의 의장은 지방의회의원이 다음 각 호의 어느 하나에 해당하는 경우에는 그 겸한 직을 사임할 것을 권고하여야 한다. 이 경우 지방의회의 의장은 제66조에 따른 윤리심사자문위원회의 의견을

들어야 하며 그 의견을 존중하여야 한다.

1. 제5항에 해당하는 데도 불구하고 겸한 직을 사임하지 아니할 때

· 실무자가 챙겨야 할 사항

상기의 법률발췌자료는 2021년 1월 12일 전부 개정된 지방자치법 내용이다. 이에 따르면 지방의회 의원은 조합이나 추진위원회의 임원뿐만 아니라 직원 역시 될 수 없는바, 사업 초기부터 이런 부분을 염두에 두고 집행부 구성을 추진하여야 한다. 다만, 상기의 법률을 두고 의회 내 재개발·재건축 관련 위원회의 위원이 아닌 경우에는 겸직이 가능하고 해석하여 겸직하는 사례도 있는 것으로 파악되므로 실제 이런 상황 발생 시에는 해당 의회나 지자체의 사전검토를 거쳐야 함에 유의하자.

사업이 종료되어 청산단계에 있는 사업장의 청산인의 경우 겸직 제한에 해당할까?

· 개요

조합의 임·직원은 다른 조합이나 당해 사업과 관련한 시공사, 설계자, 정비사업전문관리업자 등 관련단체의 임직원으로 겸직할 수 없다. 그렇다면 청산인도 여기에 해당될까? 대의원은?

· 관련 유권해석 주요 내용

국토교통부 2021. 2. 18. 2AA-2102-0136099

「도시 및 주거환경정비법」 제42조제4항에 따르면 조합임원은 같은 목적의 정비사업을 하는 다른 조합의 임원 또는 직원을 겸할 수 없다고 규정하고 있습니다. 다만, 청산인의 겸직을 제한에 대해서는 도시정비법에 별도의 규정이 없음을 알려 드리니, 이와 관련하여 개별 사실판단이 필요한 사항은 현지현황 및 관계 법령을 자세히 알고 있는 해당 지역 시장, 군수, 구청장 등 인가권자에게 문의하여 주시기 바랍니다.

· 실무자가 챙겨야 할 사항

상기 질의회신 사례에서 살펴본 바와 같이 청산인의 경우 겸직 제한이 없기에 다른 지역의 추진위원장이나 조합장 혹은 그 직원으로 활동이 가능하며 시공사, 설계자, 정비사업전문관리업자의 임직원으로도 활동이 가능하다. 뿐만 아니라, 도시정비법 제42조제4항에서는 조합임원에 대해서만 언급하고 있기에 대의원 역시 이와 같은 겸직 제한에는 해당하지 않는다.

다물권자인 조합의 임원이 보유 물건 중 일부를 매각할 경우 임원의 자격은?

· 개요

다수의 부동산을 소유한 조합원은 조합설립 이후 이중 일부를 제3자에게 매각할 경우 그 제3자와 함께 공유 형태로 조합원 지위를 인정받을 수 있다. 만약 다물권자인 조합의 임원이 일부 부동산을 제3자에게 매각할 경우 그 지위는 어떻게 될까?

· 관련 판례 주요 내용

서울북부지방법원 2011. 2. 18. 선고 2010카합721 결정

이사는 조합장과 마찬가지로 조합원 총회에서 선임되는 임원 중 하나로 조합원들이 부여한 신임에 의하여 그 지위가 인정된다고 할 것인데, 이와 같은 조합원의 신임은 이사로 선임될 당시의 당해 조합원의 지위에 기초하는 것이므로, 신임의 기초가 되는 조합원의 지위에 중대한 사정변경이 발생하여 이사인 조합원에서 부여되었던 조합원들의 신임이 더 이상 유지되고 있다고 보기 어렵게 된 경우에는 다시 이사로 선임되거나 이사에 대한 재신임 결의가 없는 이상 기존 이사의 지위가 계속하여 유지된다고 보기 어렵다. 그리고 이사인 조합원이 자신이 소유하던 부동산 중 일부를 타인에게 양도하여 그중 대표 1인을 조합원으로 보

아야 하는 경우에는, 단독 조합원이었던 경우에 비하여 이사로서의 의사결정 과정에 다른 토지등소유자의 의사가 개입될 가능성이 커지는 등 이해관계가 달라질 수밖에 없는 것이므로, 신임의 기초가 되는 조합원의 지위에 중대한 사정변경이 발생하여 기존에 부여된 신임이 더 이상 유지될 수 없는 경우에 해당한다고 할 것이다.

· 실무자가 챙겨야 할 사항

상기의 판례에 따르면 조합설립 당시의 다물권자가 소유 부동산 중 일부를 제3자에게 매각하면 제3자와 원소유자 중 대표 1인을 조합원으로 봐야 하기에 재차 이사로 선임되던지 혹은 재신임 결의가 있어야 한다. 따라서 사업 구역 내 다물권자인 임원이 있을 경우 보유 부동산 중 일부를 매각할 계획이 있는지 확인할 필요가 있으며 실제 매각 시에는 대표 조합원 선임동의서를 징구함은 물론 총회에서 임원의 지위를 재신임받을 수 있도록 계획할 필요가 있다.

A 조합의 임원이 B 조합의 임원으로 입후보하고자 할 경우 A 조합임원에 대한 사퇴 시점은?

· 개요

다른 조합의 임원이나 대의원 혹은 협력사 임직원이 조합의 임원이나 대의원으로 입후보하고자 하는 경우가 발생하게 된다. 만약 다른 조합의 임원이 우리 사업장의 임원으로 입후보하고자 한다면 언제까지 사퇴를 해야 우리 조합의 임원으로 입후보가 가능할까?

· 관련 법률 발췌자료

도시정비법 제42조제42조(조합임원의 직무 등)

④ 조합임원은 같은 목적의 정비사업을 하는 다른 조합의 임원 또는 직원을 겸할 수 없다.

서울시 표준선거관리규정(서울특별시 고시 제2017-243호)

제6조(피선거권 등)

② 제1항에도 불구하고 다음 각 호의 1에 해당하는 경우에는 피선거권이 없다.

　7. 같은 목적의 사업을 시행하는 다른 조합·추진위원회·청산인 또는 당해 사업과 관련한 시공자·설계자·정비사업전문관리업자 등에 해당하는 법인 또는 단체의 임원·위원·직원으로 소속된

자. 이 경우 피선거권을 얻기 위하여 현직에서 사퇴하여야 하는 시점은 후보자 등록 전까지로 함.

· 실무자가 챙겨야 할 사항

도시정비법 제42조에서는 '조합임원은 같은 목적의 정비사업을 하는 다른 조합의 임원 또는 직원을 겸할 수 없다.'로 정하고 있으며 표준정관에는 '다른 조합·추진위원회 또는 당해 사업과 관련한 시공자·설계자·정비사업전문관리업자 등 관련단체의 임원·위원 또는 직원을 겸할 수 없다.'로 정하고 있어 조합의 임원은 다른 조합의 임원이나 주요 협력사의 임직원을 겸할 수 없다. 그럼에도 불구하고 임원으로 입후보하고자 한다면 상기 서울시 표준선거관리규정에 따라 후보자 등록 전까지 해당 직을 사임하고 입후보하는 것이 안전하다. 임원으로 선정된 후에는 조합설립변경 절차 진행과정에서 신원조회를 통해 타 지역의 임원인지 여부 등이 확인되기에 설령 서울에 있는 현장이 아니라 할지라도 가급적 이 요건을 충족시켜 분쟁거리를 차단할 필요가 있으며, 이를 위해 입후보등록 안내문과 입후보등록 양식 등에 타 조합의 임·직원 등은 겸직할 수 없다는 취지의 문구를 삽입하여 후보등록과정에서부터 당사자들이 자가 점검할 수 있도록 조치할 필요가 있다.

한편 도시정비법이나 정관, 그리고 추진위원회 운영규정 어디에도 대의원의 겸직 제한에 대한 문구는 없다는 점도 기억해 두자.

임원 해임을 위한 총회에서
소명기회는 반드시 부여해야 하나?

· **개요**

정비사업 현장에서는 다양한 사유로 임원 해임총회가 빈번하게 발생한다. 이와 같은 임원 해임을 위한 총회에서 반드시 소명기회를 부여해야할까? 주의할 점은?

· **관련 판례 주요 내용**

수원지방법원 2011. 5. 3. 선고 2010가합6362 판결 [임시총회결의무효확인]

피고 조합의 정관 제11조제3항은 조합원의 제명의 경우 "제명 전에 해당 조합원에 대해 청문 등 소명기회를 부여하여야 하며, 청문 등 소명기회를 부여하였음에도 이에 응하지 아니한 경우에는 소명기회를 부여한 것으로 본다."고 규정하고 있으나, 임원의 해임의 경우는 소명기회에 관한 아무런 규정이 없으므로 원고들에게 해임에 관한 소명의 기회를 주지 않았다는 이유만으로 이 사건 총회결의를 무효라고 할 수는 없다.

설사 이 사건 총회결의가 원고들의 신분상 지위에 중대한 영향을 미치는 것으로 사전 소명기회가 부여될 필요가 있었다고 하더라도, 을 제6호증의 기재에 변론 전체의 취지를 종합하면, 원고들은 이 사건 총회결의 발의가 있던 때부터 총회개최가 될 때까지 원고들의 해임안건에 관한 총회라는 것을 알고 있었고, 이 사건 총회소집통지를 개별적으로 받은 사실을 인정할 수 있으므로, 원고들은 이 사건 총회에 참석할 수 있었다고 보이고, 그럼에도 원고들이 이 사건 총회에 참석하지도 않고 달리 소명의 기회를 요구하였다는 사정도 보이지 않는 점에 비추어 원고들은 소명의 기회를 포기한 것으로 볼 여지도 있다.

· 실무자가 챙겨야 할 사항

상기의 판례는 재건축조합에서 벌어진 해임총회와 관련된 것으로 주택재건축정비사업조합 표준정관 제18조에서는 임원 해임 시 소명기회를 부여하도록 규정하고 있다. 하지만, 위 판례에서는 해임 당사자들이 이미 해임을 위한 총회소집 통지를 받았고 또 참석할 기회가 있었음에도 불구 본인들이 스스로 참석하지도 않고 소명 기회를 요구하지도 않았다는 점을 들어 소명기회를 부여하지 않았기에 총회를 무효로 해 달라는 주장을 받아들이지 않았다.

한편 재개발정비사업의 표준정관에는 이와 같은 소명기회를 부여한다는 규정도 존재하지 않기에 임원 해임을 위한 총회를 위해 반드시 소명기회를 부여해야 하는 것은 아닌 것으로 판단할 수 있다. 다만, 통상 임원 해임총회가 있게 되면 끝없이 소송전이 진행되기에 총회소집 통지 전에 소명기회를 부여하고 회신문을 총회책자에 포함시켜 조합원들이 있는 그대로 판단하게 할 필요가 있으며 총회 당일에도 충분한 소명기회를 부여하여 시빗거리를 하나라도 줄일 필요가 있다.

임원 해임을 위해서는
반드시 타당한 해임 사유가 있어야 하나?

· 개요

임원을 해임하는 측에서는 조합장 혹은 임원이 ○○○한 잘못이 있다
주장하고, 해임당하는 측에서는 억울함을 호소하며 타당한 해임 사유가
아니라는 점을 들어 해임총회 소집금지 혹은 해임총회결의 무효확인 소
송을 제기하게 된다. 임원의 해임은 반드시 타당한 이유가 있어야 할까?

· 관련 판례 주요 내용

수원지방법원 2011. 5. 3. 선고 2010가합6362 판결 [임시총회결의무효
확인]

살피건대, 도시정비법 제23조제4항이 "제24조에도 불구하고"라는 문
언을 추가하면서 해임 사유에 관하여 아무런 제한을 두지 않은 것은, 종
전에 정관으로 조합임원의 해임 사유를 제한함으로써 조합임원과 조합
사이의 신뢰관계가 파탄되어 조합원 다수가 새로운 임원을 선출하기를
원하고 있음에도 조합임원의 해임이 곤란한 경우가 있었던 폐단을 없애
고자 정관으로 조합임원의 해임 사유를 제한하지 못하도록 명문화한 것
으로 보이는 점, 원고들과 피고 조합 사이의 관계는 민법상 위임에 해당
하는데 도시정비법에는 제23조제4항의 해임발의 사유에 관한 아무런

규정이 없고, 민법 제689조제1항에서는 당사자로 하여금 자유로이 위임계약을 해지할 수 있도록 규정하고 있고, 다만 제2항에서는 부득이한 사유 없이 상대방의 불리한 시기에 위임계약을 해지한 때에는 그 손해를 배상하도록 규정하고 있는 점, 위임관계에 있어서는 서로 간의 신뢰관계가 무엇보다 중시되어야 할 것이므로, 만일 그 신뢰관계가 파탄되어 조합원 다수가 현 임원 대신 새로운 임원을 선출하기를 원할 경우에는 조합원 총회에서 다수의 의사에 따라 언제든지 그 임원을 해임하고 다른 조합원을 임원으로 선임할 수 있게 함이 바람직해 보이는 점, 피고 조합의 정관에서 해임 사유를 규정하고 있는 것이 조합임원들의 직무집행의 계속성을 보장하려고 하는 취지라고 하더라도, 피고 조합의 정관 제15조제3항은 "임원의 임기는 선임된 날로부터 사업종료 시까지로 한다. 다만, 자진사퇴를 하거나 조합원 총회에서 불신임결의를 하였을 경우에는 그러하지 아니하다."라고 규정하고 있어 피고 임원들의 임기가 정해져 있지 않은바, 재개발사업의 성격상 사업의 종료 시까지는 장기간이 소요됨에도 피고 조합의 경우 임원들의 임기가 정해져 있지 않고 이와 같은 경우에는 조합임원들의 직무집행의 계속성을 보장하기 위해서 해임 사유를 규정한 원래 취지와는 맞지 않고, 피고 조합 스스로도 총회의 불신임결의에 의하여 임원들의 임기가 종료될 수 있음을 예정하고 있는 점 등에 비추어 보면, 이 사건 피고 조합 정관에서 정한 해임 사유는 주의적 규정에 불과하다고 할 것이다. 따라서 이 사건의 경우, 원고들에게 구체적 해임 사유가 존재하는지 여부와 관계없이 여러 가지 의혹으로 인하여 조합원들의 신뢰를 상실하여 원고들을 조합임원에서 해임하는 안건에 관하여 조합원의 과반수의 출석과 출석 조합원 과반수가 찬성한 이상이 사건 총회결의는 유효하다고 할 것이므로, 원고들의 이 부분 주장 역시 이유 없다.

· **실무자가 챙겨야 할 사항**

상기 판례에 따르면 도시정비법상 해임 사유에 관하여 아무런 제한을 두지 않았고, 임원과 조합원의 사이는 법률적으로 위임의 관계이며 민법에 의할 경우 이와 같은 위임법률관계는 자유로이 위임계약을 해지할 수 있기에 구체적 해임 사유가 존재하는지 여부와 관계없이 해임총회결의는 가능하다. 다만, 해임을 추진해야 하는 입장이라면 해임 추진을 위한 각종 문건에 해임 당사자가 반박할 수 없도록 구체적이고 반박 불가한 사실을 적시하여 시빗거리를 차단할 필요가 있다.

임원 해임 이후 마주하게 될 현실, 건조물침입죄

· 개요

임원 해임총회가 원안대로 가결되면 당장 해임에 성공한 측에서는 조합의 상징이라 할 조합사무실에 입성하려 하고, 해임당한 측에서는 어떻게 해서든 사수하려 한다. 이 과정에서 누군가가 조합사무실의 도어락을 파손시킨다면 어떤 일이 벌어질까?

· 관련 판례 주요 내용

서울중앙지방법원 2020. 5. 14. 선고 2019고정2890 판결 [재물손괴, 건조물침입]

E의 진술서, C에 대한 경찰진술조서, 동영상 캡처 및 사진, 피고인 제출의 관련서류 등을 종합하면 다음과 같은 사실이 인정된다. 즉, ① 위 피해자 C는 이 사건 B 조합의 조합장이었다가 2018. 10. 20. 조합의 임시총회에서 해임되었다. ② 위 조합은 2019. 3. 9. 자 임시총회에서 F를 새로운 조합장으로 선출하였다. ③ 위와 같이 새로운 조합장이 선출된 이후, 전 조합장인 위 C 등은 새로운 조합장 선출이 무효라며 조합업무 및 사무실의 인수인계를 거부하면서, 신조합장에 대한 직무집행정지 가처분신청을 제기했으나 2019. 7. 1. 기각되었다. ④ 이 사건 도어락은 C

가 조합장이던 시절에 조합비로 설치된 것이고, 이 사건 당시 신조합장인 F도 동행하였으며, 당시 위 C는 현장에 없었다.

사정이 위와 같다면, 피고인이 손괴한 위 도어락이 위 C 소유의 재물이라고 보기 어렵고, 나아가 위 사무실도 위 C가 관리하는 건조물이라고 볼 수 없다. 오히려 이 사건 도어락 손괴와 사무실 진입은 당시의 조합장으로서 그곳의 관리권한을 가진 F의 승낙에 기한 행위였다고 볼 여지도 있다. 결국 이 사건 도어락이 타인 소유의 물건이라거나, 이 사건 사무실이 타인이 관리하는 건조물이라는 점에 대한 입증이 부족하다.

· 실무자가 챙겨야 할 사항

상기 판례는 해임당한 조합장이 새로운 조합장에게 사무실의 인수인계를 거부하자 새로운 조합장을 지지하는 조합원이 새로운 조합장 입회하에 열쇠수리공을 불러 도어락을 해제한 것을 두고 해임당한 전임 조합장이 고발한 사건에 대해 무죄임을 선고한 사례이다. 다만, 상기의 사례에서는 전임 조합장이 새로운 조합장의 직무집행정지 가처분 소송을 제기하였으나 패소하였기에 명백하게 새로운 조합장이 조합 사무실을 관리할 권한이 있다고 보이기에 문제가 없지만, 만약 해임총회 당일 새로운 조합장이 선출되지 않은 상태에서 해임총회의 발의자 대표가 직무대행 자격으로 이와 같은 조치를 취하였을 경우에는 판례가 엇갈린다. 따라서, 혹 이런 상황에 처하게 된다면 가급적 원만하게 상호 합의하에 조합사무실을 인수인계받아 물리적 충돌을 피하고 시빗거리 또한 최소화할 필요가 있으며 부득이하게 물리력을 행사해야 한다면 유선통화를 하거나 문자메시지 발송 등을 통해 상대에게 사전 통보한 근거를 남기고 동영상 촬영 등을 통해 고소고발 소송전에 대비할 필요가 있다.

조합장은
두 곳에서 거주할 수 있을까?

· 개요

2019. 4. 23. 도시정비법이 개정되면서부터 조합장은 선임일부터 관리처분인가 시까지 사업 구역 내에 계속하여 거주하여야 한다. 만약 사정상 가족 모두가 함께 거주할 수 없어 조합장 본인은 사업 구역 내에 집을 마련하여 거주하고, 나머지 식구들은 사업 구역 밖에 따로 집을 마련하여 조합장이 두 곳을 오가며 생활하는 경우도 있다. 이와 같은 상황에서 주의할 점은?

· 관련 판례 주요 내용

창원지방법원 마산지원 2021. 7. 7. 선고 2020가합101447 판결 [조합장지위 부존재확인]

도시정비법 규정의 개정 취지와 문언의 내용, 주소는 동시에 두 곳 이상 있을 수 있는 점(민법 제18조제2항), 조합장이 정비구역 내에서만 거주하지 않고 다른 곳에 주소지를 두고 있더라도 정비구역 내 마련된 주소지에서 어느 정도 거주하면서 조합업무를 수행하는 이상, 위와 같은 입법 목적은 충분히 달성될 수 있을 것으로 보이는 점 등에 비추어 볼 때, 도시정비법 제41조제1항에 규정된 조합장의 해당 정비구역 내 거주의무를 '해당 정비구역을 유일하고도 단일한 주소지로 하여 거주할 것'으로 해석하기는 어렵다. (중략) 이 법원의 창원시 한국전력공사 마산지사에 대한 각 사실조회 결과에 의하면 이 사건 주택의 수도, 전기 사용량은 2020. 5.경부터 2021. 1.경까지 '누수가 발생하였다는 기간'을 제외하고는 비교적 꾸준히 발생한 것으로 확인되는 점, C가 위 주택을 혼자서 사용하였기에 한 가구에서 여러 명이 사용하는 경우에 비해 전기, 수도 사용량이 적을 수밖에 없는 점 등을 고려하여 보면, 이 사건 주택의 전기, 수도 사용량이 적거나 일정 기간 발생하지 않았다는 사정만으로 C가 이 사건 정비구역 내에 거주하지 않았다고 단정할 수 없다.

· 실무자가 챙겨야 할 사항

상기 판례에 따르면 도시정비법상 조합장의 사업 구역 내 거주 요건과 관련한 조항은 조합장이 유일하고도 단일한 주소지로 하여 사업 구역 내에서만 거주해야 하는 것으로 해석하기 어렵다고 한다. 다만, 사례 조합장의 경우 전력 사용량 조회나 수도 사용량 조회에서도 거주사실이 확인된 점 등이 고려된 것으로, 비슷한 상황에서 조합장의 거주의무 위반을 이유로 조합장의 직무집행을 정지한 사례도 있다. 따라서 조합장 직을 수행하고 있거나 계획하고 있다면 가급적이면 가족 구성원 전원이 사업 구역 내에 거주하여 시빗거리를 차단할 필요가 있으며 부득이할 경우에는 소송 발송 등에 대비하여 객관적으로 거주하였음을 증명할 수 있도록 전기나 수도의 사용, 해당 주소지로의 우편물의 수령 등의 조치를 취할 필요가 있다.

7. 그 밖의 논란거리

만약 재개발·재건축사업 추진과정에서
누군가가 우편물을 회수하고 다닌다면 대응 방안은?

· 개요

재개발·재건축사업을 진행과정에서 찬성하는 쪽이나 반대하는 쪽 모두 본인들의 주장을 적극 알리기 위해 주민들에게 각종 안내문을 발송하게 되는데, 이를 방해할 목적으로 누군가가 우편물을 회수하기도 한다. 이런 상황에서의 대처 방안은?

· 관련 판례 주요 내용

서울중앙지방법원 2022. 5. 3. 선고 2021고정1720 판결 [문서은닉]

피고인 제출 중 제2호증에 의하면, 이 사건 아파트 관리규약 [별표 3]에서 '우편물 수취함'을 공용부분으로 규정하고 있는 사실은 인정된다. 그러나 아파트에 각 세대입주민들을 위한 우편함이 설치되어 있고, 그 우편함이 누구든지 그 안에 우편물 기타 문서를 투입할 수 있는 상태로 유지, 관리되고 있었다면, 해당 입주민의 의사는 우편함에 투입되는 우편물 기타 문서를 본인이 소유하겠다는 것이라고 해석할 수 있고, '우편물 수취함' 자체가 공용부분이라 하여 우편함에 투입되는 우편물 등의 소유관계가 달라지는 것은 아니라고 할 것이다. (중략) 피고인이 관리소장으로 있는 이 사건 아파트는 재건축과 관련하여 비대위 성격의 여러 단체가 활동하고 있는데, 그중 일부 단체의 대표 등인 C, D는 강남구청으로부터 받은 '공동주택 관리실태 민원조사 결과 통보' 등을 토대로 하여 「관리규약위반 입주자대표회의회장 E 해임」이라는 내용의 문서를 제작한 후 위 문서와 함께 강남구청의 공문 등을 이 사건 아파트 일부 세대 우편함에 투입하는 방법으로 배포하였다. 그런데 피고인의 우편물 수거로 인하여 이 사건 아파트 입주민들은 입주자대표회의 회장에 관한 비판적인 의견에 대한 접근을 차단당하였으므로, 그 자체로 피고인이 이 사건 문서의 효용을 해하였다고 봄이 상당하고, 이는 이 사건 이 사건 문서에 기재된 내용이 부당하다거나 입주자대표회의 회장의 명예를 훼손하는 내용이 포함되어 있다고 하더라도 달리 볼 것은 아니다. 또한 피고인은 이 사건 아파트 입주민들이 이 사건 문서를 읽지 못하게 하기 위해 위 문서를 수거하였으므로, 이 사건 문서의 효용을 해한다는 범의를 가지고 이를 수거함으로써 위 문서의 효용을 해한 사실을 충분히 인정할 수 있다.

· 실무자가 챙겨야 할 사항

개발사업 찬성파든 반대파든 자신들의 활동을 알리거나 동조하는 세력을 모으기 위해 각종 홍보물을 작성하여 우편함에 배포하는 것은 가장 흔한 방법 중 하나이다. 만약, 누군가가 이를 방해하는 것이 파악되면 형법에 따른 문서은닉죄에 해당되어 처벌받을 수 있음을 경고하여 같은 일이 재발되지 않도록 조치할 필요가 있으며, 이와 같은 방해 작업 증거 자료를 확보하여 필요시 적극 대응할 필요가 있다.

조합이 취소되면 조합이 사용한 사업비는 조합설립에 동의한 자들이 부담해야 한다?

· 개요

부동산경기가 좋을 때는 크게 문제가 되지 않지만, 부동산경기가 침체기에 들 때는 재개발 혹은 재건축사업 반대자들이 매우 활발하게 활동하게 되는데 주민들에게 가장 무서운 말이 '만약에 사업이 무산되면 동의서 써 준 사람들이 다 책임져야 한다'이다 실상은 어떨까?

· 관련 판례 주요 내용

대법원 2019. 8. 14. 선고 2017다201361 판결 [잔여채무분담청구]

원심은, 정관 제63조, 제10조는 조합설립인가가 취소된 경우 조합원들에게 조합의 잔존채무를 부담하게 하는 규정으로 볼 수 없고, 원고 조합의 설립인가가 취소된 이상 정관 제34조에 기해 정비사업비를 부과·징수할 수도 없다는 이유로 주위적 청구를 기각하는 한편, 청산절차를 거치지 않은 상태에서 청산금을 미리 청구할 필요가 있다고 인정하기도 어렵다는 이유로 예비적 청구를 각하하였다. 관련 법리 및 적법하게 채택한 증거들에 비추어 보면 원심의 이유 설시에 일부 적절하지 아니한 부분이 있으나, 원고의 청구를 전부 받아들이지 아니한 원심의 결론은 수긍이 가고, 거기에 상고이유 주장과 같이 재개발조합에 대한 조

합원의 책임, 정관의 해석에 관한 법리 등을 오해한 잘못이 없다. 그러므로 상고를 모두 기각하고 (중략)

· 실무자가 챙겨야 할 사항

2008년 글로벌 금융위기 이후 2013년즈음까지 뉴타운해제, 조합설립 취소 광풍이 불며 조합관계자들을 가장 괴롭혔던 조합설립 취소 시의 매몰비용 문제, 언제든지 경기가 침체된다면 재개발·재건축사업 추진에 반대하는 세력들 입장에서 가장 사용하기 좋은 카드이다. 따라서 추진위원회 설립동의서나 조합설립동의서를 징구할 당시부터 상기와 같은 대법원 판례를 적극 활용하여 주민들이 불안해하며 동의서 제출을 꺼려하지 않도록 적극적으로 홍보할 필요가 있다.

협력업체와 계약을 완료한 경우 계약금 지급은 바로 해야 하는가?

· **개요**

추진위원회 설립부터 조합설립 단계까지는 필요한 협력업체가 많지 않지만 사업시행계획수립 단계가 되면 다양한 협력업체를 선정하여야 한다. 조합 대의원회나 총회의결을 통해 협력업체를 선정하고 계약을 체결할 경우 모든 업체에 대해 계약금을 즉시 지급하여야 하는가? 유의할 점은?

· **관련 규정 발췌자료**

서울특별시 고시 제2018-248호 서울특별시 정비사업조합 등 표준 예산·회계규정

제38조(용역비 지급의 제한) ① 사업진행을 예상하여 이미 계약이 체결되고 예산에 편성된 사업비라도 당해 공사·용역 등이 개시되지 않았을 경우 집행할 수 없고, 용역 계약금은 용역개시 30일 전에는 지급할 수 없다.

· **실무자가 챙겨야 할 사항**

통상 선정된 업체 입장에서는 계약체결 즉시 계약금을 지급해 달라고

요청할 수 있으며 조합 역시 사업비에 여유가 있을 경우 용역비를 지급해 온 것이 사실이다. 하지만, 상기에서 살펴본 바와 같이 서울시 표준예산회계 규정상에는 용역개시 30일 전에는 계약금을 지급하지 않도록 정하고 있기에 서울시나 국토교통부 혹은 관할 지자체에서 실태점검을 나오게 될 경우 용역개시 30일 전 계약금 지급 건이 문제가 될 수 있다. 따라서 특히 서울 지역 정비사업 실무 관계자들은 이와 같은 내용을 숙지하여 용역 계약에 따른 계약금이 조기에 지급되지 않도록 조치할 필요가 있으며, 다른 지역의 경우에도 가급적 용역개시 30일 후 계약금을 지급하여 불필요한 시빗거리를 차단할 필요가 있다.

각종 인허가 진행 시의 공람기간에 토, 일요일을 포함해도 무방할까?

· 개요

사업시행계획수립이나 관리처분계획수립을 위해서는 사업 구역 내 토지등소유자 및 기타 이해관계인을 대상으로 각종의 계획에 대한 공람이 필요한 상황이 발생한다. 이와 같은 공람을 위한 날짜 계산 시 주말을 포함해도 무방할까? 주의할 점은?

· 관련 유권해석 주요 내용

법제처 20-0402, 2020. 10. 6. 민원인

재정비촉진계획을 수립하거나 변경하려는 경우 주민 공람기간의 산정 방식(「도시재정비 촉진을 위한 특별법」 제9조제3항 관련)

도시재정비법 제9조제3항 본문에서는 시장·군수·구청장은 같은 조 제1항에 따라 재정비촉진계획을 수립하거나 변경하려는 경우에는 그 내용을 14일 이상 주민에게 공람하도록 규정하고 있으나, 이 경우 주민 공람기간을 산정하는 방법에 대해서는 별도로 규정하고 있지 않습니다.

그런데 일반적으로 공법상의 규정에 흠결이 있는 경우에는 공법의 특수성에 반하지 않는 한 일반법원리를 내용으로 하는 사법규정이나 순수

한 법기술적 성질을 가지는 사법규정을 유추 적용할 수 있고, 「민법」에서 정한 기간의 계산법은 사법관계는 물론 공법관계 등 모든 법률관계에 공통적으로 적용되는 일반규정으로 볼 수 있는바, 「민법」 제155조에서는 기간의 계산에 대해 법령, 재판상의 처분 또는 법률행위에서 다르게 정한 바가 없으면 같은 법 제1편제6장에 따르도록 규정하고 있으므로 도시재정비법 제9조제3항 본문에 따른 주민 공람기간은 「민법」의 기간 산정에 관한 규정을 적용하여 산정해야 합니다.

그렇다면 도시재정비법 제9조제3항에서 14일 이상으로 정한 공람기간의 경우 「민법」 제157조 전단, 제159조 및 제161조에 따라 그 공람기간의 초일은 원칙적으로 산입하지 않고 말일이 종료함으로써 기간이 만료하며, 그 기간의 말일이 토요일 또는 공휴일에 해당한 때에는 그 익일로 기간이 만료한다고 보아야 하고, 그 기간 중 토요일 또는 공휴일이 포함되어 있더라도 이를 배제하고 산정하도록 규정하고 있지 않으므로 토요일 또는 공휴일을 포함하여 공람기간을 산정해야 합니다.

· 실무자가 챙겨야 할 사항

사례의 경우 재정비촉진계획수립을 위한 공람기간과 관련한 해석 사례이나 도시정비법 역시 동일하다. 따라서 각종 공람을 위한 업무계획 시 토요일이나 공휴일을 포함하는 것은 무방하다 할 것이다. 다만, 민원이 발생할 것에 대비하여 사업 일정에 여유가 있다면 토요일, 공휴일을 제외하고 공람일정을 잡는 것이 좋고, 부득이할 경우 공람안내문이나 공고문 등에 '토요일, 공휴일은 사전 연락 시 열람 가능'이라는 문구를 기재하고 실제 조합원 등의 공람 요청 시 이에 응하여 민원을 최소화할 필요가 있다. 또한, 만약 공람기간의 말일이 토요일이나 공휴일에 해당할 경우에는 반드시 그다음 날 공람이 종료되게 공람기간을 계획하여 불필요한 시빗거리를 차단할 필요가 있다. 마지막으로 도시정비사업 진행과정에서 필요한 모든 날짜계산은 초일 미산입, 말일 포함! 예컨대 대의원회의를 개최 7일 전 통지해야 한다면 통지하는 날과 회의하는 날을 제외하고 7일이 확보되도록 일정을 계획하여야 한다.

공람기간에 포함된 토요일, 공휴일에 공람을 실시해야 하는지 여부?

· 개요

사업 일정이 급할 경우 대부분은 각종 인허가를 위한 공람 시 토요일과 공휴일을 포함시키게 된다. 이럴 경우 반드시 실제 공람이 가능하도록 필요한 조치를 취해야 할까?

· 관련 유권해석 주요 내용

법제처 21-0120, 2021. 5. 27. 민원인

도시개발 구역 지정 등을 위한 공람기간에 포함된 토요일 및 공휴일에 공람을 실시해야 하는지 여부(「도시개발법」 제7조 등 관련)

공람기간의 산정은 「행정기본법」 제6조제1항 및 「민법」에 따라 토요일 및 공휴일을 포함하여 산정(각주 : 법제처 2020. 12. 30. 회신 20-0642 해석례 참조)하게 되고, 그 기간은 공람이 실제로 가능한 날의 수가 아니라 일정한 시간적 범위를 의미한다고 보아야 합니다.

또한 법령에서 "일정한 기간"을 정한 것은 그 기간 중에 있는 토요일 및 공휴일을 고려하여 정한 것이고, 「도시개발법 시행령」 제11조제2항에서는 공람기간을 14일로 제한하지 않고 그 이상으로 정할 수 있도록 규정하고 있어 해당 기간에 토요일 또는 공휴일이 포함되는 경우에는 공람기간을 14일보다 긴 기간으로 정할 수 있는바, 토요일 또는 공휴일에 실제로 공람을 할 수 없더라도 이를 고려한 기간을 설정함으로써 의견수렴에 필요한 기간을 확보할 수 있음(각주 : 법제처 2020. 10. 6. 회신 20-0402 해석례 참조)에 비추어 볼 때, 해당 규정을 공람기간으로 설정된 모든 날에 공람을 할 수 있도록 해야 한다는 의미로 해석하기는 어렵습니다.

따라서 시장·군수 또는 구청장이 토요일 및 공휴일을 포함하여 공람기간을 공고한 경우, 시장·군수 또는 구청장은 토요일 및 공휴일에도 일반인이 공람할 수 있도록 해야 하는 것은 아닙니다.

· 실무자가 챙겨야 할 사항

사례의 경우 도시개발법에서 규정하고 있는 공람기간과 관련한 해석 사례이나 도시정비법 역시 동일하다. 따라서 토요일이나 공휴일을 포함하여 공람기간을 계획했다고 하여 무조건 조합사무실 직원이 근무해야 할 필요는 없을 것이다. 다만, 민원을 최소화하는 차원에서 사업 일정에 여유가 있다면 토요일, 공휴일을 제외하고 공람일정을 잡는 것이 좋고, 부득이할 경우 공람안내문이나 공고문 등에 '토요일, 공휴일은 사전 연락 시 열람 가능'이라는 문구를 기재하고 실제 조합원 등의 공람 요청 시 이에 응하여 민원을 최소화할 필요가 있다. 또한, 만약 공람기간의 말일이 토요일이나 공휴일에 해당할 경우에는 반드시 그다음 날 공람이 종료되게 공람기간을 계획하여 불필요한 시빗거리를 차단할 필요가 있다.

마지막으로 도시정비사업 진행과정에서 필요한 모든 날짜계산은 초일 미산입, 말일 포함! 예컨대 대의원회의를 개최 7일 전 통지해야 한다면 통지하는 날과 회의하는 날을 제외하고 7일이 확보되도록 일정을 계획하여야 한다.

기존 조합원이 조합 해산에 대한 동의를 한 후 제3자에게 매각하였을 때 조합 해산 동의는 유효할까?

· 개요

부동산경기가 침체되고 이와 같은 침체가 장기간 지속될 경우 조합을 해산하고자 하는 움직임이 생길 수 있다. 기본적으로 조합원의 권리와 의무는 소유권 변경 시 승계되는데, 조합 해산을 위한 동의 역시 승계되는 것으로 봐야 할까?

· 관련 유권해석 주요 내용

법제처 16-0419, 2016. 11. 22. 서울특별시

종전소유자의 조합 해산 동의를 그 후 위 토지등을 취득한 자의 동의로 볼 수 있는지 여부(「도시 및 주거환경정비법」 제10조 등 관련)

도시정비법 제16조의2제1항제2호에서는 조합설립에 동의한 조합원의 2분의 1 이상 3분의 2 이하의 범위에서 시·도조례로 정하는 비율 이상의 동의 또는 토지등소유자 과반수의 동의로 조합의 해산을 신청하는 경우, 시장·군수는 조합설립인가를 취소하여야 한다고 규정하고 있습니다. (중략) 종전 소유자가 한 "조합 해산 동의"는 그 자체가 권리·의무에 해당하거나 권리·의무를 수반하는 것이 아니라고 할 것이므로, 도시정비법 제10조에 따라 새로운 소유자에게 승계되는 종전 소유자의 "권

리·의무"의 범위에 "동의"가 포함된다고 해석하기는 어렵다고 할 것입니다.

· 실무자가 챙겨야 할 사항

도시정비법 시행령 제33조제1항제3호에서는 '추진위원회의 구성 또는 조합의 설립에 동의한 자로부터 토지 또는 건축물을 취득한 자는 추진위원회의 구성 또는 조합의 설립에 동의한 것으로 볼 것'이라고 규정하고 있어 소유권 변경 시 그 취득자에게도 동의의 효력이 미치지만, 조합 해산의 동의와 관련해서는 이와 같은 규정이 없고 상기 유권해석 사례에서 살펴볼 수 있는 바와 같이 승계되어야 할 권리·의무에도 속하지 않는다. 따라서 만약 누군가 조합 해산을 시도하고 관련 서류를 지자체에 제출하였다면 정보공개 요청이나 열람신청을 통해 소유권이 변경되었음에도 해산에 동의한 것으로 간주한 케이스는 없는지, 해산 동의서 기재사항에 미비한 점은 없는지 등을 살펴 대응할 필요가 있다. 다만, 이렇게 사후적으로 대처하기보다는 조합 해산 움직임이 있을 때 적극적으로 대응하여 조합원 다수가 조합 해산에 동참하는 불상사가 발생되지 않게 하는 것이 가장 중요하다 할 것이다.

조합장의 퇴직금은 근로기준법 등에 의해 당연히 지급하여야 하는가?

· 개요

조합장이 사업 종료 시까지 그 직을 수행하게 되면 당연히 본인이 스스로 예산에 반영하여 퇴직금을 수령하겠지만, 사업 도중에 추진위원장이나 조합장이 교체되면 퇴직금 지급 여부를 두고 신경전을 벌이기도 하고 심지어 소송까지 진행되기도 한다. 이에 대한 대처 방안은?

· 관련 판례 주요 내용

서울서부지방법원 2015. 12. 18. 선고 2014가단46382 판결 [퇴직금 및 임금]

도시 및 주거환경정비법에 의하여 법인격을 가지는 정비사업조합(법 제18조)의 임원으로서 피고 조합을 대표하고 그 사무를 총괄하며 총회 또는 대의원 회의의 의장이 되는 사무를 담당하여야 할 조합장(법 제21조, 제22조, 제27조)은 피고 조합에 대한 관계에서 근로자라고 볼 수 없고, 피고 조합 정관에서 조합장 등 조합의 임원에게 근로기준법에서 정한 퇴직금을 지급한다고 규정하고 있다 하더라도 이는 재직 중의 직무 집행에 대한 대가로 지급되는 보수의 일종(다만, 액수는 근로기준법에서 정한 방식으로 산정한다는 약정으로 해석된다)일 뿐 근로기준법의 적용을 받는 퇴직금이라 할 수 없다. 따라서 원고가 설립추진위원회의 직원으로서 근무한 2007. 4. 27.부터 2010. 6. 19.까지의 기간에 대하여는 근로자의 지위에서 근로기준법에서 정한 임금 또는 퇴직금을 청구할 수는 있지만, 조합장으로 선출되어 업무를 수행한 기간에 대하여는 피고 조합의 정관에서 정한 바에 따라 약정 월 보수금 또는 퇴직 보수금을 청구할 수 있을 뿐이므로, 설립추진위원회의 직원으로서의 근무기간과 피고 조합의 조합장으로서의 근무기간을 통산하여 퇴직금을 산정하여야 한다는 원고 주장은 받아들이기 어렵고 각 채권의 성질에 따라 근무기간별로 따로 판단되어야 한다.

· 실무자가 챙겨야 할 사항

상기 소송 사례에서는 추진위원회 당시 직원으로 근무하다 조합장에 당선된 후 임기를 마치고 새로운 집행부에게 퇴직금을 청구한 사안으로 법원은 직원의 경우 근로기준법에 의한 근로자이기에 당연히 퇴직금 지급 대상이 되지만 조합장으로 업무를 수행한 기간에 대해서는 근로자로 볼 수 없기에 조합과의 약정에 따라 청구할 수 있을 뿐이라고 판단한다. 판례에서는 조합장이 근로자가 아니라고 판단하나 현실적으로 조합장의 개인 사업이라고 볼 수도 없고 대부분의 법인에서는 대표자의 경우에도 퇴직금을 적립하고 지급한다는 점 등을 고려하면 불필요한 시빗거리를 차단하는 차원에서 조합 혹은 추진위원회의 업무규정에 퇴직금과 관련된 내용을 삽입하고, 총회에서 결의할 운영비 예산(안)에도 포함시킬 필요가 있다.

큰 평형에만 해당되는 부가가치세를 왜 조합원 모두가 부담해야 하나?

· 개요

간혹 총회장이나 이사회 혹은 대의원회 진행 시 사업비 항목을 두고 돌발 질문이 나와 담당자로서 어찌 설명해야 할지 몰라 당황해하는 경우가 생기기도 한다. 그중 하나가 중대형 아파트의 부가가치세 문제. 왜 작은 아파트를 분양받는 조합원이 본인과 관계없는 중대형 아파트의 부가세를 부담해야 할까? 이런 질문에 대한 대처 방안은?

· 관련 판례 주요 내용

서울고등법원 2010. 12. 14. 선고 2010나44042 판결

총사업비에 이 사건 부가가치세가 포함되었다고 하더라도 특별한 사정이 없는 한 동액 상당의 분양총수입추산액도 증가하는 것이기 때문에, 단지 총사업비에 이 사건 부가가치세가 포함되었다는 사정만으로 곧바로 국민주택규모 아파트를 분양받은 조합원인 원고들이 국민주택규모, 초과 아파트를 분양받은 조합원들이 부담하여야 할 부가가치세까지 분담하게 됨으로써 조합원들 사이에 형평에 반한다고 단정할 수는 없는 것이고, 분양총수입추산액에 반영되어 증가된 것으로 보는 부가가치세가 실제 누구로부터 회수되었는지를 따져 보아야 한다. 이는 결국

원고들이 분양받은 국민주택규모아파트의 분양가격에 이 사건 부가가치세 해당 금액이 포함되었는지의 문제로 귀착된다. (중략) 이 사건 부가가치세 등 국민주택규모 아파트와 국민주택규모를 초과하는 아파트 사이의 합리적인 격차율 산정에 필요한 제반 요인을 고려하여 이 사건 아파트 가격을 결정하였거나, 거래사례비교법에 따라 비교 대상물건의 현황에 맞게 사정보정 및 시점수정 등을 가하여 가격을 결정한 사실이 인정되는 점에 비추어, 원고가 들고 있는 앞서 본 증거들 및 갑 제21호증의 기재만으로는 원고들이 분양받은 국민주택규모 아파트의 분양가격에 이 사건 부가가치세가 포함되어 있다고 인정하기 어렵고 달리 증거가 없다.

· 실무자가 챙겨야 할 사항

정비사업으로 공급되는 국민주택규모 초과 아파트나 상가에 대해서는 부가가치세가 발생하게 되며 이는 시공사 공사비를 통해 조합원 모두가 부담하게 되어 상가를 분양받지 않거나 국민주택규모 이하의 아파트를 배정받는 조합원 입장에서는 왜 일부 조합원에게만 해당되는 사업비를 조합원 전체가 부담해야 하나? 하고 생각할 수 있다. 하지만, 결국에는 부가가치세가 부과되는 상가나 국민주택규모 초과 아파트를 배정받은 조합원이 해당 부가세를 부담하여 조합사업 수입이 늘어나기에 상가나 국민주택규모 초과 아파트를 분양받지 않는 조합원이 특별히 손해보지 않는다는 것이 상기 판례의 취지다.

이와 유사한 사례로 사업 구역 내 본인의 주택에서 거주하던 조합원들 입장에서는 왜 다가구 주택 소유자들의 세입자주거이전비를 조합원 모두가 부담해야 하는지도 종종 질문이 나온다. 물론 다가구 주택 소유자 때문에 사업비가 더 발생하는 것은 사실이겠지만, 다른 사람들보다 상대적으로 더 큰 토지와 건물을 투자하여 정비사업으로 발생할 수입에 더 크게 기여하는 것 또한 사실이다. 따라서 이런 형태의 질문들에 대해서는 비용측면만 보지 말고 수입 측면도 살펴 갑작스런 질문에 당황하지 않도록 평소에 머릿속에 정리해 둘 필요가 있다.

조합장을 상대로 제기된
소송의 변호사비는 조합장이 내야 한다?

· **개요**

사업을 진행하다 보면 조합장을 상대로 수많은 소송이 제기된다. 조합장으로서는 당연히 조합의 사무를 총괄하는 과정에서 발생된 것이니 조합의 비용으로 변호사를 선임하여 대응하고자 할 텐데, 유의해야 할 사항은?

· **관련 판례 주요 내용**

대법원 2009. 3. 12. 선고 2008도10826 판결 [도시및주거환경정비법위반·업무상횡령]

법인의 이사를 상대로 한 이사직무집행정지 가처분 결정이 된 경우, 당해 법인의 업무를 수행하는 이사의 직무집행이 정지당함으로써 사실상 법인의 업무수행에 지장을 받게 될 것은 명백하므로, 법인으로서는 그 이사 자격의 부존재가 객관적으로 명백하여 항쟁의 여지가 없는 경우가 아닌 한 위 가처분에 대항하여 항쟁할 필요가 있다고 할 것이고, 이와 같이 필요한 한도 내에서 법인의 대표자가 법인 경비에서 당해 가처분 사건의 피신청인인 이사의 소송비용을 지급하더라도 이는 법인의 업무수행을 위하여 필요한 비용을 지급한 것에 해당하고, 법인의 경비를 횡령한 것이라고는 볼 수 없다(대법원 1990. 6. 26. 선고 89도1102 판결, 대법원 2003. 5. 30. 선고 2003도1174 판결 등 참조). 원심판결 이유에 의하면, 원심은 피고인 1에 관한 이 사건 조합장직무집행정지 가처분 신청의 항고사건의 경과, 주된 쟁점 등에 비추어 조합장인 피고인 1이 이 사건 조합의 대표자로서 위 항고사건에 대하여 항쟁하는 것이 필요하다고 보이므로, 피고인들이 위 항고사건에 관하여 변호사선임비를 조합의 예산으로 지출한 것이 조합의 업무수행을 위하여 필요한 비용을 지급한 것에 해당할 뿐, 조합의 경비를 횡령한 것이라고 볼 수 없다고 판단하였다.

기록에 비추어 살펴보면 원심의 위와 같은 판단은 정당하고, 거기에 업무상횡령죄에 관한 법리를 오해한 위법이 없다.

· 실무자가 챙겨야 할 사항

조합장을 상대로 한 소송비용과 관련하여 명백하게 조합장으로서 공적인 업무를 수행한 것에 관한 소송비용이라면 이사회 및 대의원회 결의를 거쳐 변호사를 선임하고 비용을 집행해도 무방할 것이다. 하지만, 조합장 개인에 대한 명예훼손 사건이거나 조합장을 상대로 한 손해배상청구 소송 등과 같은 경우는 조합장 개인이 부담해야 한다고 판단한 판례도 다수 있다. 따라서, 조합장이 소송의 대상이 되고 변호사를 선임해야 한다면 법률전문가의 조언을 토대로 해당 소송의 비용을 조합 사업비로 집행해도 무방한지를 반드시 체크하여야 한다.

추진위원장의 급여, 보수규정 없이는
소송으로도 받을 수 없다?

· **개요**

추진위원회를 막 구성한 시기에는 경황도 없거니와 자금도 부족하여 집행부가 무보수로 근무하는 사례가 더러 있으며 이런 현장에서는 무보수 봉사활동이란 점을 주민들에게 적극 어필하여 사업의 참여를 독려하고 조합장 당선 가능성을 높이는 방안으로 활용하기도 한다. 하지만, 개인적인 사정이나 내부적인 사정으로 조합장 당선에 실패하거나 할 경우 본인이 근무한 기간의 급여에 대해 새로운 집행부에 청구하게 되는데 조합에서는 이를 무조건 지급해야 할까?

· **관련 판례 주요 내용**

부산지방법원 2008. 5. 13. 선고 2007가단145895 판결 [임금]

이 사건은 원고가 추진위원회 위원장으로 재직하던 기간인 2003. 7.부터 2004. 12.까지의 급여를 구하는 것이다. 추진위원회와 위원장의 관계는 민법상 위임관계라 할 것이고 민법상 위임계약은 무상계약으로서 당사자 사이에 보수의 약정이 없는 한 수임인은 위임인에 대하여 보수의 지급을 구할 수 없다. 따라서 2004. 2. 21. 자 주민총회의 제6호 안건에 따라 피고 조합이 결성된 후 창립총회개최 시에 총회의 의결을 통해서 원고가 추진위원회 위원장으로 재직하던 시기의 임금을 결정하기 전에는 원고와 추진위원회 사이에 별도의 보수 약정이 없는 한 무보수라고 보아야 한다.

2004. 12. 17. 자 주민총회를 통하여 원고와 추진위원회 사이에 원고의 급여를 2005. 1.부터 지급하기로 한 것은 원고와 추진위원회 사이의 별도의 보수 약정에 해당하고, 이것으로 2005. 1. 이전의 보수 약정까지 한 것으로 볼 수는 없으며, 따라서 2004. 2. 21. 자 주민총회의 제6호 안건이 2004. 12. 17. 자 주민총회에 의하여 변경되었다고 볼 수도 없고 2005. 5. 8. 자 창립총회개최 시 의결의 필요성이 없어진 것으로 볼 수도 없다.

· 실무자가 챙겨야 할 사항

상기 판례에 따르면 추진위원회와 위원장의 관계는 민법상 위임관계이고 민법상 위임계약은 무상계약으로서 당사자 사이에 보수의 약정이 없는 한 보수의 지급을 구할 수 없으며, 별도의 보수규정을 정하고 운영비예산을 통해 총회의 의결을 득하지 않는 한 설령 소송을 제기해도 인정할 수 없다는 취지이다. 따라서, 추진위원회 단계에서부터 추진위원회 승인을 득하기 위해 준비하는 운영규정 외에 보수규정, 회계규정, 선거관리규정 등을 꼼꼼히 준비하여 총회의결을 득할 필요가 있다.

또한 정비사업 현장에서는 위원장이나 조합장의 급여 수준을 두고 조합원과 집행부 간에 매우 빈번하게 분쟁이 발생되는데, 정당한 보수를 책정하고 지급하여 위원장이나 조합장이 부정한 일에 연루될 유혹을 뿌리칠 수 있게 하는 것이 오히려 사업비를 절감시키는 지름길이지 않을까?

서울시 표준선거관리규정에서 위임한 범위를 벗어나서 선거관리규정을 정했을 경우 효력은?

· 개요

서울시에서는 정비사업조합 또는 조합설립추진위원회의 조합임원·대의원 또는 추진위원장·감사·추진위원의 민주적인 선출 방법 및 절차에 관한 사항을 정하여 부정선거를 방지하고 공정하고 투명한 정비사업 추진을 목적으로 2015. 5. 7. 정비사업 표준선거관리규정을 제정하고 2017년 1차례 개정하여 고시하며, 각 추진위원회 및 조합들이 자율적으로 작성하여 시행해 오던 선거관리규정을 개정하여 시행하도록 해 온바 있다. 다만, 서울시에서는 이와 같은 표준선거관리규정을 고시하며 조합이 확정해야 할 사항과 사업의 특성, 지역의 상황 등을 고려하여 관계 법령과 이 규정에 위배되지 아니하는 범위 안에서 수정 및 보완할 수 있는 사항을 정하고 있는데 사례의 조합에서는 원활한 조합운영을 위해 일부 규정들을 삭제하거나 변경하는 방법으로 조합의 대의원은 선거관리위원이 될 수 없도록 규정한 서울시 표준선거관리규정을 위반한 바 있으며, 일부 조합원이 이를 문제 삼아 선거관리위원회의 업무를 정지해 줄 것을 요청하였다. 이런 상황을 미연에 방지하기 위한 방법은?

· 관련 판례 주요 내용

서울남부지방법원 2018. 5. 23. 2018카합41 [직무집행정지가처분]

이 사건 표준선거관리규정은 제1조에서 구 도시 및 주거환경정비법 (2017. 2. 9. 법률 제14567호로 전면 개정되기 전의 것) 제77조의4를 제정근거로 표시하고 있으나, 위 규정은 시장 등이 정비사업시행 과정을 '지원'할 수 있다는 내용에 불과할 뿐, 시장 등에게 주택재개발정비사업조합 등의 선거관리와 관련하여 강제력을 갖는 규정을 제정할 수 있는 구체적인 감독권한까지 부여한 근거규정이라고 보기는 어렵다. 따라서 이 사건 표준선거관리규정은 상위 법령의 위임 없이 임의로 제정된 것으로서 대외적인 구속력을 가지는 법규성을 가진다고 보기 어려우므로, 이 사건 선거관리규정이 이 사건 표준선거관리규정에 따라 제정되지 아니하여 무효임을 전제로 한 이 부분 주장은 이유 없다.

· 실무자가 챙겨야 할 사항

정비사업의 처음부터 사업이 완료되어 조합이 해산될 때까지 관공서와는 유기적인 협조가 필요하다. 따라서 서울 지역의 추진위원회나 조합에서는 가급적 서울시 표준선거관리규정의 제반 사항을 엄격하게 적용할 필요가 있고, 조합 여건상 일부 규정을 삭제하거나 변경해야 할 경우에는 변호인의 자문을 토대로 관할 지자체의 사전검토 후 선거관리규정(안)을 제정할 필요가 있다.

PART 3

인허가 진행단계

1. 정비계획수립

여러 가지 정비계획의 경미한 변경 요건 중
어느 하나만 해당될 경우 인허가 진행방법은?

· 개요

정비계획수립 이후 추진위, 조합 단계를 거쳐 본격적으로 사업을 진
행하다 보면 현지 여건에 따라 정비계획의 변경 절차를 진행해야 할 경
우가 생긴다. 다만, 이와 같은 정비계획을 중대한 변경 사항으로 처리하
게 되면 대략 1년 정도의 기간이 소요되어 조합에 부담으로 작용하게 된
다. 만약 정비계획을 변경하고자 하는 내용이 여러 가지이고 이 중 일부
만 경미한 변경 사항에 해당될 경우 어떤 방식으로 인허가 절차를 진행
해야 할까?

· 관련 유권해석 주요 내용

법제처 10-0306, 2010. 10. 28. 국토해양부

도시 및 주거환경정비계획의 경미한 변경에 해당하는지 여부(「도시
및 주거환경정비법」 제4조 및 같은 법 시행령 제12조 관련)

도시정비법 제4조제1항에 따른 정비계획의 경미한 변경은 "다음 각 호의 어느 하나에 해당하는 경우"를 말한다고 규정하고 있는 같은 법 시행령 제12조 각 호 외의 부분의 문언해석상, 같은 법 시행령 제12조 각 호에 규정되어 있는 요건 중 최소한 하나의 요건만 충족하면 정비계획의 경미한 사항을 변경하는 경우에 해당한다고 할 것이므로, 정비계획의 변경이 기본계획의 변경에 따른 변경으로서 같은 법 시행령 제12조제8호의 요건을 충족하는 경우에는 같은 정비계획의 변경이 건축물의 용적률을 10% 이상 확대하여 같은 법 시행령 제12조제7호에 저촉되더라도, 도시정비법 제4조제1항에 따른 정비계획의 경미한 변경에 해당하여 주민에 대한 서면통보, 주민설명회, 주민공람 및 지방의회의 의견청취절차를 거치지 않아도 된다 할 것입니다.

또한, 2008. 12. 17. 대통령령 제21171호로 개정·시행된「도시 및 주거환경정비법 시행령」개정이유서 등에 따르면, 주택재개발·재건축 등을 위한 정비계획 등의 변경 절차를 간소화함으로써 신속하게 도시·주거환경정비사업의 절차가 이행될 수 있도록 하고, 종전의 경우 해석상 각 호의 조건을 모두 충족시켜야만 경미한 변경 대상으로 판단할 소지가 있었던 것을 각 호의 어느 하나에 해당하는 경우로 변경함으로써 사안별로 그 대상을 판단하게 하여 해석상 혼란을 방지하고자 같은 법 시행령 제12조의 "다음 각 호의 경우"를 "다음 각 호의 어느 하나에 해당하는 경우"로 개정한 것으로 되어 있어 입법연혁적인 측면에서 살펴보아도, 같은 법 시행령 제12조제8호의 요건을 충족하는 경우에는 같은 조 다른 호의 요건을 충족하지 않더라도 도시정비법 제4조제1항에 따른 정비계획의 경미한 변경에 해당한다고 할 것입니다.

· 실무자가 챙겨야 할 사항

상기 유권해석 자료에서 살펴본 바와 같이 여러 가지 정비계획의 경미한 변경 요건 중 어느 하나만 해당되어도 경미한 변경으로 인허가 처리가 가능하다. 다만, 이와 같은 법률해석이 일반적으로 널리 알려진 것이 아니기에 실제 인허가를 진행하다 보면 지자체 담당자를 설득하기 힘든 상황이 생길 수도 있다. 따라서 이런 상황에 처한 조합이라면 관련 협력사와 함께 상기의 유권해석자료 원문과 다른 지역의 인허가 사례를 토대로 협의를 진행하여 정비계획의 경미한 변경으로 인허가 절차가 진행될 수 있도록 할 필요가 있다.

관련 부서 협의 의견에 따른
정비계획 변경은 경미한 변경일까?

· **개요**

  조합설립 이후 건축심의 및 사업시행계획수립 과정에서 관련부서 및
관계기관 협의를 진행하게 되는데, 만약 이 과정에서 토지의 용도를 변
경해야 하는 의견이 제시된다면 어떻게 해야 할까?

· **관련 유권해석 주요 내용**

  국토교통부 주택정비과-2614 2021. 7. 7. 관원회신(정비계획의 변경
여부)

  [질의내용]

  사업시행계획인가를 위한 교육청 등 관련기관 협의 결과 교육청의 기
정 유치원용지 폐지 요구에 따라 정비계획의 변경을 하고자 하는 경우
도시정비법 시행령 제13조제4항에 따라 정비계획의 경미한 변경사항으
로 처리할 수 있는지 여부.

  [회신내용]

  도시정비법 시행령 제13조제4항에서 정비계획의 경미한 변경사항에
대하여 규정하고 있으나, 관계 행정기관의 장과 협의 결과에 따른 변경

은 이에 해당하지 않으므로, 질의의 내용은 정비계획의 경미한 변경사항에 해당하지 않을 것으로 판단됩니다.

· 실무자가 챙겨야 할 사항

상기 사례의 경우 정비계획수립 과정에서 교육청과의 협의를 거친 바 있으며 협의결과를 반영하여 정비계획수립이 완료되고 이후 조합설립 및 건축심의 과정에서 부동산경기 침체 등 조합 내부 사정으로 인해 다소 시일이 경과한 시점에 사업시행계획수립을 위한 협의를 진행한 결과 동일한 교육청임에도 불구 전혀 다른 의견을 제시하여 조합을 곤란하게 만든 케이스이다. 조합 입장에서는 억울할 수 있겠지만, 관계기관에서 이렇게 입장을 번복하고 더구나 그 입장이 문서로 남게 되면 뒤집기 어렵다. 이럴 때는 요구사항을 반영하여 신속하게 인허가를 재차 진행하는 것이 상책이다.

전 소유자의 정비계획 입안 제안 동의서는 승계될 수 있을까?

· 개요

도시 및 주거환경정비 기본계획상 정비예정구역임에도 불구하고 관할 지자체에서 정비계획수립 절차를 진행하지 않을 경우 시·도 조례로 정하는 바에 따라 토지등소유자로부터 정비계획 입안 제안 동의서를 징구하고 관련 서류를 구비하여 정비계획수립을 요청할 수 있다. 하지만, 만약 동의서 제출자의 소유권이 변경된 경우 이를 유효한 동의로 인정해야 할까?

· 관련 유권해석 주요 내용

법제처 22-0038, 2022. 5. 4.

종전 토지등소유자의 정비계획 입안 제안 동의를 새로운 토지등소유자의 동의로 볼 수 있는지 여부(「도시 및 주거환경정비법」 제14조 등 관련)

정비계획 입안권자에게 정비계획 입안 제안서를 제출하기 전에 토지등소유자가 변경된 경우라면 해당 제안서의 제출 시점에는 종전의 토지등소유자는 더 이상 정비사업을 추진하려는 구역의 토지등소유자가 아닌 것이 분명한바, 종전 토지등소유자의 동의는 정비계획 입안 제안과 관련하여 자격 없는 자의 동의로서 제안서 제출 시에 유효한 동의로 산정할 수 없으므로, 정비계획 입안 제안에 대해 동의할 자격이 있는 새로운 토지등소유자의 동의 여부를 다시 확인해야 할 것입니다.

한편 도시정비법 제129조에서는 사업시행자와 정비사업과 관련하여 권리를 갖는 자(이하 "권리자"라 함)의 변동이 있은 때에는 종전의 사업시행자와 권리자의 권리·의무는 새로 사업시행자와 권리자로 된 자가 승계한다고 규정하고 있으므로, 정비계획의 입안권자에게 제안서를 제출하기 전에 정비구역의 입안 제안에 동의한 토지등소유자로부터 토지 등을 취득한 자가 있을 경우 종전 토지등소유자의 정비구역 입안 제안에 대한 동의는 새로운 토지등소유자에게 승계된다는 의견이 있습니다.

그러나 정비계획 입안 제안서 제출 전의 단계에서는 아직 정비계획 수립이나 정비구역 지정 등이 이루어지지 않아 토지등소유자를 정비사업과 관련하여 권리를 갖는 자로 보기 어렵고, 정비계획 입안 제안에 대한 동의가 유효한지 여부는 정비계획의 입안권자에게 정비계획 입안 제안서를 제출하는 시점을 기준으로 판단해야 한다는 점(각주 : 대법원 2014. 4. 24. 선고 2012두21437 판결례 참조) 등을 고려할 때 그러한 의견은 타당하지 않습니다.

· 실무자가 챙겨야 할 사항

정비사업 현장의 실무자가 조합원 등을 상대로 한 민원 상담 시 가장 많이 사용하는 멘트 중 하나가 '조합원으로서의 권리와 의무는 새로운 소유자에게 승계된다'이다. 하지만 상기 법률해석은 정비계획 입안 제안서 제출 전의 단계에서는 정비사업과 관련하여 권리가 형성되었다고 보기 어렵다는 취지이다. 따라서 정비계획 입안 제안서를 준비하고 있는 현장 실무자라면 최종 서류 접수 전 동의서 제출자의 소유권 변경 여부를 재차 확인하는 것이 좋겠다.

조합원 소유 토지의 일부만 정비구역에 포함될 경우 나머지 땅에 대한 보상은 어떻게 해야 하나?

· **개요**

정비계획수립 단계에서 빌라의 일부 라인만 정비계획에 포함되기도 하고, 아파트 단지 일부가 그린벨트 지역에 해당한다는 이유로 대지권이 설정된 같은 단지임에도 일부 면적이 정비구역에서 제외되기도 한다. 이런 경우 어떻게 해결할 수 있을까?

· **관련 법률 발췌자료**

도시정비법 제65조(「공익사업을 위한 토지등의 취득 및 보상에 관한 법률」의 준용)

① 정비구역에서 정비사업의 시행을 위한 토지 또는 건축물의 소유권과 그 밖의 권리에 대한 수용 또는 사용은 이 법에 규정된 사항을 제외하고는「공익사업을 위한 토지등의 취득 및 보상에 관한 법률」을 준용한다. 다만, 정비사업의 시행에 따른 손실보상의 기준 및 절차는 대통령령으로 정할 수 있다.

토지보상법 제74조(잔여지 등의 매수 및 수용 청구)

① 동일한 소유자에게 속하는 일단의 토지의 일부가 협의에 의하여 매수되거나 수용됨으로 인하여 잔여지를 종래의 목적에 사용하는 것

이 현저히 곤란할 때에는 해당 토지소유자는 사업시행자에게 잔여지를 매수하여 줄 것을 청구할 수 있으며, 사업인정 이후에는 관할 토지수용위원회에 수용을 청구할 수 있다. 이 경우 수용의 청구는 매수에 관한 협의가 성립되지 아니한 경우에만 할 수 있으며, 사업 완료일까지 하여야 한다. 〈개정 2021. 8. 10.〉

· 실무자가 챙겨야 할 사항

동일인 소유의 토지 중 일부만 사업 구역에 포함되고, 사업 구역 밖의 토지만으로는 재산권 행사에 문제가 생길 경우 상기에서 살펴본 바와 같이 해당 토지 소유자가 잔여지매수 청구를 하여 조합에서 매수하는 방법으로 민원을 해결할 수 있다. 개요에서 언급한 아파트 단지 소유자들의 경우 소유하고 있는 아파트를 토대로 새로운 아파트를 분양받을 수 있기에 토지보상법에 따른 잔여지매수 청구권을 행사하여 사업 구역 밖의 땅에 대한 보상을 받는 방법으로 별다른 말썽 없이 처리할 수 있다. 하지만, 만약 빌라의 일부라인 전체가 빠지거나 혹은 사업 구역에 편입된 땅이 조합원으로서의 분양권이 인정되지 않는 땅일 경우에는 어떻게 처리해야 할까? 이런 경우에는 ① 문제가 되는 빌라라인 전체 혹은 땅 전체를 정비계획 변경을 통해 사업 구역에 포함시키거나 ② 관리처분계획수립 시 확보하는 보류지를 총회의 의결을 통해 지급하는 방법으로 해결하는 것을 검토해 볼 수 있다.

정비구역의 면적을 기존 면적 대비 10% 이내로 증가시킬 경우 조합설립변경을 위해 동의서 징구가 필요할까?

· **개요**

정비사업을 진행하다 보면 진입로 확보 혹은 처음 정비계획수립 당시부터 현지 여건을 고려하지 않고 정비구역을 지정하여 일부 필지를 추가 편입하는 경우가 발생된다. 이와 같은 정비계획 변경 절차를 거친 이후에는 조합설립변경 절차를 진행하게 되는데, 이때 새로 편입되는 지역 토지소유자들의 동의는 당연히 필요한 것으로 판단되어 이론의 여지가 없으나 기존 사업 구역 내 토지등소유자에 대해서도 동의서를 재차 징구해야 할까? 그 외 주의할 점은?

· **관련 판례 주요 내용**

대법원 2014. 7. 24. 선고 2012두13764 판결 [재건축변경결의무효확인]

주택재건축사업의 조합을 설립할 때 정비구역에 주택단지가 아닌 지역이 포함되어 있을 경우에는 주택단지에 대하여 구 도시정비법 제16조 제2항에 의한 동의를 얻는 것과 별도로 주택단지가 아닌 지역에 대하여도 같은 조 제3항에 의한 동의를 얻어야 한다(대법원 2012. 10. 25. 선고 2010두25107 판결 등 참조). 또한 조합설립인가를 받은 조합이 인가받은 사항을 변경하는 경우에도 그 변경 사항에 대하여 설립 시와 마찬가지로 법정동의율 이상의 동의를 갖추어야 하는 것이 원칙이지만, 그 변경 사항이 구 도시정비법 시행령 제27조 각 호에 규정된 경미한 사항에 해당하면 새로운 동의절차가 필요 없다. 이에 따라 사업 구역의 위치를 변경하고 그 면적을 확대하는 조합설립변경인가의 경우에도, 원칙적으로 종전 구역과 추가된 구역을 합한 전체 구역을 대상으로 하여 법정동의요건을 갖추어야 한다. 그런데 위와 같은 사업 구역의 위치 변경 및 면적 확대가 구 도시정비법 제4조의 규정에 의한 정비구역 또는 정비계획의 변경에 따라 이루어지는 경우에, 구 도시정비법 시행령 제27조제3호에 의하면 이는 경미한 사항에 해당하므로, 달리 특별한 사정이 없는 이상 기존의 조합설립에 동의한 조합원들에 대하여는 새로이 동의를 받을 필요가 없고 종전 사업 구역에 대한 동의는 변경된 사업 구역에 대한 동의로도 유효하다고 봄이 상당하다.

· 실무자가 챙겨야 할 사항

상기 판례에서 살펴본 바와 같이 조합설립 이후 일부 토지가 추가 편입되어 정비계획이 변경될 경우 우선 해당 토지의 소유자들을 대상으로 조합설립동의서를 징구하여 사업에 참여할지 여부를 확인하여야 하며, 추가편입 부지를 포함 사업 구역 전체 토지등소유자를 기준으로 하여 조합설립에 필요한 동의요건이 충족되는지 여부를 확인하여 조합설립변경 절차를 진행할 필요가 있다. 다만, 추가편입 면적이 사업 구역 면적의 10% 이내의 경미한 수준이라면 도시정비법 시행령 제31조에 의거 조합설립의 경미한 변경사항에 해당하므로 기존 사업 구역 내 조합원의 동의는 필요하지 않다 할 것이다. 다만, 이와 같은 경미한 인허가 사항에 해당된다 할지라도, 정비계획의 변경 및 그로 인한 조합설립변경 등은 각각을 총회의 안건으로 상정한 후 의결을 득하여 불필요한 법적 시빗거리를 차단할 필요가 있다.

빌라로만 구성된 단지에서 가로주택정비사업을 진행할 수 있을까?

· 개요

소규모주택정비법에 의한 사업은 가로주택정비사업과 소규모재건축 사업이 주축이며, 용어에서도 알 수 있는 바와 같이 소규모재건축사업 은 기존 세대수가 200세대 미만인 공동주택에서 진행되며 가로주택정 비사업은 노후·불량 건축물이 밀집된 10,000㎡ 미만의 지역이 그 대상 이다. 빌라로만 구성된 주택단지를 가로주택정비사업으로 진행할 수 있 을까? 이유는?

· 관련 법률 발췌자료

소규모주택정비법 시행령 제3조(소규모주택정비사업 대상 지역)

2. 가로주택정비사업 : 가로구역의 전부 또는 일부로서 다음 각 목의
   요건을 모두 갖춘 지역

   가. 해당 사업시행구역의 면적이 1만㎡ 미만일 것.

   나. 노후·불량건축물의 수가 해당 사업시행구역 전체 건축물 수의 3
   분의 2 이상일 것. 다만, 소규모주택정비 관리지역의 경우에는 100
   분의 15 범위에서 시·도조례로 정하는 비율로 증감할 수 있다.

   다. 기존주택의 호수 또는 세대수가 다음의 구분에 따른 기준 이상
   일 것

1) 기존주택이 모두 단독주택인 경우 : 10호

2) **기존주택이 모두 「주택법」 제2조제3호의 공동주택(이하 "공동주택"이라 한다)인 경우 : 20세대**

3) 기존주택이 단독주택과 공동주택으로 구성된 경우 : 20채(단독주택의 호수와 공동주택의 세대수를 합한 수를 말한다. 이하 이 목에서 같다). 다만, 기존주택 중 단독주택이 10호 이상인 경우에는 기존주택의 총합이 20채 미만인 경우에도 20채로 본다.

3. 소규모재건축사업 : 「도시 및 주거환경정비법」 제2조제7호의 주택단지로서 다음 각 목의 요건을 모두 충족한 지역

가. 해당 사업시행구역의 면적이 1만㎡ 미만일 것

나. 노후·불량건축물의 수가 해당 사업시행구역 전체 건축물 수의 3분의 2 이상일 것

다. 기존주택의 세대수가 200세대 미만일 것

〈가로주택정비사업 VS 소규모재건축〉

구분	가로주택정비사업	소규모재건축
조합설립요건	소유자 80%, 토지면적 2/3	각동별 과반수, 전체 75%
조합원 지위 양도	투기과열지구 내에서는 조합 설립 후 조합원 지위 양도 제한 (2022. 8. 4. 시행)	투기과열지구 내에서는 조합 설립 후 조합원 지위 양도 제한
재건축초과이익환수	해당 없음	적용
주택도시보증공사 사업자금 지원	가능	불가

· 실무자가 챙겨야 할 사항

상기에서 살펴본 바와 같이 사업 대상 구역의 면적이 10,000㎡ 미만이고 20세대 이상의 공동주택 단지라면 가로주택정비사업의 추진이 가능하다. 실무적으로는 주민 동의율이 높아 조합설립에 큰 문제가 되지 않는다고 판단하는 현장에서 초기 사업자금 확보의 용이성과 재건축초과이익 환수제를 피할 수 있다는 점 등을 고려하여 소규모재건축이 아닌 가로주택정비사업 방식을 선택하고 있다.

2. 사업시행계획수립

건축심의 및 사업시행계획수립을 위해 선정해야 하는 협력업체

조합설립인가를 득하게 되면 곧바로 건축심의 및 사업시행계획수립을 준비하게 되는데, 이 과정에서 수많은 협력업체를 선정하여 각 업체별로 업무를 진행하고 그 결과를 취합하여 건축심의 및 사업시행계획수립절차를 진행하게 된다. 아래의 내용은 실제 건축심의 및 사업시행계획수립을 위한 협력업체 선정 시 활용한 자료나 관련 법률이 수시로 개정되거나 신규로 제정되고 현장 여건에 따라 적용이 상이한 경우도 다수 있기에 관련 협력사의 검토를 토대로 적용할 사항과 추가할 사항을 정리한 후 협력업체 선정 업무를 준비하여야 한다.

구분	관련 법률	시기	세부내용
개발 사업의 경관심의	경관법 제27조 시행령 제19조, 20조	정비구역 지정 전	정비사업 등 개발사업 중 도시지역에서 시행하는 면적 3만㎡ 이상인 개발사업 또는 도시지역 외 지역에서 시행하는 면적 30만㎡ 이상인 개발사업은 경관위원회 심의를 거쳐야 함

구분	관련 법률	시기	세부내용
건축물 경관심의	경관법 제28조 동법 시행령 제21조	개발사업의 경관심의 시	서울특별시 경관조례 제24조(건축물의 경관심의 대상) ① 법 제28조에 따라 경관위원회의 심의를 거쳐야 하는 건축물은 다음 각 호와 같다. 〈개정 2015. 7. 30., 2018. 10. 4.〉 1. 경관지구(시가지·특화경관지구를 제외한다)의 건축물로서 높이 3층 또는 12m 초과, 건폐율 30%를 초과하여 건축하는 건축물 2. 중점경관관리구역의 건축물로서 법 제9조제1항제4호에 따라 경관계획에서 중점경관관리구역의 관리를 위하여 경관심의 대상으로 정하는 건축물 3. 지방자치단체, 「공공기관의 운영에 관한 법률」에 따른 공공기관 또는 「지방공기업법」에 따른 지방공기업이 건축하는 건축물로서 「건축법」 제11조에 따른 허가(협의) 대상 건축물 4. 제1호에서 제3호까지의 건축물에 해당하지 않는 건축물로서 「건축법 시행령」 제2조제17호 가목 및 나목에 해당하는 건축물
건축심의	건축법 제4조의2 동법 시행령 제5조의5	사업시행 계획접수 전	1. 시의원회 심의 - 건축법 제5조에 따른 건축법령의 적용 완화를 받는 건축물 - 연면적 10만㎡ 이상 또는 21층 이상 건축물 - 도시정비법 상 법적상한용적률을 확정하기 위한 건축물 - 특별건축구역 지정 및 특례적용을 받는 건축물 2. 구의원회 심의 - 건축선 지정에 관한 사항 - 연면적 합계 3,000㎡ 이상의 분양 대상 건축물 - 20세대 이상의 분양 대상 공동주택

구분	관련 법률	시기	세부내용
현황측량		사업시행 계획접수 전	
지질조사		사업시행 계획접수 전	
문화재 지표조사	매장문화재법 제6조 동법 시행령 제4조	사업시행 계획접수 전	1. 사업면적 3만㎡ 이상 2. 사업면적 3만㎡ 이하 - 과거에 매장문화재가 출토되었거나 발견된 지역에서 시행되는 건설공사 - 역사서, 고증된 기록, 관련학계 연구 검토결과 문화재가 매장되어 있을 가능성이 높은 지역에서 시행되는 건설공사 - 매장문화재 관련 전문가 2명 이상이 문화재가 매장되어 있을 가능성이 높다는 의견을 제시한 지역에서 시행되는 건설공사 - 한양도성과 한양도성 보고구역 외각 100m 이내 지역에서 시행되는 건설공사
재해영향 평가	자연재해대책법 제5조 동법 시행령 제6조	사업시행 계획접수 전	부지면적 5천㎡ 이상 또는 연장 2㎞ 이상
에너지 절약형 친환경 주택 기준	주택법 제37조, 동법 시행령 제11조, 에너지절약형 친환경주택의 건설기준 제3조	사업시행 계획접수 전	주택법 제15조에 따른 사업계획승인 대상 공동주택 (단, 리모델링은 제외)
건강친화형 주택 기준	주택법 제37조, 동법 시행령 제12조, 건강친화형 주택 건설기준 제3조	사업시행 계획접수 전	500세대 이상 공동주택
에너지 절약 설계 기준	녹색건축물 조성 지원법 제14조 및 동법 시행령 제10조	사업시행 계획접수 전	연면적 합계 500㎡ 이상

구분	관련 법률	시기	세부내용
소음예측 보고서	주택건설기준등에 관한 규정 제9조제2항	사업시행 계획접수 전	주택건설사업계획승인 공동주택은 의무대상. 소음예측 및 실측 반영 필수
교통영향 평가	도시교통정비촉진법 제15조	사업시행 계획인가 전	도시 및 주거환경정비법에 따른 정비사업의 경우 사업면적 2만5천㎡ 이상
환경영향 평가	환경영향평가법 제22조, 42조 시행령 제31조, 58조	사업시행 계획인가 전	1. 환경부장관 협의 대상 - 사업면적 30만㎡ 이상 2. 서울특별시장 협의 대상 - 사업면적 9만㎡ 이상 30만㎡ 미만 3. 경기도 협의 대상 - 사업면적 15만㎡ 이상 30만㎡ 미만
교육환경 영향평가	교육환경보호에관한법률 제6조, 8조 시행령 제16조 학교용지 확보등에 관한 특례법 제3조	사업시행 계획인가 전	학교 또는 교육환경보호구역 - 교육환경보호구역 ① 절대보호구역 : 학교출입문으로부터 직선거리로 50㎡까지인 지역(학교 설립 예정지의 경우 학교경계로부터 직선거리 50m까지인 지역) ② 상대보호구역 : 학교경계 등으로부터 직선거리로 200m까지인 지역 중 절대보호구역을 제외한 지역
건축물 안전영향 평가	건축법 제13조의2 시행령 제10조의3	사업시행 계획인가 전	1. 초고층 건축물(50층 이상 또는 높이 200m 이상) 2. 16층 이상이고 연면적 10만㎡ 이상인 건축물
지하안전 영향평가	지하안전관리에 관한 특별법 제14조 시행령 제13조, 14조	사업시행 계획인가 전	도시정비법 제2조제2호에 따른 정비사업 중 굴착 깊이가 20m 이상인 굴착공사를 수반하는 사업
소규모 지하안전영향평가	지하안전관리에 관한 특별법 제14조 시행령 제13조, 14조	사업시행 계획인가 전	도시정비법 제2조제2호에 따른 정비사업 중 굴착 깊이가 10m 이상 20m 미만인 굴착공사를 수반하는 사업

구분	관련 법률	시기	세부내용
장수명주택 인증	주택법 제38조, 주택건설기준 등에 관한 규정 제65조의2, 장수명주택 건설, 인증기준 제3조	사업시행계획인가 전	1,000세대 이상 공동주택(일반등급 이상 인정 필수)
교육환경보호계획 협의	도시정비법 제9조, 52조 및 교육시설법 제2조 및 동법 시행령 제2조	사업시행계획인가 전	정비구역
수질오염총량제	오염총량관리 기본방침 제2조, 27조	사업시행계획인가 전	1. 주택법에 따른 20세대 이상의 공동주택 2. 환경영향평가법 제2조제4호에 따른 환경영향평가 등의 대상사업
외부회계 감사		사업시행계획인가 고시일로 부터 20일이내	사업시행인가 고시 예정일 전에 지자체와 협의 후 선정 절차 선진행 필요
결로방지 설계기준	주택건설기준 등에 관한 규정 제14조, 공동주택 결로 방지를 위한 설계기준 제7조	착공신고 시	500세대 이상 공동주택
녹색건축 인증/ 에너지 효율등급	주택법 제39조 시행령 제58조	예비인증 : 입주자모집 공고 전 본인증 : 준공인가 전	녹색건축물 조성 지원법 제16조 녹색건축 인증에 관한 규칙 녹색선축 인증 기준 경기도 녹색건축물 설계기준 그린4(일반) 등급 이상
건축물 에너지 효율등급	주택법 제39조 시행령 제58조	예비인증 : 입주자모집 공고 전 본인증 : 준공인가 전	녹색건축물 조성 지원법 제17조 건축물 에너지 효율등급 인증 및 제로에너지건축물 인증에 관한 규칙 제로에너지건축물 인증 기준 건축심의, 허가대상(냉방 또는 난방면적 500㎡ 이상 건축물) 경기도 녹색건축물 설계기준 3등급 이상

구분	관련 법률	시기	세부내용
장애물 없는 생활환경 인증	장애물 없는 생활 환경 인증에 관한 규칙 제2조, 6조	예비인증 : 준공인가 신청 전 본인증 : 준공인가 신청 후	공동주택

가로주택정비사업의 건축심의를 위한 총회 시 사업비가 늘어날 것으로 예상될 경우 대처 방안은?

· 개요

소규모주택정비법은 일반 재개발 재건축과 달리 건축심의를 신청하기 전 총회의 의결을 득하도록 정하고 있으며, 정비사업비가 100분의 10 이상 늘어나는 경우에는 조합원 3분의 2 이상의 찬성으로 의결해야 한다고 정하고 있다. 하지만, 현재의 소규모주택정비법이나 조례에서는 건축심의 신청 시 필요한 서류로 정비사업비와 관련된 서식을 제시하고 있지 않은바, 어떻게 준비해야 할까?

· 관련 유권해석 주요 내용

국토교통부 2022. 8. 2. 2AA-2207-0439125

가로주택정비사업 건축심의 신청 전, 정비사업비 증액에 따른 총회의결 관련 문의

귀하께서 문의하시는 정비사업비 증액의 경우, 상기 규정 제2호에 해당되어 조합 총회의결을 거쳐야 할 것으로 판단됩니다. 다만, 해당 내용에 대한 관련 서식은 동법에서 별도 정하고 있지 않으며, 시·도 조례에도 별도 정하고 있지 않을 경우, 인허가권자인 관할 지자체와 협의하여 총회의결을 거쳤다는 증빙서류 등으로 대체가 가능할 것으로 판단됨을

알려 드립니다.

· 실무자가 챙겨야 할 사항

일반 정비사업과 달리 가로주택정비사업의 경우 조합설립 후 건축심의를 신청하기 위해서는 총회를 개최하여야 한다. 다만, 아직까지는 관련 규정이 미비하여 건축심의 절차를 진행하기 위한 총회에서 구체적으로 의결을 득해야 할 내용이 미비한바 조합설립인가 당시 대비 사업비가 10% 이상 늘어날 것으로 예상되는 경우 조합설립 당시 대비 자금계획 비교표를 건축심의 관련 안건 자료에 첨부하는 것을 검토해 보는 것이 타당하다. 다만 현장의 여건상 심의과정에서 어떻게 변경될지 모를 건축계획을 토대로 자금계획 변경(안)을 제시하는 것이 어렵다고 판단될 경우 관할 지자체와의 사전협의를 통해 자금계획 관련 내용을 생략하고 총회를 진행한 후 건축심의 절차를 진행하고 이후 진행될 사업시행계획수립을 위한 총회에서는 조합원 3분의 2 이상의 찬성으로 의결하는 것을 목표로 총회를 진행할 필요가 있다.

계단실과 같은 주거 공용면적 일부를 변경할 경우에도 반드시 총회를 개최해야 하는가?

· **개요**

사업시행계획인가 및 관리처분계획수립 완료 후 이주를 진행하게 되면 설계에서는 착공을 위한 도서를 준비하게 되며 이 과정에서 설계변경이 빈번하게 발생하게 된다. 뿐만 아니라 공사 진행과정에서도 수차례 설계변경을 진행하게 되는바, 주거 공용면적을 일부 변경하는 경우에도 반드시 총회를 개최하여야 할까? 이에 대한 대응 방안은?

· **관련 유권해석 주요 내용**

법제처 21-0686, 2021. 12. 29.

공동주택의 공용부분인 계단실의 면적을 변경하는 것이 사업시행계획인가의 경미한 사항의 변경에 해당하는지 여부(「도시 및 주거환경정비법 시행령」 제46조제4호 등)

도시정비법 시행령 제46조제4호에서는 변경 범위를 "세대당 주거전용면적"의 변경 없이 "세대당 주거전용면적"의 10%의 범위에서 변경하는 것으로 규정하여 세대 내의 주거전용면적만을 변경의 판단기준으로 고려하고 있는 점에 비추어 보더라도, 경미한 사항의 변경에 해당하기 위한 요건으로서 주거전용면적의 10%의 범위에서 변경할 수 있는 "면적"

을 "세대 내부구조의 면적"이 아닌 "세대 내부와 관계없는 외부 공용부분의 면적"으로까지 확장하여 해석할 수는 없다고 할 것인바, 해당 규정은 세대당 주거전용면적의 10%의 범위에서 세대 내부구조의 면적을 변경하되, 세대당 주거전용면적은 변경되지 않도록 세대 내부구조의 면적을 상호 조정하여 변경하는 것을 경미한 사항의 변경으로 규정하였다고 해석하는 것이 합리적입니다.

· 실무자가 챙겨야 할 사항

상기 법제처 유권해석에서 살펴볼 수 있는 바와 같이 법령의 문구를 조금만 벗어나도 경미한 변경이 아닌 것으로 간주하여 총회를 개최한 후 사업시행계획 변경 절차를 진행해야 함을 알 수 있다. 한편 실무상으로는 착공도서 준비 과정이나 공사 진행과정에서 설계개요의 변경은 거의 대부분의 현장에서 발생하고 있으므로 이주 · 철거 이후 진행되는 정기총회를 계획할 때에는 반드시 설계 관련 협력업체에 사업시행계획상 변경 사항이 있는지, '중대한 변경'으로 간주하여 업무처리를 해야 하는지 여부를 확인하여 총회계획에 반영할 필요가 있으며, 설계업체 및 시공사 설계팀과의 사전협의를 통해 이와 같은 '중대한 변경' 사항이 발생될 경우에도 인허가 절차의 번거로움을 들어 한 번에 반영될 수 있도록 할 필요가 있다.

입주자모집 공고 후 사업시행계획 변경 시 입주예정자에게도 통지해야 할까?

· 개요

사업시행계획인가를 득한 이후 이를 토대로 수립한 관리처분계획에 대한 인가절차가 종료되면 이주 및 철거업무가 시작되며 이 기간 동안 착공도서를 준비하며 일반분양절차도 진행하게 되며 이후 본격적인 공사가 진행된다. 통상 공사를 진행하다 보면 현장여건에 따라 사업시행계획이 변경되는 것이 다반사인데 이런 내용을 입주예정자에게도 통지해야 할까?

· 관련 법률 발췌자료

주택법 시행규칙 제13조(사업계획의 변경승인신청 등)

② 사업계획승인권자는 법 제15조제4항 본문에 따라 사업계획 변경승인을 하였을 때에는 별지 제16호서식의 승인서를 신청인에게 발급하여야 한다.

④ 사업주체는 입주자모집공고를 한 후 제2항에 따른 사업계획 변경승인을 받은 경우에는 14일 이내에 문서로 입주예정자에게 그 내용을 통보하여야 한다.

· 실무자가 챙겨야 할 사항

재개발 · 재건축사업은 도시정비법에 의해 진행되는 사업이며, 주택법에서 규정하고 있는 사업계획승인에 대해서는 사업시행계획수립 시 의제처리되기에 관련업계 종사자들 사이에서 주택법에서 정하고 있는 세부적인 사항은 관심도가 떨어지는 것이 사실이다. 조합원들의 경우 이사회나 대의원회 그리고 사안에 따라 총회의 의결을 통해 사업시행계획 변경 내용에 대해 보고받고 의결을 진행하며 인허가 관련 자료는 소식지나 조합 게시판, 총회 회의자료 등을 통해 확인할 수 있기에 큰 문제가 되지 않지만 일반분양자들의 경우 사업진행과정에서 발생하는 각종의 인허가 변경내역을 알 수 없다. 실무적으로 모든 사안에 대해 다 일반분양자에게 통지하는 것은 어려울지라도 만약, 사업시행계획의 변경 내용이 중요한 사안이라면 일반분양자에게도 그 내용을 통지하여 불필요한 분쟁과 민원을 사전에 대비할 필요가 있다.

사업 구역과 무관한 기부채납을 강요하는 사업시행인가 조건, 해결 방안은?

· 개요

사업시행계획수립 과정에서 사업 구역이 아님에도 불구하고 토지를 매입하여 기부채납하라는 조건이 부여되기도 하는데, 조합으로서는 강제적으로 토지를 확보할 방법이 없기에 매우 난감하다. 이런 조건은 반드시 이행해야 할까?

· 관련 판례 주요 내용

대법원 2017. 8. 24. 선고 2014다206709 판결 [손해배상(기)]

원심은 그 판시와 같은 사정을 들어, 이 사건 부담의 이행으로 체결한 이 사건 각 매매계약은 피고가 사업시행인가 및 변경인가의 대가관계에서 금전의 증여 또는 기부를 요구한 것으로 볼 수 없으므로 민법 제103조에 의해 무효라고 볼 수 없고, 이 사건 부담이나 이 사건 각 매매계약이 강행법규에 위반하여 무효라고 보기도 어렵다는 취지로 판단하였다.

관련 법리와 기록에 비추어 살펴보면, 위와 같은 원심 판단에 채증법칙을 위반하여 사실을 오인하거나, 국토계획 및 이용에 관한 법률 또는 공유 재산 및 물품관리법 등 관련 법령을 위반하거나, 판단을 누락하는 등으로 판결에 영향을 미친 잘못이 없다.

· 실무자가 챙겨야 할 사항

정비계획수립 과정이나 사업시행계획수립 과정에서 사업 대상 구역과 무관한 토지를 매입하여 기반시설이나 공공청사 등을 확보하라는 조건이 부여될 경우 이를 이행하지 않으면 준공처리가 되지 않기에 매우 난감한 상황이 발생된다. 사례의 조합은 이런 점을 알았기에 우선은 행정청의 인허가 조건대로 사업을 완료한 이후 소송을 제기한 사례인데 손해배상 요구도 부당이득반환청구도 모두 불가하다는 취지의 대법원 판례이며, 이와 유사한 판례가 다수 있다. 따라서 인허가 과정에서 사업 대상 구역과 무관한 지역의 토지를 매입해야 하는 상황이 발생한다면 관련협력사를 통해 인허가에 조건에 포함되지 않도록 지자체와 협의를 진행할 필요가 있으며 불가피할 경우 차선책으로 해당 지역을 정비계획에 포함해 줄 것을 요청하여야 한다. 만약 대상 부지가 정비계획에 포함되지 못한다면 당사자와의 협의절차 진행이 매우 어려울 수밖에 없으며 자칫 장기 미준공 상태로 남을 수도 있다.

매도청구 소송의 타이밍을 놓쳤을 경우의 해결 방법은?

· 개요

도시정비법 제64조에서는 사업시행인가 고시일로부터 30일 이내에 매도청구 소송을 제기하도록 정하고 있다. 사업을 진행하다 보면 갑작스런 경기 침체 등으로 인해 매도청구 소송을 제기하지 못하는 경우도 발생되는데 이런 경우의 해결 방법은?

· 관련 판례 주요 내용

대법원 2012. 12. 26. 선고 2012다90047 판결 [소유권이전등기등]

원심판결 이유에 의하면, 원심은 그 판시와 같은 이유를 들어 최초 조합설립에 필요한 동의서를 징구하는 것과 동일한 방법으로 새로운 동의 요건을 갖추어 서울특별시 서대문구청장으로부터 조합설립변경인가를 받은 원고는 특별한 사정이 없는 한 이에 기하여 미동의자인 피고들을 상대로 매도청구권을 행사할 수 있다고 판단한 다음, 피고들이 주장하는 사정만으로는 원고의 매도청구권 행사가 신의성실의 원칙에 반한다고 볼 수 없고, 달리 원고의 매도청구권 행사가 매도청구권의 행사기간을 정한 도시정비법 및 집합건물법의 규정을 잠탈하여 매도청구의 상대방인 피고들 소유 매수대상의 시가가 가장 낮아지는 시기를 임의로 정하기 위한 목적으로 이루어졌다는 등 그 행사가 현저히 부당하다고 볼 자료를 찾아보기 어렵다는 이유로 원고의 매도청구권 행사가 신의성실의 원칙에 반한다는 피고들의 주장을 배척하였다.

앞서 본 법리와 기록에 비추어 살펴보면 원심의 위와 같은 판단은 정당한 것으로 수긍이 가고, 거기에 상고이유의 주장과 같은 도시정비법상 조합설립변경동의와 조합설립변경인가처분, 매도청구권, 신의성실의 원칙에 관한 법리오해, 심리미진 등의 위법이 없다.

· 실무자가 챙겨야 할 사항

사업시행계획에 대한 고시가 완료된 이후에도 감정평가절차를 거쳐 분양신청 및 관리처분계획수립 시까지 짧게는 6개월에서 길게는 1년 정도의 기간이 필요하고 실제 이주완료시까지도 상당한 기간이 필요하기에 만약 사업시행인가 완료시점에서 부동산경기 침체가 심각한 상황이라면 섣부른 매도청구 소송으로 자칫 금융비용만 과다하게 발생할 수 있기에 매도청구 소송을 늦추는 것을 검토할 수 있다. 특히 2018. 2. 9. 전부개정 도시정비법 시행 전에는 조합설립인가 후 매도청구 소송을 진행해야 했기에 부동산 침체기를 겪은 많은 조합들이 이런 고민에 빠진 바 있다. 사례에서는 새로이 동의서를 징구하고 총회의 결의를 거쳐 조합설립변경인가를 받은 후 매도청구권을 행사하여 적법성을 인정받은 바 있다. 따라서, 만약 현재 시점에서 사업시행인가 이후에도 매도청구 소송을 제기하지 못할 상황이라면, 상기의 판례를 활용하여 사업시행계획 변경 절차를 거쳐 매도청구 소송을 제기하는 방법으로 미동의자 소유 부동산에 대한 소유권 확보 방안을 검토할 필요가 있다.

사업시행계획인가 시
수용·사용 명세는 반드시 고시해야 할까?

· 개요

사업 구역이 큰 현장은 수용 또는 사용할 토지등의 명세가 매우 길어 인허가 담당자들이 고시를 생략하는 경우가 발생한다. 이럴 경우 예상되는 문제점은?

· 관련 판례 주요 내용

대법원 2009. 11. 26. 선고 2009두11607 판결 [재결취소처분]

도시계획사업허가의 공고 시에 토지세목의 고시를 누락하거나 사업인정을 함에 있어 수용 또는 사용할 토지의 세목을 공시하는 절차를 누락한 경우, 이는 절차상의 위법으로서 수용재결 단계 전의 사업인정 단계에서 다툴 수 있는 취소사유에 해당하기는 하나 더 나아가 그 사업인정 자체를 무효로 할 중대하고 명백한 하자라고 보기는 어렵고, 따라서 이러한 위법을 들어 수용재결처분의 취소를 구하거나 무효확인을 구할 수는 없다(대법원 1988. 12. 27. 선고 87누1141 판결, 대법원 2000. 10. 13. 선고 2000두5142 판결 등 참조).

· 실무자가 챙겨야 할 사항

사업시행인가 이후 관리처분계획수립 단계에서 분양신청서를 제출하지 않거나 관리처분계획에 의해 분양권을 인정받을 수 없는 자들은 현금청산 대상자가 되어 보상을 위한 협의를 진행하게 되며, 협의가 원만하게 진행되지 않을 경우 공익사업법에서 정한 바에 따른 수용재결 절차를 진행하게 된다. 하지만, 사업시행인가 고시문에 수용·사용 명세가 누락되어 있다면 수용재결을 담당하는 지방토지수용위원회에서 서류의 접수조차 받아 주지 않게 되므로 반드시 수용·사용 명세가 고시문에 첨부될 수 있도록 사전에 확인하여야 한다. 상기의 판례에서는 이와 같이 수용·사용 명세가 누락되었다 하여도 수용·재결처분을 취소하거나 무효로 할 이유는 없다는 취지로 판단하고 있으나, 이는 토지수용 실무상 허용되기 어려운 실정이기에 만약 사업시행인가 고시문상 명세서가 누락되어 있다면 관할 지자체 담당자에게 이를 첨부하여 정정고시를 해 줄 것을 요청하거나 사업시행계획의 경미한 변경으로 처리해 달라고 요청하여 분쟁거리를 차단할 필요가 있다.

사업 구역 밖에 도로나 공원을 만들어 기부채납하라는 인허가 조건, 무조건 수용해야 할까?

· 개요

정비사업 구역의 현장 여건에 따라 사업시행계획수립단계 혹은 정비계획수립 단계에서 사업 구역 밖의 토지를 확보하여 진입도로를 확보하라거나 공원을 조성하라는 인허가 조건이 부여되기도 한다. 조합의 입장에서는 토지소유권 확보가 어렵고 이 기부채납으로 인해 특별히 혜택을 받을 일도 없기에 당황스러울 수밖에 없는데… 이런 인허가 조건은 반드시 이행해야 할까?

· 관련 판례 주요 내용

서울고등법원 2014. 2. 13. 선고 2013나2012783 판결 [손해배상(기)]

수익적 행정행위는 법령에 특별한 근거규정이 없더라도 그 부관으로서 부담을 붙일 수 있으나, 그러한 부담은 비례의 원칙, 부당결부금지의 원칙에 위반되지 않아야 적법하다(대법원 1997. 3. 11. 선고 96다49650 판결 참조). (중략) 원고와 같은 주택재건축사업의 사업시행자는 정비구역 안에 있는 정비기반시설을 설치할 의무를 부담하지만(구 도시정비법 제64조제1항), 이 사건 부담에 의하여 원고가 그 설치의무를 부담하는 공원과 주차장 및 그 부지인 이 사건 시유토지는 원고의 정비구역 밖에 위치하여 원고는 원칙적으로 그 설치의무를 부담하지 않는다. (중략) 피고로서는 원고로 하여금 이 사건 시유토지를 무상으로 사용하면서 그 위에 공원, 도로, 주차장 등 기반시설을 설치하도록 하는 부담을 부과하는 방법으로도 이 사건 공동합의서의 목적을 달성할 수 있을 것으로 보임에도, 사업시행인가 조건으로 이 사건 시유토지를 매수하도록 하고, 사업시행인가변경조건을 통해 기반시설 설치 후 피고에게 무상 귀속시키도록 하는 이 사건 부담을 부과하였다. 원고가 이 사건 부담의 이행을 위하여 이 사건 시유토지 매수비 및 기반시설 설치비 등으로 지출한 비용이 약 304억 원에 달하는데, 뒤에서 보는 바와 같은 원고의 재건축사업규모를 감안하더라도 결코 적은 금액이 아니다. (중략) 위와 같은 이 사건 부담의 경위나 내용 등을 종합하면, 이 사건 부담은 원고가 부담하지 않거나 부담하여야 할 부분을 초과하여 부담하게 되는 것을 그 내용으로 하고 있어 부당결부금지의 원칙 및 비례의 원칙에 위반된다고 봄이 타당하다.

· 실무자가 챙겨야 할 사항

정비계획수립 단계나 사업시행계획수립 단계에서 상기와 같은 인허가 조건이 부여되었다면 당장 관리처분계획수립 단계에서부터 이와 같은 인허가 조건을 이행할 구체적인 방안이 포함되어 있지 않음을 이유로 추가적인 인허가가 거부될 수 있으며, 설령 이 단계를 무사히 넘긴다 하더라도 준공 시점에서 해당 조건들이 이행되지 않는다면 장기 미준공 상태로 남을 수도 있다. 따라서, 정비계획수립이나 사업시행계획수립 시 진행되는 관련 부서 협의 과정에서 이런 의견이 있는 것으로 파악되면 관련 협력사와 함께 적극 대응하여 인허가 조건문에 포함되지 않도록 노력하는 것이 필요하며, 그런 노력에도 불구 인허가 조건이 부여된다면 우선은 부여된 조건에 충실하게 사업을 진행하는 것이 현명하다. 다만, 사업이 종료된 후에는 상기의 판례 등을 참조하여 현저하게 불합리한 인허가 조건이었다고 판단된다면 소송을 제기하여 손해를 보상 받는 것도 방법이라 하겠다.

사업시행계획수립 시
중앙토지수용위원회 협의가 필요하다?

· **개요**

조합에서 수립한 사업시행계획서가 관할 지자체로 접수되면 1차적으로 담당자 검토를 거친 후 관계 부서 협의를 거치게 되는데, 그 협의 대상 중 하나가 중앙토지수용위원회(이하 '중토위'라 한다.)이다. 유의할 점은 무엇이 있을까?

· **관련 법률 발췌자료**

토지보상법 제21조(협의 및 의견청취 등)

② 별표에 규정된 법률에 따라 사업인정이 있는 것으로 의제되는 공익사업의 허가 · 인가 · 승인권자 등은 사업인정이 의제되는 지구지정 · 사업계획승인 등을 하려는 경우 제1항에 따라 제49조에 따른 중앙토지수용위원회와 협의하여야 하며, 대통령령으로 정하는 바에 따라 사업인정에 이해관계가 있는 자의 의견을 들어야 한다. 〈신설 2015. 12. 29. 2018. 12. 31.〉

③ 제49조에 따른 중앙토지수용위원회는 제1항 또는 제2항에 따라 협의를 요청받은 경우 사업인정에 이해관계가 있는 자에 대한 의견 수렴 절차 이행 여부, 허가 · 인가 · 승인대상 사업의 공공성, 수용의 필요성, 그 밖에 대통령령으로 정하는 사항을 검토하여야 한다.

〈신설 2015. 12. 29. 2018. 12. 31.〉

토지보상법 시행령 제11조(의견청취 등)

③ 시장·군수 또는 구청장은 제2항에 따라 송부된 서류를 받았을 때에는 지체 없이 다음 각 호의 사항을 시(행정시를 포함한다)·군 또는 구(자치구가 아닌 구를 포함한다)의 게시판에 공고하고, 공고한 날부터 14일 이상 그 서류를 일반인이 열람할 수 있도록 하여야 한다.

1. 사업시행자의 성명 또는 명칭 및 주소

2. 사업의 종류 및 명칭

3. 사업예정지

토지보상법 시행령 제11조의2(검토사항)

법 제21조제3항에서 "대통령령으로 정하는 사항"이란 다음 각 호의 사항을 말한다.

1. 해당 공익사업이 근거 법률의 목적, 상위 계획 및 시행 절차 등에 부합하는지 여부

2. 사업시행자의 재원 및 해당 공익사업의 근거 법률에 따른 법적 지위 확보 등 사업수행능력 여부 [본조신설 2019. 6. 25.]

· 실무자가 챙겨야 할 사항

사업시행계획수립을 위한 관련부서 협의 시 중토위와의 협의를 강제하는 규정은 2015년 12월 29일 처음 도입된 바 있으나, 그로부터 약 7년이 지난 시점에서도 이를 누락하여 관리처분인가 후 이주단계에서 진행

되는 수용재결 신청이 반려되는 사례가 간간이 발생하고 있다. 따라서 공익사업법이 준용되는 재개발 정비사업 현장에서는 중토위 협의를 놓치지 않고 챙기는 것이 가장 중요하다 하겠다. 아울러, 도시정비법에 따라 사업시행계획수립을 위해서는 주민의견 공람절차를 거치게 되는데, 이때 공고문 등에 "도시 및 주거환경정비법 제56조 및 같은 법 시행령 제49조"에 따라 공고한다고 명시하여 중토위 보완 지시에 따라 재차 공람하는 경우도 빈번하게 발생된다. 따라서 공람절차 진행 시에는 "공익사업을 위한 토지등의 취득 및 보상에 관한 법률 제21조 및 같은 법 시행령 제11조의 규정에 따라 공고한다"는 문구를 추가하여 재공람으로 시간을 허비하는 일이 없도록 조치하여야 한다.

3. 관리처분계획수립

조합이 임대아파트에 대한 취득세를 내야 할까?

· 개요

2003년 도시정비법 시행 이후 정비사업의 시행으로 건설하게 될 임대주택은 공공기관에 매각하게 되는 점, 체비지로 볼 수 있는 점 등을 고려하여 암묵적으로 취득세를 납부하지 않았으나, 2017년즈음부터 하나둘 부과하는 사례가 나타나게 되었으며 사업규모에 따라 상당한 금액이 될 수 있기에 주의가 필요하다. 이에 대한 대응방법은?

· 관련 판례 주요 내용

서울행정법원 2019. 10. 11. 2019구합54573 [경정청구거부처분취소청구]

원고는 구 지방세특례제한법 제74조제1항이 정하고 있는 '사업시행자'에 해당하므로, 원고가 취득한 이 사건 임대주택이 위 규정에서 정한 '체비지 또는 보류지'에 해당하여야 위 규정에 따라 취득세를 면제받을 수 있는바, 원고가 이 사건 임대주택을 관리처분계획상 체비지 또는 보류지로 지정하지 아니하였음은 당사자들 사이에 다툼이 없거나 앞서 거시한 증거들에 의하여 인정되므로, 앞서 본 법리 및 규정에 비추어 이 사건 임대주택은 체비지에 해당한다고 할 수 없다. (중략)

구 도정법령이 '임대주택'과 '일반분양분'을 구분하여 규정하고 있는 점, 토지등소유자와 승계취득자에 대해서도 청산금에 상당하는 부동산 해당 부분은 과세하는 점, 특혜규정인 구 지방세특례제한법 제74조제1항은 엄격하게 해석하여야 하는 점 등에 비추어 볼 때 이 사건 임대주택에 관하여 구 지방세특례제한법 제74조제1항을 적용하지 않는 것이 합리적 이유 없이 같은 것을 달리 취급하는 것으로서 평등원칙 위반에 해당한다고 보기도 어렵다.

· 실무자가 챙겨야 할 사항

관리처분계획수립단계에서 임대아파트에 대한 취득세를 고려하지 않을 경우 입주단계에서 조합원들에게 추가부담금을 요구해야 할 상황이 발생할 수도 있다. 따라서 관리처분계획수립 단계에서 법무사, 세무사 등 관련 협력업체를 통해 예상되는 취득세 금액을 확인하여 자금계획에 반영할 필요가 있다. 아울러, 관리처분계획 기준 및 자금계획 부분 중 임대주택과 관련된 부분의 항목명칭을 '임대주택(체비지)' 형태로 기재하여 취득세 납부 대상이 아님을 과세 당국에 주장해 볼 필요가 있으며, 받아들여지지 않을 경우에는 이전고시 절차 완료 후 취득세 환급 소송 진행을 고려해 볼 수 있다.

현금청산자에게 정비사업비를 공제하기 위한 방법은?

· 개요

분양신청 단계에서 부동산경기가 침체할 경우 현금청산 희망자가 급격히 늘어나게 되며 이로 인해 자칫 사업이 무산될 수도 있기에 대부분의 조합들이 정관이나 관리처분계획기준에 조합원 지위를 상실하게 되는 현금청산자에게 조합원 지위 상실시점까지의 정비사업비를 부담시키기 위한 규정들을 반영해 두는데, 과연 그 실효성은?

· 관련 판례 주요 내용

대법원 2021. 8. 19. 선고 2020다243532 판결 [청산금지급]

재건축조합이 조합원 지위를 잃고 현금청산 대상자가 된 사람에게 그때까지 발생한 정비사업비를 나누어 부담시킨다는 정관 규정이나 총회결의에는, 부담시킬 비용의 발생 근거, 분담 기준과 내역, 범위 등이 구체적으로 정해져 있어야 한다. 분담액을 미리 가늠하기 어려운 추상적인 정관 규정이나 총회결의만으로 현금청산금에서 사업비용을 공제하여 지급할 수는 없다(대법원 2021. 4. 29. 선고 2017두48437 판결 참조) (중략) 피고가 총회에서 의결한 관리처분계획 조항은 현금청산 대상자가 부담하여야 할 비용 항목과 부담 기준 등을 구체적으로 정하지 않은 채 추상적으로 현금청산금에서 정비사업비를 공제할 수 있다고만 규정하고 있을 뿐이어서 분담할 금액을 가늠하기 어렵다. 따라서 피고는 이러한 관리처분계획 조항을 근거로 현금청산금에서 정비사업비 일부 금액을 공제할 수는 없다.

· 실무자가 챙겨야 할 사항

정비사업에 종사하는 동안 2008년 글로벌 금융위기를 비롯 몇 차례의 부동산시장 침체기를 겪으며 현금청산자가 급증하는 상황을 몇 차례 경험한 이후 용역업무를 수행해 온 대부분의 조합정관에 사례조합과 같이 조합원 지위를 상실하게 되는 현금청산자에게 조합원 지위 상실시점까지의 정비사업비를 부담시키기 위한 규정들을 마련하였으나 실제 현금청산자에게 이를 받아 내기는 어려운 것이 현실이며 2022년 12월 현재까지도 그런 사례를 들어 본 적은 없다. 다만, 이와 같은 규정들은 조합설립에 동의하였다가 이탈하려는 조합원들에게 심리적인 압박을 줄 수 있다는 점에서는 여전히 유효한 규정인바, 정관에 이런 내용이 누락되어 있다면 개정해 두는 것이 좋을 것으로 판단되며, 기왕에 개정작업을 진행한다면 보다 구체적인 기준을 기재하여 실제 부과될 경우 분쟁이 생기지 않도록 조치할 필요가 있다.

동일인이 하나의 물건은 다른 사람과 공유로, 그리고 또 다른 물건을 단독으로 소유하고 있을 경우의 분양권은?

· 개요

정비구역 내 동일 세대원이 아닌 갑과 을이 A 주택을 공동으로 소유하고 있고 갑은 B 주택을 단독으로 소유하고 있는 경우, 관리처분계획수립 단계에서 갑의 분양권에 대해서는 아무런 고민할 이유가 없지만, 을의 분양권에 대해서는 고민스러운 것이 사실임. 이런 경우의 분양권 설계 방법은?

· 관련 유권해석 주요 내용

법제처 21-0412, 2021. 12. 29. 민원인

관리처분계획수립 시 종전 주택의 소유형태에 따른 주택 공급 기준 (「도시 및 주거환경정비법」 제76조제1항제6호 등)

도시정비법 제76조제1항제6호에서는 "1세대 또는 1명이 하나 이상의 주택을 소유한 경우"와 "같은 세대에 속하지 않은 2명 이상이 1주택을 공유한 경우"를 각각 구분하여 주택 공급기준을 정하면서 둘 이상의 주택을 소유 또는 공유한 자가 일부 겹치기는 하지만 동일하지 않은 경우의 주택 공급방법에 대해서는 별도로 규정하고 있지 않으므로, 해당 공급기준은 주택을 소유한 자와 공유한 자가 겹치는지 여부와는 상관없이

주택 공급 대상자가 소유하거나 공유한 종전의 주택이나 토지를 기준으로 1명이 소유한 경우와 여러 명이 공유한 경우를 구분하여 각각 적용되는 것으로 해석하는 것이 위와 같은 규정 체계에 부합하는 해석입니다.

· 실무자가 챙겨야 할 사항

재건축사업의 경우 비교적 소유형태가 간단하나 재개발사업의 경우 사례의 경우보다 복잡한 경우도 허다하다. 또한, 과거에는 인허가권자의 검토만으로 관리처분인가를 득할 수 있었으나 현재는 거의 대부분의 지자체에서 한국부동산원에 관리처분계획의 타당성 검토를 의뢰하고 있는 실정인바, 사례의 케이스를 포함, 조금이라도 소유형태가 특이하여 조합원 자격여부 및 분양 대상자 인정 여부가 애매할 경우에는 관련 자료 정리 후 관계 기관과의 사전협의를 거쳐 인허가를 진행할 필요가 있다. 사례의 케이스에서는 단독으로 소유하고 있는 물건뿐만 아니라, 다른 사람과 공유하고 있는 물건에 대해서도 조합원 자격과 분양권을 각각 인정 가능하다.

분양신청 통지를 못 받았다며
분양 대상자 지위를 인정해 줄 것을
요청하는 민원에 대한 대처 방안은?

· 개요

정비사업에 대한 확신이 없어 분양신청절차가 진행됨을 인지하고 있었음에도 조합에서 통지한 기간 내에 분양신청서를 제출하지 않다가 관리처분계획인가가 완료된 이후 조합원 분양권이 가격이 오르는 것을 보며 뒤늦게 본인은 분양신청 통지를 받지 못했다며 분양권을 추가로 인정해 달라고 민원을 제기하거나 소송을 제기하는 사례가 가끔 발생한다. 이에 대한 대비책은?

· 관련 판례 주요 내용

의정부지방법원 2022. 1. 18. 선고 2021구합383 [주택재개발 분양거부처분 취소]

피고는 정관에 따라 피고의 조합원 명부에 기재되어 있던 원고의 기존 주소지로 분양신청 안내문을 등기우편으로 2회 발송하였으나 모두 반송되었고, 이후 재차 등기부등본상 기재되어 있는 원고의 주소지로 분양신청 안내문을 일반우편으로 1회 발송하였던 사실, 또한 피고는 이 사건 정비구역 인근에 분양신청 실시에 관한 현수막을 게시하고, 일간지에도 분양신청서 접수 공고를 한 사실, 이후 피고는 분양신청 연장 접수

안내문을 원고의 기존 주소지로 등기우편으로 발송하였으나 이 역시 반송되었고 다시 원고의 등기부등본상 주소지로 일반우편으로 발송한 사실이 각 인정된다. 이에 의하면, 피고로서는 원고에게 분양신청 안내문을 등기우편으로 원고의 기존 주소지로 발송하고 이것이 반송된 후 다시 일반우편으로 발송함으로써 원고에 대한 통지를 적법하게 하였다. 나아가 피고가 정관에서 정하고 있는 방법 외에 원고의 연락처, 실제 주소지를 다시 확인하여 통지해야 한다거나, 그 통지가 원고에게 실제 도달하여야만 비로소 유효한 통지가 되는 것은 아니다.

· 실무자가 챙겨야 할 사항

분양신청 안내를 받지 못했다며 조합을 상대로 소송이 진행되는 사례는 꽤 빈번하게 발생된다. 따라서 우편물 발송 시에는 반드시 등기우편으로 발송하고, 만약 반송될 경우에는 기계적으로 재차 동일한 주소로 등기우편을 보낼 것이 아니라, 반송 사유를 확인하여 '이사불명' 혹은 '주소확인 불가' 등이 반송사유일 경우 1차적으로는 당사자와의 유선통화를 통해 주소를 확인하고 유선통화가 어려울 경우에는 4대공부(토지 및 건축물 등기부등본, 토지 및 건축물 대장)상에 기재된 모든 주소로 등기우편 발송, 그럼에도 불구하고 재차 반송될 경우 그간에 파악된 모든 주소지로 일반우편을 발송하여 조합에서 취할 수 있는 모든 조치를 취하는 것이 가장 안전하다. 아울러, 총회소집통지나 분양신청 통지 등 중요한 통지를 할 경우에는 반드시 우편물 수령 여부에 대한 결과 조회 자료와 발송근거, 일반우편일 경우에는 발송 준비한 봉투와 영수증을 함께 사진 촬영한 후 보관하여 사례와 같은 분쟁 발생 시에 대비할 필요가 있다.

사업시행계획이 변경되면
반드시 분양신청 공고를 다시 해야 하나?

· 개요

사업시행계획인가를 득한 이후 분양신청서를 접수하고 관리처분계획인가를 득한 경우에도 갑작스런 경기 침체나 기타 부득이한 사정에 의해 사업계획을 변경해야 할 경우가 발생된다. 통상 세대수나 주택규모가 변경될 경우 사업시행계획의 경미한 변경 처리는 불가한데, 이런 경우에는 무조건 분양신청서를 새로이 받아 관리처분계획을 수립해야 할까? 대처 방안은?

· 관련 유권해석 주요 내용

법제처 18-0760, 2019. 3. 7.

사업시행계획 변경에 따른 분양공고 등의 절차(「도시 및 주거환경정비법」 제72조제4항 등 관련)

도시정비법 제72조제4항은 2017년 2월 8일 법률 제14567호로 전부개정되면서 신설된 것으로서 분양신청 완료 후 사업시행계획이 변경되어 정비사업 규모가 변동되는 경우 이미 종료된 분양신청 결과가 유효한지에 대하여 논란이 발생하자 이를 해소할 목적으로 사업시행계획 변경으로 세대수 또는 주택규모가 달라지는 경우에는 예외적으로 분양공고 등의 절차를 다시 거칠 수 있게 하려는 것입니다(주석 : 2017. 2. 8. 법률 제 14567호로 전부개정된 「도시 및 주거환경정비법」 국회 심사보고서 p. 40~44 참조). 그런데 도시정비법 제72조제4항이 신설되기 전에는 이 사안과 같은 경우 정비사업의 절차 규정, 세대수 또는 주택규모가 달라지는 사업시행계획의 변경이 조합원에게 미치는 영향, 분양신청절차의 의미 등을 종합적으로 고려하여 분양공고 등의 절차를 다시 거쳐야 한다고 해석할 수도 있었으나(주석 : 법제처 2014. 3. 13. 회신 13-0652 해석례 참조), 해당 규정이 신설되면서 분양공고 등의 절차를 다시 거칠 수 있다고 재량으로 규정된 이상 그 문언을 넘어 사업시행자에게 분양공고 등의 절차를 다시 거쳐야 하는 의무가 발생한다고 해석하는 것은 타당하지 않습니다.

· 실무자가 챙겨야 할 사항

법제처 유권해석에 따르면 사업시행계획 변경으로 세대수 또는 주택 규모가 달라지는 경우 조합의 판단에 따라 새로이 분양공고를 할지 여부를 결정하라는 취지다. 하지만, 주택타입의 변경이 현저할 경우 조합원으로부터 민원발생이 불가피하며 조합원을 위한 사업을 조합에서 일방적으로 밀어붙이는 것 역시 부적절하기에 만약 부득이한 사정으로 설계변경을 해야 한다면 가급적 도시정비법에서 허용되는 경미한 변경에 그치도록 최선을 다할 필요가 있으며 경미한 변경의 범위를 벗어나 층수가 하향 조정될 것으로 예상된다면 관리처분계획수립 시 상층부는 일반분양분으로 계획하고 주택타입의 변경을 최소화하여 조합원의 민원을 최소화할 필요가 있다. 만약, 전면적인 설계변경을 피할 수 없을 경우에는 처음부터 사업계획 변경 직후 새로이 분양신청절차를 진행하는 것을 준비할 필요가 있다.

분양신청을 하지 않은 자의
조합원 자격 상실시점은?

· **개요**

　재건축사업의 경우 동의서를 제출하지 않을 경우 조합원 자격이 발생
되지 않기에 문제가 없지만, 재개발사업의 경우 본인의 동의 여부와 관
계없이 사업 구역 내 모든 토지등소유자를 조합원으로 간주한다. 다만,
관리처분계획수립 단계에서 분양신청서를 제출하지 않을 경우 현금청
산절차 종료 전에라도 조합원 자격이 없는 것으로 봐야 할까? 만약 조합
원 지위가 있다고 인정하게 되면 당장 관리처분계획수립을 위한 총회의
성원여부 및 안건 가결 여부가 불투명해질 수 있다. 이에 대한 대처 방
안은?

· **관련 유권해석 주요 내용**

　법제처 20-0221, 2020. 6. 22. 민원인

　분양신청을 하지 않은 토지등소유자가 현금청산을 받지 않은 상태에
서 사업시행계획이 변경된 경우 조합원 지위의 유지 여부(「도시 및 주거
환경정비법」 제72조제4항 등 관련)

　구 도시정비법 제46조제2항에 따른 분양신청을 하지 않은 토지등소유
자는 해당 주택재개발사업의 결과인 주택 공급을 받지 않겠다는 의사를

분명하게 밝혔다고 볼 수밖에 없어 더 이상 해당 조합의 조합원으로서의 지위를 유지하게 할 이유가 없고(각주 : 법제처 2016. 3. 7. 회신 15-0669 해석례 참조), 조합원이 같은 법 제47조에 따라 현금청산 대상자가 된 이상 청산절차의 종료 여부와는 상관없이 주택재개발조합의 조합원으로서의 지위는 상실한다고 보아야 합니다(각주 : 대법원 2011. 7. 28. 선고 2008다91364 판결례 참조).

· 실무자가 챙겨야 할 사항

재개발사업에 있어 분양신청서를 제출하지 않은 자의 조합원 지위 상실에 대해서는 상기의 법제처 유권해석뿐만 아니라 다수의 판례도 존재한다. 따라서 원활한 총회 운영을 위해서는 분양신청 종료 후 분양신청 미제출자를 조합원 명단에서 제외하는 내용으로 조합설립변경 절차를 선행한 후 관리처분계획수립을 위한 총회를 준비하여 불필요한 분쟁을 최소화할 필요가 있다.

종교단체에 대한
관리처분계획은 어떻게 수립해야 할까?

· **개요**

정비사업 현장에서 가장 힘든 이슈중 하나가 종교단체와의 협의이다. 사업 초기인 정비계획수립단계에서부터 종교부지를 확보하고 협약까지 체결하였음에도 정작 이주단계가 되면 그간의 협의절차를 무시하고 새로운 주장을 하는 경우도 허다하며 이 과정에서 조합을 상대로 소송을 제기하는 경우도 부지기수다. 종교시설과 관련한 관리처분계획수립 시 유의할 사항은?

· **관련 판례 주요 내용**

수원지방법원 2020. 12. 24. 선고 2019구합72152 판결 [관리처분계획 무효확인]

피고가 분양공고 내지 통지를 함에 있어 '분양 대상 대지 또는 건축물의 내역'에 종교시설 및 종교시설을 위한 토지를 별도로 포함시키지 않는 등 종교시설 등에 대한 분양신청방법 등을 별도로 포함시키지 아니한 채 분양절차를 진행하고, 그에 따라 이 사건 관리처분계획을 수립한 것에 어떠한 위법이나 당연 무효 사유가 있다고 볼 수 없다. (중략) 설령 원고의 주장과 같이 분양신청 통지 전에 피고 조합이 원고와 교회의 존치 여부 등에 관한 협의를 하지 않고 원고에 종교용지를 배정하지 아니하였다 하더라도 이러한 사정만으로 피고 조합이 분양신청 통지 등의 절차를 제대로 이행하지 않았다거나 도시정비법 제76조제1항을 위반하였다고 보기 어렵다.

· 실무자가 챙겨야 할 사항

상기 판례에서는 조합에서 종교단체에 분양신청 기회를 부여하지도 않았고 종교용지 배정을 위한 협의도 진행하지 않았지만, 다행스럽게도 법원에서 종교단체의 주장을 받아들이지 않고 기각시킨 사례이다. 하지만, 이와 같은 소송 결과는 언제든지 번복될 수 있으므로 만약 사업 구역 내에 종교단체가 있다면 사업 초기부터 긴밀하게 협의하여 정비계획 수립 또는 변경 과정에서 종교용지를 확보하고 이와 관련된 협약을 체결하여 사업시행계획 및 관리처분계획에 반영하는 것이 가장 안전하다. 또한, 이와 같은 협약과는 별개로 종교단체 역시 일반 조합원과 동일하게 분양신청 통지를 하여야 하며, 관리처분계획상에도 종교부지에 대한 내용을 삽입하여 불필요한 시빗거리를 최소화할 필요가 있다.

2주택자의 경우 하나는 분양권을 받고 나머지 하나는 현금청산을 받을 수 있나?

· 개요

정비사업 현장에서 실무를 하다 보면 일부 다물권자들이 소유물건 중 일부를 이용해 조합원 분양권을 받고 나머지 물건은 현금청산해 달라고 요청하는 경우가 빈번하게 발생한다. 이와 같은 형태로 관리처분계획을 수립하는 것이 가능할까?

· 관련 유권해석 주요 내용

법제처 19-0118, 2019. 3. 26. 민원인

대표조합원이 아닌 토지등소유자 등의 손실보상 가능 여부(「도시 및 주거환경정비법」 제73조제1항 등 관련)

「도시 및 주거환경정비법」(이하 "도시정비법"이라 함) 제73조제1항에서는 사업시행자는 관리처분계획이 인가·고시된 다음 날부터 90일 이내에 "분양신청을 하지 않은 자"(제1호)와 토지등의 손실보상에 관한 협의를 하도록 하고 있습니다. 그런데 위 규정에서는 조합원의 소유 주택의 수를 기준으로 "분양신청을 하지 않은 자"를 달리 보고 있지 않으므로 문언상 이미 분양신청을 완료한 조합원이 2주택을 소유하고 있다는 이유로 분양신청을 하지 않은 자라고 볼 수는 없습니다.

또한 도시정비법 제73조제1항 각 호에서 손실보상에 관한 협의의 대상을 "분양신청을 하지 않은 자" 등으로 규정한 것은 조합원의 가장 주된 권리인 분양청구권을 포기한 자에 대해서는 형평의 원칙상 사업비 등의 비용납부의무, 철거·이주·신탁등기의무 등 조합원으로서의 의무를 면하게 하는 것이 타당하므로 이들에게 손실보상을 실시하여 조합원에서 제외함으로써 정비사업을 신속하고 효율적으로 추진하려는 취지(각주 : 대법원 2010. 8. 19. 선고 2009다81203 판결례 참조)로 볼 수 있습니다. 따라서 위 규정 취지를 고려할 때 분양신청을 하여 조합원의 지위를 유지하면서 같은 법 제73조제1항제1호에 따라 손실보상도 받을 수 있는 것으로 해석하는 것은 타당하지 않습니다.

· 실무자가 챙겨야 할 사항

상기의 유권해석 사례에서 살펴본 바와 같이 다수의 물건을 소유한 조합원이 일부 물건만으로 분양신청을 하고, 나머지 물건은 손실보상을 받는 것은 불가하다. 따라서 조합원으로부터 이와 같은 요구가 있거나 상담문의가 접수될 경우 상기 유권해석 사례를 잘 활용하여 설명해 줄 필요가 있다. 아울러, 각종 동의서 징구 시나 분양신청서 접수 시 다물권자의 일부 물건이 동의서상에 누락되어 있어 하자가 있다는 취지의 소송이나 민원도 빈번하게 발생한다. 따라서 다물권자의 동의서 징구 시에는 부동산 소유현황이 기재 누락되지 않도록 꼼꼼히 체크할 필요가 있다.

평형변경 절차 진행 시
분양신청철회가 가능할까?

· 개요

분양신청서 접수 이후 관리처분계획수립 과정에서 경제상황이 급변하게 되면 사업시행계획 변경 절차를 통해 재차 분양신청서를 접수하거나 평형변경 신청서를 접수한 후 이를 토대로 관리처분계획수립 절차를 진행하며 위기의 순간을 넘기기도 한다. 이와 같은 평형변경 절차 진행 과정에서 분양신청철회서가 접수된다면 어떻게 해야 할까?

· 관련 판례 주요 내용

서울고등법원 2015. 5. 26. 선고 2015누31048 판결 [현금청산자지위확인]

신속하고 차질 없이 추진되어야 하는 주택재개발사업의 특성상 사업구역 내의 토지등소유자가 분양신청 기간이 종료한 후에 임의로 분양철회를 하는 것은 원칙적으로 허용되지 않지만, 분양신청 기간이 종료하였다고 하더라도 조합이 총회의결을 거쳐 분양신청철회를 받아 주는 것조차 허용되지 않는다고 할 수는 없고(대법원 2014. 8. 26. 선고 2013두4293 판결 등 참조) (중략) 분양신청 기간이 종료한 후에 임의로 분양철회를 하는 것은 피고가 분양철회에 동의하지 아니하는 이상 원칙적으로 허용되지 아니하고, 피고가 이 사건 평형(분양)변경 신청 기간 동안에 분양철회를 받으면서 그 철회가능 여부나 기간에 대하여 개별 조합원에게 고지를 하지 않았다고 하여 이와 달리 볼 수는 없다고 할 것이므로, 원고들의 이 부분 주장 또한 이유 없다.

· 실무자가 챙겨야 할 사항

도시정비법 제73조에서는 분양신청 기간 종료 이전에 분양신청을 철회한 자에 대해 현금청산절차를 진행할 수 있다고 규정되어 있기에 분양신청 기간 종료 후에는 분양신청의 철회가 불가하다. 상기 판례에서는 설령 평형(분양)변경 신청 기간이 주어졌다 하더라도 조합이 분양신청철회를 인정하지 않는 이상 허용되지 않는 것으로 판단하고 있으므로 조합의 여건에 맞게 재분양신청 기간 동안의 분양신청철회 의사를 관리처분계획에 반영할지 여부를 결정할 필요가 있다. 만약 분양신청철회 희망자가 소수이고 일반분양 시장 여건이 나쁘지 않다면 본인들의 희망대로 현금청산 절차를 진행해 주는 것도 방법이다. 오히려 본인이 원하지 않음에도 계속 조합원에 포함시켜 지속적인 민원에 시달리고 이주 및 철거 진행과정에서 토지소유권 확보 미비로 인해 착공 지연을 초래할 수도 있는 소송에 시달리는 것보다 나은 선택이 아닐까?

분양신청 접수 기간의 연장은 반드시 이어서만 가능한가?

· 개요

관리처분계획수립을 위한 분양신청의 접수는 30~60일 이내에서 기간을 정할 수 있고 필요시 20일간 연장할 수 있다. 만약 부동산경기 상황이 좋지 않거나 기타 조합 내부 사정으로 사업 일정을 늦춰야 한다면 최초 분양신청접수 기간도 최대로 잡고 1차 분양신청 기간 종료 후 일정 기간이 지난 시점에서 2차 접수(연장접수)를 받아 사업 일정상 여유를 확보하는 방안을 고민할 수 있다. 이와 같은 방법에 문제는 없을까?

· 관련 유권해석 주요 내용

법제처 11-0548, 2011. 10. 13. 민원인

사업시행자가 분양신청 기간을 연장하여 통지하는 경우 분양신청 연장기간을 당초의 분양신청 기간에 이어서만 연장할 수 있는지 여부(「도시 및 주거환경정비법」 제46조제1항 등 관련)

도시정비법 제46조제1항 및 제48조제1항에서는 사업시행인가 고시일부터 60일 이내 분양신청 기간 등 통지 및 공고, 분양신청 기간 종료, 분양신청 현황을 기초로 한 관리처분계획수립, 관리처분계획에 대한 시장·군수의 인가 등 일련의 절차를 예정하고 있는데, 이러한 일련의 절

차를 조속히 진행하여 도시정비사업의 효율성을 높이는 방향으로 분양신청 기간의 종료 시기를 명확히 할 필요가 있고, 그렇다면 해당 규정에 따른 분양신청 기간은 도시정비법 제46조제1항에 따른 통지 및 공고일부터 최소 30일 이상 최대 80일 이내라고 해석하는 것이 도시기능의 회복이 필요하거나 주거환경이 불량한 지역을 계획적으로 정비하고 노후·불량건축물을 효율적으로 개량하기 위한 도시정비법의 목적에도 부합한다고 할 것입니다.

따라서, 도시정비법 제46조제1항 단서에 따라 사업시행자가 분양신청 기간을 연장하고자 할 경우 당초의 분양신청 기간에 이어서만 연장할 수 있다고 할 것입니다.

· 실무자가 챙겨야 할 사항

상기의 법제처 유권해석뿐만 아니라 다수의 국토교통부 질의회신 사례에서도 분양신청 기간의 연장은 최초 분양신청 기간에 이어서만 가능하다고 판단하고 있다. 따라서 혹 집행부에서 사업 기간 확보를 위해 최초 분양신청 접수기간 종료 후 일정 기간이 지난 다음 연장접수를 받는 형태로 분양신청 접수 일정을 계획해 달라는 요청이 있을 경우 법제처 유권해석과 국토교통부 질의회신 사례에 의해 불가하다고 설명할 필요가 있다. 아울러, 분양신청서 접수마감일은 조합원의 분양 대상자 지위 등이 결정되는 관리처분계획기준일이 되므로 연장접수 일정 및 공고내용 등에 대해서도 이사회 및 대의원회 결의를 득한 후 신문공고 및 조합원 통지 등 요건을 갖춰 시빗거리를 차단할 필요가 있다.

관리처분계획수립을 위한
총회개최 전에 조합원 전체의 분양예정자산
추산액 및 종전자산가격을 통지해야 할까?

· 개요

도시정비법 제74조에서는 관리처분계획수립을 위한 총회개최 1개월 전에 ① 분양 대상자별 분양예정인 대지 또는 건축물의 추산액 ② 분양 대상자별 종전의 토지 또는 건축물 명세 및 사업시행계획인가 고시가 있은 날을 기준으로 한 가격 등을 통지하도록 정하고 있다. 이와 같은 내용을 통지할 때 모든 조합원의 종전자산 감정평가액과 공동주택 등의 배정 내역을 통지해야 할까?

· 관련 판례 주요 내용

서울고등법원 2022. 6. 9. 선고 2021누66434 판결 [총회결의무효확인]

관리처분총회개최 전에 통지하여야 하고, 관리처분계획(안)에 포함되어야 하는 사항들 중 '분양 대상자별 분양예정자산 추산액 및 종전자산가격'의 의미는 아래와 같은 이유에서 '분양 대상자 전원'에 관한 분양예정자산 추산액 및 종전자산가격을 의미한다고 보아야 한다. (중략) 위 인정 사실에 의하면, 피고는 이 사건 총회 이전에 이 사건 관리처분계획(안)에 포함되어야 할 사항 중 분양 대상자 전원의 분양예정자산 추산액 및 종전자산가격을 원고를 포함한 조합원들에게 통지 등의 방법으로 알리지 않았고, 위 사항이 포함되지 않은 관리처분계획(안)을 이 사건 총회에서 안건으로 심의·표결하여 조합원들의 실질적인 의결권을 침해하였다고 봄이 타당하므로, 이 사건 총회결의에는 중대한 하자가 있다. 따라서 원고의 이 부분 주장은 이유 있다.

· 실무자가 챙겨야 할 사항

관리처분계획이나 사업시행계획의 무효 내지 취소를 주장하는 측에서는 법령에서 정한 세부내용, 각종 서식자료 등이 총회책자에 누락되거나 조합원에게 통지되지 않았다는 것을 이유로 소송을 걸게 되며 드물기는 하지만 가끔씩 그들의 주장을 재판부에서 받아들이고 있다. 상기의 판례도 그 사례 중 하나. 조합의 입장에서는 모든 조합원의 종전자산 감정평가내역과 공동주택 등의 배정 내역 전체를 책자에 포함시키거나 통지하는 것이 무리라고 생각할 수 있지만 조금의 리스크라도 사전에 제거하는 것이 상책이다. 따라서 상기의 판례를 염두에 두어 관리처분계획수립 단계뿐만 아니라 사업시행계획수립을 위한 총회에서도 법에서 정하고 있는 세부 내역을 모두 총회책자에 포함시켜 소송 등에 대비하여야 한다.

투기과열지구 내 소규모재건축도 재당첨 제한에 해당될까?

· 개요

도시정비법에 따른 재개발, 재건축사업은 '투기과열지구의 정비사업'에서 분양 대상자로서의 지위가 확정되면 5년 이내에는 다른 '투기과열지구의 정비사업'에서 분양신청을 할 수 없다. 이와 같은 규정은 소규모주택정비법에 따른 사업에도 적용될까?

· 관련 유권해석 주요 내용

국토교통부 주택정비과 2019. 4. 5. 1AA-1901-487232

[질의요지]

'빈집 및 소규모 주택정비에 관한 특례법'에 적용되는 가로주택정비사업과 소규모재건축을 투기과열지구 내에서 진행하고자 할 때, 이 역시 재당첨 제한에 적용되는지 궁금합니다.

[회신내용]

'재당첨 제한'은 「도시 및 주거환경정비법」 제72조제6항에 의거 '투기과열지구의 정비사업'에서 분양받은 자가 최초 관리처분계획인가일로부터 5년 이내 '투기과열지구의 정비사업'에서 분양신청을 할 수 없는 것을 말합니다. 다만, 「빈집 및 소규모주택정비에 관한 특례법」에 따른 가로주택정비사업 또는 소규모재건축사업의 경우 별도의 제한 사항이 없음을 알려드립니다.

· 실무자가 챙겨야 할 사항

상기 질의회신 사례에서 파악된 바와 같이 투기과열지구 내 재당첨 제한은 도시정비법에 따른 사업에만 해당되며 소규모주택정비법에 따른 가로주택정비사업, 소규모재건축사업 등은 적용되지 않는다. 다만, 이와 같은 부동산 규제정책은 부동산경기 상황에 따라 수시로 변경될 수 있으므로 법률개정 경과 등을 잘 살펴 대비할 필요가 있다. 아울러, 정비사업의 투기과열지구 내 재당첨 제한은 아파트에만 해당된다고 생각할 수 있으나, 도시정비법 제72조제6항에서는 제74조에 따른 관리처분계획에 따라 같은 조 제1항제2호(분양 대상자의 주소 및 성명) 또는 제1항제4호가목의 분양 대상자(일반분양분) 및 그 세대에 속한 자는 재당첨 제한에 해당된다고 정하고 있고 도심지역에서 진행되는 일부 정비사업의 경우 오피스텔 역시 그 공급 대상으로 하기에 정비사업으로 공급되는 오피스텔 역시 재당첨 제한 대상이 됨에 유의할 필요가 있다.

사업시행계획이 변경되면 종전자산평가는 다시 하는 게 좋을까?

· 개요

사업시행인가 고시가 있게 되면 사업 구역 내 종전자산에 대한 감정평가를 하고 분양신청서 접수 후 관리처분계획을 수립하게 되는데, 만약 경기 침체 등으로 인해 사업이 장기간 중단되었다가 수년 후에 사업시행계획을 변경하고 새로이 관리처분계획을 수립하고자 한다면 종전자산 감정평가는 새로이 진행해야 할까? 조합원에게 도움이 되는 방향은?

· 관련 판례 주요 내용

대법원 2015. 10. 29. 선고 2014두13294 판결 [관리처분계획취소]

① 구 도시정비법에 따른 재개발·재건축 등 정비사업은 정비구역 내의 토지등소유자가 종전자산을 출자하고 공사비 등을 투입하여 공동주택 등을 새로이 건설한 후 조합원에게 배분되고 남는 공동주택 등을 일반에게 분양하여 발생한 개발이익을 조합원들 사이의 출자 비율에 따라 나누어 가지는 사업으로서, 관리처분계획의 내용으로서 종전자산가격의 평가는 이와 같은 조합원들 사이의 상대적 출자 비율을 정하기 위한 것인 점, ② 구 도시정비법 제48조제1항제4호가 원칙적으로 사업시행인가 고시일을 기준으로 종전자산가격을 평가하도록 정하면서, 구 도

시정비법 제48조의2 제2항에 따라 철거된 건축물의 경우에는 시장·군수에게 허가받은 날을 기준으로 평가하도록 하고 있을 뿐, 사업시행계획이 변경된 경우 종전자산가격의 평가를 새로 하여야 한다는 내용의 규정을 두고 있지 아니한 것은 평가 시점에 따라 종전자산의 가격이 달라질 경우 발생할 수 있는 분쟁을 방지하고 종전자산의 가격 평가 시점을 획일적으로 정하기 위한 것으로 보이는 점, ③ 사업시행계획의 변경이 필연적으로 종전자산의 가격에 영향을 미쳐 그 평가를 변경인가 고시일을 기준으로 새로 해야 한다고 볼 수도 없는 점, ④ 최초 사업시행계획의 주요 부분에 해당하는 공동주택의 면적, 세대수 및 세대별 면적 등이 실질적으로 변경되어 최초 사업시행계획이 효력을 상실한다고 하더라도, 이는 사업시행계획 변경 시점을 기준으로 최초 사업시행계획이 장래를 향하여 실효된다는 의미일 뿐, 그 이전에 이루어진 종전자산가격의 평가에 어떠한 영향을 미친다고 볼 수 없는 점, ⑤ 사업완료 후 총수입에서 총사업비를 공제한 금액을 종전자산의 총 가액으로 나눈 비례율에 조합원의 종전자산가격을 곱하여 산정되는 조합원별 권리가액의 산정방식에 비추어, 종전자산의 가격이 사후에 상승하였다고 하더라도 종전자산의 총 가액을 분모로 하는 비례율이 하락하여 그 상승분이 상쇄되므로, 평가 시점의 차이로 정비구역 내 종전자산의 가액이 달라져도 반드시 권리가액이 달라진다고 볼 수는 없어 최초 사업시행계획인가 고시일을 기준으로 종전자산가격을 평가하도록 한 것이 부당하다고 볼 수 없는 점 등에 비추어 보면, 비교적 장기간에 걸쳐서 진행되는 정비사업의 특성을 감안하더라도 구 도시정비법 제48조제1항제4호가 정한 '사업시행인가 고시일'이란 '최초 사업시행계획인가 고시일'을 의미하는 것으로 봄이 타당하고, 따라서 최초 사업시행계획의 주요 부분을 실질적으로 변경하는 사업시행계획 변경인가가 있었다고 하더라도 특별한 사정이 없는 한 최초 사업시행계획인가 고시일을 기준으로 평가한 종전자산가격을 기초로 하여 수립된 관리처분계획이 종전자산의 면적·이용상황·환경 등을 종합적으로 고려하여 대지 또는 건축물이 균형 있게 분양신청자에게 배분되도록 정한 구 도시정비법 제48조제2항제1호에 위반된다고 볼 수 없다.

· 실무자가 챙겨야 할 사항

사업에 계속 참여할 의사가 있는 조합원이나 현금청산을 생각하고 있는 조합원이나 할 것 없이 대체로 종전자산가격이 높은 것이 좋다고 생각하는 경향이 있어 조합 입장에서는 매우 난감한 상황에 처하게 된다. 상기 판례에서도 언급한 바와 같이 정비사업에 있어 종전자산가격의 평가는 조합원들 사이의 상대적 출자 비율을 정하기 위한 것으로 내가 다른 조합원에 비해 더 높게 나온다면 의미가 있겠지만, 감정평가 시점의 차이로 인해 전체적으로 낮게 나오거나 높게 나오는 것은 비례율에 의해 부담금이 결정된다는 점에서 아무런 차이가 없다. 오히려 감정평가 시점을 뒤로 늦춰 추가 감정평가를 하게 될 경우 물론 사업장 규모에 따라 다르겠지만 수억 원에 이르는 감정평가수수료의 추가 발생, 현금청산을 위한 감정평가 금액의 상승 가능성 등을 고려하면 사업에 계속 참여할 조합원들로서는 아무런 실익이 없다. 따라서 사업시행계획을 변경하고 분양신청서를 재차 접수해야 하는 현장 실무자라면 상기의 판례 등을 잘 활용하여 사업에 참여할 조합원들의 부담이 최소화되는 방향으로 업무를 추진하여야 한다.

상가에 대한 구체적인 분양계획을 포함하지 않은 관리처분계획의 효력은?

· 개요

통상 상가는 입주가 임박한 시점에서 세부적인 구획을 설계하고 분양을 진행하기에 최초 관리처분계획수립즈음에는 상가에 대한 구체적인 처분계획을 누락한 상태로 관리처분계획을 수립하기도 한다. 이와 같은 업무방식에 문제는 없을까? 유의할 점은?

· 관련 판례 주요 내용

서울행정법원 2009. 9. 18. 선고 2009구합10185 판결 [관리처분계획 및인가처분무효확인]

제2차 관리처분계획 중 상가에 관하여 분양예정 대지 및 건축시설의 총평가액 등 총액에 관한 사항 및 분양순위의 결정기준 등은 정하여졌으나 상가 분양 대상 조합원들이 분양받게 될 구체적인 대상 및 평가액, 분담금 등 구체적인 사항에 관하여는 정하여지지 아니하였다고 할 것이고, 피고 조합이 산출한 조합원들의 권리가액 산출의 기준이 되는 비례율은 추후 상가에 관한 별도의 관리처분계획이 수립됨에 따라 변경이 예정된 단순한 추정액을 기준으로 한 것이므로 공동주택 분양 대상조합원들의 분담금도 제대로 산정되었다고 볼 수 없을 것이다.

위와 같은 사정에 비추어 볼 때, 제2차 관리처분계획 중 상가에 관하여는 도시정비법 제48조제1항 소정의 내용이 포함되어 있지 않아 제대로 된 관리처분계획이 수립된 바 없다 할 것이고, 새로이 상가와 관련한 관리처분계획을 수립할 경우 공동주택 분양 대상 조합원들에 대한 권리가액비율 및 분담금액도 일부 변경되어야 할 것으로 보여 위와 같은 하자는 이 사건 관리처분계획 전체에 그 영향을 미친다 할 것이므로, 이 사건 관리처분계획은 그 전부가 위법하다고 보아야 할 것이다.

· 실무자가 챙겨야 할 사항

상가에 대한 구체적인 분양계획이 포함되지 않았음을 이유로 관리처분계획이 무효라는 취지의 판례도 다수 있고, 또 유효하다는 취지의 판례도 다수 있다(서울행정법원 2018. 8. 17. 선고 2017구합84099 등). 만약 사업 일정상 혹은 제반 여건상 상가에 대한 구체적인 관리처분계획을 수립하는 것이 어렵다면 혹 소송이 제기될 경우 소송을 진행하는 동안 2차 관리처분절차를 진행하여 하자를 치유하고 승소판결을 받아 낸다는 각오로 업무를 진행하는 것을 고려해 볼 수 있다. 다만, 소송은 최대한 피하는 것이 상책이므로 사업시행계획수립 단계에서부터 상가에 대한 세부계획을 수립하고 이를 토대로 감정평가 및 분양신청, 동·호추첨까지 완료한 상태에서 관리처분계획을 수립하는 것이 가장 안전하다 하겠다.

사업 일정이 촉박하다는 이유 등으로 공사비의 검증을 받지 않고 수립한 관리처분계획의 효력은?

· 개요

2019. 4. 23. 도시정비법 개정으로 공사비를 일정 수준 이상으로 증액할 경우 한국부동산원 검증을 필수적으로 거치게 되었는데, 만약 이와 같은 검증절차를 누락한다면 관리처분계획의 효력은 어떻게 될까?

· 관련 판례 주요 내용

서울행정법원 2021. 9. 24. 선고 2020구합64361 판결 [관리처분계획 일부 취소]

이 사건 3차 수정계약에 의해 2019. 10. 24. 직전 체결된 이 사건 2차 수정계약보다 평당 공사계약금액과 대지조성 및 건축시설공사비가 모두 100분의 10 이상 증가하였음이 명백하므로, 피고는 도시정비법 제29조의2 제1항제2호가목에 따라 적어도 이 사건 정기총회가 개최되기 이전까지는 도시정비법 제114조에 따른 정비사업 지원기구(또는 한국감정원 및 한국토지주택공사)에 이 사건 3차 수정계약에 대한 공사비 검증 요청을 하였어야 한다. 그럼에도 피고는 도시정비법 제29조의2 규정에 의한 공사비 검증 요청을 하지 아니한 채 이 사건 3차 수정계약에 따라 변경된 평당 공사계약금액과 대지조성 및 건축시설공사비를 반영한 관리처분계획(안)을 이 사건 정기총회 안건으로 상정하여 의결하였는바, 위 관리처분계획(안) 중 이 사건 쟁점 관리처분계획 부분에 대한 총회의 결에는 공사비 검증 요청 절차가 누락된 절차상 하자가 존재한다.

· 실무자가 챙겨야 할 사항

얼핏 생각하면 조합의 최고 의사결정 기구인 총회의 결의가 있으면 문제없지 않느냐 생각될 수 있겠지만, 상기 판례에서 언급한 바와 같이 공사비 검증을 누락했고, 그 검증결과를 관리처분계획에 반영하지 않았기에 무효이다. 만약, 사업 일정이 촉박하다는 것을 이유로 관리처분계획상 자금계획에는 공사비 검증 신청 당시의 공사비를 반영하고 비고란에 '공사비 검증결과에 따라 공사비추정액이 감액될 경우 예비비로 전환 예정'이라는 문구를 넣는 방법으로 관리처분계획을 수립하여 총회에 상정한다면 어떨까? 이런 형태 역시 충분히 시빗거리가 될 수 있다는 점에서 권하고 싶지 않다. 가급적 법과 판례에서 벗어나지 않게 업무를 계획하여 조금이라도 문제가 될 만한 시빗거리를 원천적으로 제거하는 게 상책이다.

4. 이주단계의 논란거리

재개발사업 구역 내 현금청산자 및 세입자에 대한 각종 손실보상 규정

구분	세입자		
	세입자주거이전비	임대주택공급	영업손실보상
지급대상	· 정비계획수립을 위한 공람공고일 이전 사업 구역 내에 전입한 자로, 사업시행으로 인하여 이주하게 되는 주거용 건축물의 세입자(무상으로 거주하는 자 포함) · 무허가건물 세입자는 공람공고일	· 정비계획수립을 위한 공람공고일 3개월 이전 사업 구역 내에 전입한 자로, 사업시행으로 인하여 이주하게 되는 무주택세대주 · 기초수급대상자는 사업시행인가 신청일 전부터 거주 (거주하고 있는 건축물의 허가유무 무관, 단 신발생 무허가건축물은 제외)	· 허가건축물내 영업권자 정비계획수립을 위한 공람공고일 이전부터 영업하고 있는 자 · 무허가건축물 내 영업권자 정비계획수립을 위한 공람공고일 1년 이전부터 영업하고 있는 자(사업자등록을 하고 영위해야 함) · 영업손실보상 대상자가 아닌 경우 동산이사비를 평가하여 지급

지급기준	· 가구원 수별 4개월분 주거이전비(사업시행인가 고시일 기준)		· 영업손실 4개월분 - 감가상각비 및 최소인건비 - 영업시설 등의 이전비 - 이전광고비 등 부대비용
관련근거	· 도시정비법 시행령 제54조(손실보상 등)제3항 · 토지보상법 시행규칙 제54조(주거이전비의 보상) 제1항 및 제2항	· 도시정비법 시행령 제69조(임대주택의 공급 등) 및 각 지자체 관련 조례	· 도시정비법 시행령 제54조(손실보상 등) · 토지보상법 시행규칙 제45조(영업손실의 보상 대상인 영업)

구분	현금청산자/세입자 공통	현금청산자	
	이사비(동산이전비)	청산자 주거이전비	청산자 이주정착금
지급대상	· 사업 구역 내 주거용 건축물 거주자(거주 건축물의 허가유무 무관. 단, 신발생무허가 제외)	· 정비계획수립을 위한 공람공고일부터 협의보상체결 또는 수용재결일까지 주거용 건축물을 소유하고 계속 거주한 자 - 타인건축물 거주자 포함, 타인건축물 거주자는 세입자로서의 손실보상 대상에서는 제외 필요. - 거주 건축물의 허가유무 무관(단, 신발생무허가 제외)	· 정비계획수립을 위한 공람공고일부터 협의보상체결 또는 수용재결일까지 주거용건축물을 소유하고 거주한 자 - 타인건축물 거주자 포함, 타인건축물 거주자는 세입자로서의 손실보상 대상에서는 제외 필요
지급기준	· 지급기준에 대한 명확한 기준이 없으며 판례에서는 사업시행인가 고시일부터 거주하고 있는 세입자에 한하여 지급 · 이사비 산정 기준일 - 사업시행인가 고시일 당시 기준	2개월분 주거이전비(협의 또는 수용개시일 기준)	· 보상대상 주거용건축물 감정평가액 평가액 30% 기준 - 1,200만 원 미만 : 1,200만 원 - 2,400만 원 초과 : 2,400만 원

관련 근거	· 토지보상법 시행규칙 제55조제2항(동산의 이전비 보상 등)	· 토지보상법 시행규칙 제54조(주거이전비의 보상) 제1항 · 도시정비법 시행령 제54조(손실보상 등)	· 토지보상법 제78조(이주대책의 수립 등) 및 시행령 제41조(이주정착금의 지급), 시행규칙 제53조(이주정착금 등) 제2항

▶ 각종 손실보상 지급 대상, 지급기준과 관련해서는 계속해서 새로운 사례가 발생되고 있으므로 관리처분계획수립 단계에서 이주관리 용역업체 등의 조력을 토대로 각종 손실보상 유형별 지급 대상, 지급기준 등을 정리하고 관리처분계획수립을 위한 자금계획수립 시 반영하여야 하며, '이주대책 수립의 건'과 같은 명칭으로 총회에 안건을 상정하여 의결절차를 진행할 필요가 있다.

재개발사업 구역 내 현금청산자에 대한 주거이전비 산출 시 가구원 수 적용 기준은?

· 개요

재개발사업 진행과정에서 분양신청서를 제출하지 않아 현금청산자가 된 건축물 소유자의 경우 공익사업을 위한 토지등의 취득 및 보상에 관한 법률 등에 의거 정비계획수립을 위한 공람공고일부터 계약체결일 또는 수용재결일까지 계속하여 거주하고 있을 경우 주거이전비를 지급받을 수 있는데 이와 같은 주거이전비 산정 시 필요한 가구원 수 적용과 관련 현금청산자 측에서는 수용재결일을 기준으로 당시의 가구원 수에 따라 산정해야 한다고 주장하고, 조합에서는 주거이전비를 더 받기 위해 위장전입을 하거나 할 수 있기에 정비계획수립을 위한 공람공고일부터 보상시(수용재결일)까지 계속 거주한 가구원들만을 포함하여야 한다고 판단하여 분쟁이 생기는 경우가 다수 있다. 이에 대한 해결 방안은?

· 관련 판례 주요 내용

서울행정법원 2017. 12. 21. 선고 2017구단67110 [주거이전비등]

공익사업법 시행규칙 제54조제1항상 소유자에 대한 주거이전비 산정의 기준시점은 '보상을 하는 때'로서 수용재결일이 기준이라 할 것이다. 또한 주거이전비는 공익사업의 시행으로 주거를 이전하게 되는 불편함을 보상해 주는 차원에서 지급되는 것이므로, 주거이전비의 산정요소인 가구원 수 역시 주거를 이전해야 하는 시점, 즉 수용재결일을 기준으로 가구원 수를 파악하면 족할 뿐, 주거이전비 보상 대상자 여부를 판단할 때와 마찬가지로 공람공고일부터 보상 시까지 계속 거주한 사람만을 가구원 수로 계산해서는 안 된다. 가구원이란 한 가정을 구성하고 있는 식구를 의미하므로 그 대상이 무한정 확대될 여지는 없고, 더 많은 주거이전비를 지급받기 위해 보상 시에 즈음하여 위장전입 등 탈법행위가 행해질 가능성은 그리 높지 않기 때문이다.

· 실무자가 챙겨야 할 사항

상기의 판례에 따르면 현금청산자에게 지급될 주거이전비는 수용재결일 당시를 기준으로 산출하고, 가구원 수 역시 동일한 기준을 적용해야 한다는 취지이다. 현금청산자에 대한 주거이전비, 이주정착금, 이사비 지급과 관련 세부기준은 새로운 사례가 계속 쏟아져 나오고 있기에 관리처분계획수립 단계에서 이주관리 용역업체 등의 조력을 토대로 각종 손실보상 유형별 지급 대상, 지급기준 등을 정리하고 관리처분계획수립을 위한 자금계획수립 시 반영하여야 하며, '이주대책 수립의 건'과 같은 명칭으로 총회에 안건을 상정하여 의결절차를 진행할 필요가 있다.

정비계획수립을 위한 공람공고일 전부터 계속 거주해 온 세입자가 일시적으로 주민등록상 주소를 이전하였을 경우 주거이전비를 지급하여야 하는가?

· 개요

재개발사업 진행과정에서 세입자와 관련된 민원이 수없이 발생한다. 세입자의 경우 요건에 충족될 경우 주거이전비와 이사비를 받을 수 있고 임대주택에 입주할 자격도 생기게 되는데, 만약 기준일 당시부터 거주해 온 세입자가 일시적으로 주민등록상 주소를 이전하였다면 주거이전비를 줄 수 있을까?

· 관련 판례 주요 내용

서울행정법원 2013. 9. 26. 선고 2013구합3993 판결 [주거이전비 등]

원고 A는 2008. 5. 9. 평택시 L 주택 302호로 전출하였고, 2008. 6. 19. 다시 이 사건 제1건축물로 전입하였는데, 이처럼 주소를 이전한 시기가 매우 단기간이고, 그 기간에도 계속 이 사건 제1건축물에 대한 차임을 지급하였음에 비추어 보면, 원고 A는 단지 위 기간에 특별한 사정으로 주소만을 이전하였을 뿐, 계속 이 사건 제1건축물에 거주하였던 것으로 보인다. (중략) 위와 같은 사정을 종합하면, 원고 A는 공익사업의 시행으로 인하여 이주하게 되는 주거용 건축물의 세입자로서 주거이전비와 이사비의 지급 대상에 해당한다.

· 실무자가 챙겨야 할 사항

조합으로서는 상기와 같은 상황이 생기면 고민에 빠질 수밖에 없다. 원활한 이주를 위해서는 주거이전비를 지급하는 것이 좋겠지만 누군가가 해당 세입자는 계속해서 거주하지 않았기에 주거이전비 지급 대상에서 제외시키는 것이 타당하다고 주장하며 고소고발이라도 진행할 경우에는 자칫 업무상배임죄에 해당될 수 있기 때문이다. 상기 판례에서는 이와 같이 일시적으로 주민등록을 이전한 경우에는 지급해야 한다고 판단하고 있으므로 실제 이런 상황이 생기면 상기의 판례를 포함, 변호인의 자문의견서를 첨부하여 이사회 및 대의원회 의결을 거친 후 주거이전비를 지급하는 것이 안전하다 하겠다.

조합원이 사업 구역 내 다른 조합원의 집에 거주할 경우 세입자로서 주거이전비를 받을 수 있나?

· 개요

예컨대 상가건물을 소유하고 실제 거주는 사업 구역 내 다른 조합원의 주택에 세입자로 거주하는 경우가 있으며 사업시행계획수립을 위한 세입자조사 과정에서 이런 분들도 세입자로서의 혜택을 바라며 서류를 제출하게 된다. 이들도 세입자로서 주거이전비를 지급하여야 하는가?

· 관련 판례 주요 내용

대법원 2017. 10. 31. 선고 2017두40068 판결 [주거이전비등]

주택재개발사업에서 조합원은 사업 성공으로 인한 개발이익을 누릴 수 있고 그가 가지는 이해관계가 실질적으로는 사업시행자와 유사할 뿐 아니라, 궁극적으로는 공익사업시행으로 생활의 근거를 상실하게 되는 자와는 차이가 있다. 이러한 특수성은 '소유자 겸 세입자'인 조합원에 대하여 세입자 주거이전비를 인정할 것인지를 고려할 때에도 반영되어야 한다. 더욱이 구 도시정비법 제36조제1항은 사업시행자가 주택재개발사업시행으로 철거되는 주택의 소유자 또는 세입자에 대하여 그 정비구역 내·외에 소재한 임대주택 등의 시설에 임시로 거주하게 하거나 주택자금의 융자알선 등 임시수용에 상응하는 조치를 하여야 한다고 정하고 있고, 이러한 다양한 보상조치와 보호대책은 소유자 겸 세입자에 대해서도 적용될 수 있으므로 그 최소한의 보호에 공백이 있다고 보기 어렵다.

조합원인 소유자 겸 세입자를 주택재개발정비사업조합의 세입자 주거이전비 지급 대상이 된다고 본다면, 그 지급액은 결국 조합·조합원 모두의 부담으로 귀결될 것인데, 동일한 토지등소유자인 조합원임에도 우연히 정비구역 안의 주택에 세입자로 거주하였다는 이유만으로 다른 조합원들과 비교하여 이익을 누리고, 그 부담이 조합·조합원들의 부담으로 전가되는 결과 역시 타당하다고 볼 수 없다.

· 실무자가 챙겨야 할 사항

상기 판례에서 살펴본 바와 같이 조합원은 설령 타인의 주택에 거주한다 하더라도 세입자로서의 지위를 동시에 가질 수 없다. 따라서 사업시행계획수립을 위해 필요한 세입자 명부 작성 시 소유자인지 여부를 점검하여 조합원이 세입자로서의 보상 대상이 되지 않도록 할 필요가 있다.

무상으로 거주하는 세입자에게도 주거이전비를 지급하여야 할까?

· **개요**

　재개발 구역은 주거형태나 규모가 워낙 다양하여 간혹 무상으로 거주하는 세입자가 파악되기도 한다. 이런 경우에도 주거이전비를 지급하여야 할까?

· **관련 법률 발췌자료**

공익사업법 시행규칙 제54조(주거이전비의 보상)

② 공익사업의 시행으로 인하여 이주하게 되는 주거용 건축물의 세입자(무상으로 사용하는 거주자를 포함하되, 법 제78조제1항에 따른 이주대책대상자인 세입자는 제외한다)로서 사업인정고시일 등 당시 또는 공익사업을 위한 관계 법령에 따른 고시 등이 있은 당시 해당 공익사업시행지구안에서 3개월 이상 거주한 자에 대해서는 가구원 수에 따라 4개월분의 주거이전비를 보상해야 한다. 다만, 무허가건축물 등에 입주한 세입자로서 사업인정고시일등 당시 또는 공익사업을 위한 관계 법령에 따른 고시 등이 있은 당시 그 공익사업지구 안에서 1년 이상 거주한 세입자에 대해서는 본문에 따라 주거이전비를 보상해야 한다. 〈개정 2007. 4. 12., 2016. 1. 6., 2020. 12. 11.〉

③ 제1항 및 제2항에 따른 거주사실의 입증은 제15조제1항 각 호의 방법으로 할 수 있다. 〈신설 2020. 12. 11.〉

공익사업법 시행규칙 제15조(부재부동산 소유자의 거주사실 등에 대한 입증방법) ① 영 제26조제3항제2호에 따른 거주사실의 입증은 다음 각 호의 방법으로 한다. 〈개정 2005. 2. 5., 2008. 4. 18., 2009. 11. 13., 2020. 12. 11.〉

1. 「주민등록법」 제2조에 따라 해당 지역의 주민등록에 관한 사무를 관장하는 특별자치도지사·시장·군수·구청장 또는 그 권한을 위임받은 읍·면·동장 또는 출장소장의 확인을 받아 입증하는 방법
2. 다음의 어느 하나에 해당하는 자료로 입증하는 방법
   가. 공공요금영수증
   나. 국민연금보험료, 건강보험료 또는 고용보험료 납입증명서
   다. 전화사용료, 케이블텔레비전 수신료 또는 인터넷 사용료 납부 확인서
   라. 신용카드 대중교통 이용명세서
   마. 자녀의 재학증명서
   바. 연말정산 등 납세 자료
   사. 그 밖에 실제 거주사실을 증명하는 객관적 자료

· 실무자가 챙겨야 할 사항

세입자에게 지급되는 주거이전비는 재개발 구역의 조합원 입장에서는 꾀나 부담스러운 금액이기에 과거에는 무상으로 거주한 세입자의 경

우 임대차계약서가 없다거나 월세 등의 지급 내역을 소명하라며 지급하지 않는 것이 대부분이었다. 하지만 2020. 12. 11. 공익사업법 시행규칙 개정으로 무상거주자에 대해서도 주거이전비를 지급하게 함은 물론 공공요금 영수증 등의 증빙만으로도 거주 사실을 입증할 수 있게 개정된 바, 조합의 입장에서는 다소 억울한 내용으로 법률이 개정되었다 할지라도 제반 규정에 맞게 업무를 처리하여 분쟁거리를 최소화할 필요가 있다.

사업시행기간이 도과된 경우의
세입자 주거이전비 지급을 위한 기준일은?

· 개요

재개발 구역의 세입자 입장에서는 한 푼이라도 더 많이 보상 받고 싶은 것이 인지상정이다. 만약 수년전에 사업시행인가를 받았지만, 경기 침체로 장기간 사업이 중단되었고 이 과정에서 사업시행기간이 도과되었다면 새로운 사업시행인가고시일을 기준으로 주거이전비 등을 책정해야 할까?

· 관련 판례 주요 내용

대법원 2020. 1. 30. 선고 2018두66067 판결

여기에 도시정비법에 따라 설립된 정비사업조합에 의하여 수립된 사업시행계획에서 정한 사업시행기간이 도과하였더라도, 유효하게 수립된 사업시행계획 및 그에 기초한 사업시행의 법적 효과가 소급하여 효력을 상실하여 무효로 된다고 할 수 없는 점(위 2016두34905 판결 참조)을 더하여 보면, 사업시행인가에서 정한 사업시행기간이 도과하였다는 사정만으로 보상내용이 확정되어 원고들이 이미 취득한 주거이전비 내지 이사비에 관한 구체적 권리에 어떠한 영향이 미친다고 볼 수 없다.

(중략) 그런데도 원심은, 2010년 고시가 그 사업시행기간이 만료된 다

음 날인 2014. 6. 1. 실효되었다는 사정 등을 들어 원고들의 주거이전비 내지 이사비 보상내용이 확정되는 '사업시행인가 고시'는 2015년 고시라고 보아, 2015년 고시일(2015. 12. 14.)을 기준으로 원고 1의 주거이전비 및 원고들의 이사비 보상금액을 산정하였다. 이러한 원심의 판단에는 사업시행계획인가의 실효, 도시정비법상 주거이전비, 이사비 산정기준일에 관한 법리를 오해하여 판결에 영향을 미친 잘못이 있다. 이 점을 지적하는 피고의 상고이유 주장은 이유 있다.

· 실무자가 챙겨야 할 사항

2008년 글로벌 금융위기와 뒤이어 불어닥친 2011년 무렵의 경제위기로 인해 국내 재개발 재건축사업장의 상당수가 사업이 중단된 바 있었으며 이로 인해 주거이전비 지급기준일을 놓고 다수의 현장에서 분쟁이 발생했다. 하지만, 상기 대법원 판례에 따르면 최초 사업시행인가로 주거이전비 등에 대한 보상내용이 확정되었고 단순히 사업시행계획서상 기재되는 사업 기간의 도과만으로는 예컨대 보상 기준일, 보상 금액 같은 구체적 권리에 영향을 주지 않는다는 것이다. 따라서 만약 부동산경기 침체 등으로 인해 사업의 중단을 피할 수 없다면 사업시행기간 도과로 인한 분쟁이 생기지 않도록 적시에 사업시행기간의 변경을 위한 사업계획 변경 절차를 진행하여 시빗거리를 차단할 필요가 있으며, 이 조차 여의치 않을 경우에는 상기의 판례를 활용하여 사업 재개 후 관리처분계획수립단계에서 주거이전비, 이사비 등 각종 손실보상 기준을 정하고 총회의 의결을 득함으로써 시빗거리를 최소화할 필요가 있다.

재개발사업 구역 내
세입자 이사비 지급기준일은?

· 개요

재개발사업 구역 내 정비구역의 지정을 위한 주민공람 당시부터 거주한 세입자의 경우 도시 및 주거환경정비법 시행령 제54조에 따른 세입자 주거이전비와 임대주택을 공급받는 것 외에 공익사업을 위한 토지등의 취득 및 보상에 관한 법률에 따른 이사비를 지급 받을 수 있는데, 이사비에 대해서는 관련 법률에 명확한 기준일이 없어 조합과 세입자간에 종종 분쟁이 발생하기도 한다. 이에 대한 해결 방안은?

· 관련 판례 주요 내용

서울행정법원 2017. 9. 29. 2017구단17634 [동산이전비]

대법원 2010두7475 판결 등의 판례에 따르면 사업정비구역 내 세입자의 이사비 청구권의 취득시기를 사업시행인가고시일로 보고 있고 이사비 보상금액의 산정도 사업시행인가고시일을 기준으로 한다. 이에 따르면 사업시행인가고시일에 이사비 청구권이 발생하므로 사업시행인가고시일 이전부터 정비구역 내 거주한 자만이 이사비 청구권을 취득할 수 있다고 봄이 상당하다.

· 실무자가 챙겨야 할 사항

물론 일부 판례에서 사업시행인가고시일을 기준으로 이사비 지급기준을 정하는 것이 타당하다고 판결하고 있으나, 통상 사업시행인가 고시일부터 실제 이주를 개시할 시점 사이에는 상당한 시일이 소요되어 이와 같은 판례를 적용할 경우 구역 내 세입자 절반 이상이 이사비 지급 대상이 되지 않아 실무상 어려움이 발생한다. 따라서, 이주 전에 진행되는 총회(통상은 관리처분계획수립을 위한 총회)에 이사비 지급기준과 관련한 안건을 다뤄 정확한 기준을 정할 필요가 있다.

〈공익사업을 위한 토지등의 취득 및 보상에 관한 법률 시행규칙
별표4에 따른 이사비, 2022년 9월 기준〉

주택연면적기준	이사비			합계(원)
	노임	차량운임	포장비	
1. 33㎡ 미만	3명분	1대분	(노임+차량운임)×0.15	770,515
	461,013	209,000	100,502	
2. 33㎡ 이상 49.5㎡ 미만	4명분	2대분	(노임+차량운임)×0.15	1,187,587
	614,684	418,000	154,903	
3. 49.5㎡ 이상 66㎡ 미만	5명분	2.5대분	(노임+차량운임)×0.15	1,484,483
	768,355	522,500	193,628	

4. 66㎡ 이상 99 ㎡ 미만	6명분	3대분	(노임+차량운임)×0.15	1,781,380
	922,026	627,000	232,354	
5. 99㎡ 이상	8명분	4대분	(노임+차량운임)×0.15	2,375,173
	1,229,368	836,000	309,805	

▶ 대상 : 주거용건축물의 세입자

▶ 산정기준 : 보통인부노임 153,671(임금실태조사보고서)/5톤 화물차 1대 1일 8시간 임금 209,000(교통연구원)

재개발 구역 내 세입자에 대한 이사비를 지급하지 않을 경우 명도소송을 통한 강제집행이 불가한가?

· 개요

재개발 구역 내 세입자의 경우 정비계획수립을 위한 공람공고일 이전부터 거주해 왔을 경우 주거이전비와 임대아파트 입주기회 등이 부여되며 이사비 역시 지급해야 한다. 다만, 조합의 입장에서 생각해보면 주거이전비 지급액만도 상당하기에 이사비 지급을 계획하지 않는 경우가 다수 있었는데 이와 같은 업무처리는 문제가 없을까?

· 관련 판례 주요 내용

인천지법 2018. 9. 5. 선고 2018가단205062 판결 건물명도(인도)

도시정비법 제81조제1항단서제2호가 말하는 「공익사업을 위한 토지 등의 취득 및 보상에 관한 법률」에 따른 손실보상에는 영업손실보상뿐만 아니라 주거이전비, 이사비 보상금이 포함된다. 이 사건과 같은 찬성 조합원의 세입자가 주거이전비, 이사비 보상금의 지급을 받지 못한 경우에는, 종전대로 사용하거나 수익할 수 있으므로, 이사하고 나가라는 명도 요구에 대해서 정당하게 거절할 수 있는 것이다.

· 실무자가 챙겨야 할 사항

특히나 사업성이 다소 떨어지는 재개발사업 구역에서는 주거이전비 외에 이사비까지 챙겨 줘야 하는 것이 억울하게 생각될 수 있으나 2018 년즈음부터 다수의 판례에서 이사비의 지급을 당연시해 오고 있으며 이사비의 지급이 선행되지 않을 경우 강제집행이 불가한 실정이다. 따라서 처음부터 세입자 및 청산자에 대한 이사비 등을 예산에 반영한 상태에서 관리처분계획을 수립하고 실제 이를 집행하여 안정적으로 조합을 운영할 필요가 있다.

부동산 임대사업자는 영업손실보상 대상이 될까?

· 개요

재개발사업 구역 내에서 영업을 하는 세입자에 대해서는 영업손실보상을 하게 되는데, 간혹 부동산 임대사업자 임을 내세워 보상을 요구하는 경우가 있다. 이들은 보상 대상이 될까?

· 관련 유권해석 주요 내용

국토교통부 토지정책과 1AA-1802-179510 2018. 2. 23.

재개발사업지구에서 비주거용건축물에 대하여 사업자등록을 하고 임대업을 하고 있는 경우 영업손실보상은?

토지보상법 시행규칙 제45조에서 법 제77조제1항에 따라 영업손실을 보상하여야 하는 영업은 사업인정고시일등 전부터 적법한 장소(무허가건축물등, 불법형질변경토지, 그 밖에 다른 법령에서 물건을 쌓아놓는 행위가 금지되는 장소가 아닌 곳을 말한다)에서 인적·물적시설을 갖추고 계속적으로 행하고 있는 영업. 다만, 무허가건축물등에서 임차인이 영업하는 경우에는 그 임차인이 사업인정고시일등 1년 이전부터 「부가가치세법」 제8조에 따른 사업자등록을 하고 행하고 있는 영업을 말한다.(제1호) 영업을 행함에 있어서 관계 법령에 의한 허가등을 필요로 하는 경우에는 사업인정고시일등 전에 허가등을 받아 그 내용대로 행하고 있는 영업(제2호) 모두에 해당하는 영업으로 하고 있습니다. 따라서 토지보상법에 따른 영업손실보상은 동 규정에 따라야 할 것으로 보이나, 부동산소유자가 부동산을 임대함에 따른 부동산 임대소득과 같은 부동산 원물에 대한 소득(과실)을 얻는 것은 위 규정에 따른 영업손실보상 대상은 아니라고 사료됩니다.

· 실무자가 챙겨야 할 사항

상기 국토부 질의회신 사례에서는 부동산 임대소득은 부동산 원물에 대한 소득(과실)을 얻는 것으로 영업손실 대상이 아니라고 해석하고 있다. 재산이 많고 적음을 떠나 거의 대부분의 사람들은 자신에게 조금이라도 유리하게 해석하여 경제적인 이익을 취하려 하기에 특히나 무언가 보상을 원하는 분들을 상대할 때는 공신력이 있는 문건이 필요할 때가 많다. 만약 부동산임대사업자로서 손실보상을 요청하는 케이스가 발생한다면 상기의 질의회신 사례를 적극 활용하여 대응할 필요가 있다.

조합원도 영업보상을 해 줄 수 있을까?

· **개요**

조합원이 구역 내 다른 조합원의 주택에 세입자로 거주하고 있을 경우 주거이전비 등의 지급 대상이 될 수 없으며 이는 몇 건의 대법원 판례가 있기에 뒤집기 어려울 것 같다. 그럼 영업보상비에 대해서는?

· **관련 판례 주요 내용**

인천지방법원 2018. 11. 22. 선고 2018구합702 판결 [기타(일반행정)]

주택재개발사업조합의 조합원으로서 그 사업에 동의하여 분양신청을 한 토지등소유자는 자신의 토지 또는 건축물을 그 사업에 제공하는 대신 그 사업의 시행으로 완공되는 건축물을 분양받고 종전에 소유하고 있던 토지 또는 건축물의 가격과 분양받은 토지 또는 건축물의 가격 사이에 차이가 있는 경우 이를 청산할 의무가 있는 사람으로서 사업시행자에 준하는 지위를 가지고 있으므로(대법원 2011. 11. 24. 선고 2009다28394 판결 참조), 그와 같이 분양신청을 한 조합원인 토지등소유자에게는 손실보상청구권이 인정되지 않는다.

이 사건의 경우, F가 원고와 F를 대표하는 조합원으로서 피고에게 분양신청을 함으로써 원고가 이 사건 사업에 참여한 이상, 원고에게는 이 사건 영업에 대한 손실보상청구권이 인정되지 않는다(피고는 원고가 분양신청을 한 조합원인 사실을 간과하여 이 사건 영업의 손실보상에 대한 재결신청절차를 진행한 것으로 보인다). 따라서 원고의 주장은 나아가 살펴볼 필요 없이 받아들이기 어렵다.

· 실무자가 챙겨야 할 사항

상기 판례를 살펴보면 하급심 판례이긴 하지만 조합원은 세입자로서의 주거이전비를 지급받을 수 없다는 것과 동일한 기준으로 영업보상 대상이 될 수 없다는 취지다. 하지만, 주거이전비는 영업보상비에 비해 상대적으로 적은 금액이기에 현장 여건에 따라 자칫 대형 물권을 소유한 조합원들의 사업 참여도를 떨어트려 사업성 저하를 가져올 수 있다. 따라서 현장의 여건상 필요할 경우 관리처분계획수립 시 자금계획상에 조합원인 영업권자의 손실보상 추정액을 반영하고, 각종 손실보상 기준 내에 조합원인 영업권자도 지급한다는 내용을 삽입하여 총회의 의결을 득하는 것을 고려할만 하다. 다만, 이는 몇몇 하급심판례와는 상반되는 내용이기에 실제 업무준비 시점에서의 최근 판례와 변호인의 자문 등을 통해 업무를 계획할 필요가 있다.

소규모주택정비사업 구역 내
상가 세입자는 영업손실보상 대상이 될까?

· 개요

재개발 구역은 주거용 세입자에 대해서는 주거이전비를, 상가용 세입자에 대해서는 영업손실보상을 해 주지만, 재건축 구역에 대해서는 이와 같은 손실보상을 적용하지 않으며 이는 헌법재판소에서도 헌법에 위배 되지 않는다고 판단한 바 있다(헌법재판소 2018헌가17결정). 그럼, 재개발사업과 유사하다고 볼 수 있는 가로주택정비사업은 어떻게 될까?

· 관련 판례 주요 내용

대구지방법원 2021. 10. 14. 선고 2021가단114898 판결 [부동산인도청구]

살피건대, 소규모주택정비법 제56조는 토지등소유자의 동의방법 등에 관하여는 도시 및 주거환경정비법(이하 '도시정비법'이라 한다) 제27조, 제36조를, 사업대행자 지정에 관하여는 도시정비법 제28조를 준용하는 등 소규모주택정비사업에 있어 도시정비법의 여러 규정을 준용하고 있으면서도, 사업시행자에게 토지등을 수용 또는 사용할 권한을 부여한 도시정비법 제63조, 손실보상에 관하여 공익사업을 위한 토지등의 취득 및 보상에 관한 법률을 준용하도록 한 도시정비법 제65조를 준용하는 규정을 두고 있지 않다. 이러한 소규모주택정비법의 각 규정의 문언과 취지 등을 종합하여 보면, 소규모주택정비법 제37조제1항단서제2호는 도시정비법 제63조에 따라 사업시행자에게 토지등을 수용 또는 사용할 권한이 부여된 정비사업에만 제한적으로 적용되고, 그 권한이 부여되지 아니한 소규모주택정비사업에는 적용되지 않는다고 봄이 타당하다(대법원 2014. 7. 24. 선고 2012다62561, 62578 판결 참조). 따라서 소규모주택정비법 제37조제1항단서제2호가 소규모주택정비사업인 이 사건 사업에 적용됨을 전제로 한 피고들의 주장을 받아들일 수 없다.

· 실무자가 챙겨야 할 사항

상기 판례에서 살펴볼 수 있는 바와 같이 소규모주택정비법에 따른 사업은 수용 또는 사용할 권한을 부여한 공익사업으로 볼 수 없기에 이를 전제로 한 영업손실보상은 그 대상이 아니다. 주거용 세입자에 대한 주거이전비도 같은 맥락에서 지급 불가. 가로주택정비사업이든 소규모재건축사업이든 기본적으로 도시정비법에 따른 재건축사업과 유사한 성격이라고 기억해 두자.

분양계약을 체결하지 않는 조합원에 대한 대응방법은?

· 개요

　통상의 조합정관에는 조합원들에 대하여 분양신청 기간 종료 후 일정한 기간 내에 분양계약을 체결할 것을 요구하면서, 기간 내에 분양계약을 체결하지 않으면 권리를 현금으로 청산한다고 정하게 되는데, 조합 입장에서 가장 골치 아픈 사례 중 하나가 조합에서 정한 분양신청 기간에 분양신청을 하여 관리처분인가로 분양 대상자로서의 지위가 확정된 조합원이 갑자기 변심하여 조합에서 정한 분양계약체결기간 동안 계약을 체결하지 않고 현금청산을 요구하며 건물인도를 거부할 때이다. 이에 대한 대응 방안은?

· 관련 판례 주요 내용

　대법원 2013. 7. 11. 선고 2013다13023 판결 [건물인도]

사업시행자의 정관이나 관리처분계획에서 조합원들에 대하여 분양신청 기간 종료 후 일정한 기간 내에 분양계약을 체결할 것을 요구하면서 그 기간 내에 분양계약을 체결하지 아니한 자에 대하여는 그 권리를 현금으로 청산한다는 취지를 정한 경우, 이는 사업시행자가 조합원이었던 토지등소유자에 대하여 해당 기간에 분양계약의 체결을 거절하는 방법으로 사업에서 이탈할 수 있는 기회를 추가로 부여한 것으로 볼 수 있고, 이에 따라 당초 분양신청을 했음에도 분양계약을 체결하지 아니함으로써 추가로 현금청산의 대상이 된 자에 대한 사업시행자의 청산금 지급의무는 '분양계약체결기간의 종료일 다음 날' 발생하는 것으로 보아야 하지만(대법원 2011. 12. 22. 선고 2011두17936 판결 등 참조), 한편 위와 같은 정관조항은 조합이 조합원들에게 분양계약체결을 요구하는데도 그 분양계약체결 의무에 위반하여 분양계약을 체결하지 아니한 조합원을 현금청산 대상자로 한다는 의미로 해석하는 것이 타당하고, 조합이 사업 진행상 여러 가지 사정으로 조합원들에게 분양계약체결 자체를 요구하지 아니한 경우에도 그 규정에 따라 분양계약체결기간 내에 분양계약체결이 이루어지지 않았다고 하여 모든 조합원들이 현금청산 대상자가 된다고 볼 것은 아니다(대법원 2012. 5. 9. 선고 2010다71141 판결 참조).

· 실무자가 챙겨야 할 사항

재개발 및 재건축 표준정관 모두 제44조(분양신청 등) 제5항에 '조합원은 관리처분계획인가 후 ○일 이내에 분양계약체결을 하여야 하며 분양계약체결을 하지 않는 경우 제4항(현금청산 관련 내용)의 규정을 준용한다.'로 정하고 있는데, 사업 초기단계에서부터 이와 같은 정관내용을 '조합원은 조합에서 따로 정한 기한 이내에 분양계약체결을 하여야 하며 ~'와 같이 개정하여 이와 같은 골치 아픈 상황에 대비할 필요가 있다.

조합원 소유 토지에 식재되어 있는 수목도 종전자산감정평가 대상이 되는가?

· 개요

현금청산자의 경우 수용재결 절차 진행과정에서 소유하고 있는 토지 내의 지장물에 대해서도 감정평가를 하여 보상하게 되는 경우가 있으나, 만약 조합원이 본인 소유 토지에 식재된 수목에 대해 손실보상 혹은 종전자산감정평가금액에 추가해 달라고 요청한다면 어떻게 처리해야 할까?

· 관련 판례 주요 내용

서울북부법원 2019. 8. 23. 2019나32802 [손해배상금]

피고의 정관 제5조제1항에 의하면 조합원은 토지, 건축물 또는 지상권을 현물로 출자해야 하는 점, ② 정관 제45조제1호 및 제2호에 의하면 관리처분계획의 기준에 관하여 종전 토지의 소유면적은 지적공부에 의하고 종전 건축물의 소유면적은 건축물대장에 의한다고 규정하고 있는 점, ③ 피고의 관리처분계획 제5조에 의하면 '조합원별 분양기준가액=분양 대상자별종전 토지 및 건축물 평가액×추정비례율'이라고 규정하여 조합원의 권리가액이 종전토지와 건축물의 가액에 의하여 산정됨을 명확히 하고 있는 점, ④ 원고들도 이 사건 정비구역 내에 수목을 소유하고 있던 다른 조합원들이 존재하였다는 사실 자체는 인정하고 있는 점 등을 종합하여 볼 때, 종전자산평가 대상인 토지의 권리가액에 그 지상수목의 가액을 별도로 포함시키는 경우 우선 피고의 정관 규정 및 인가·고시된 관리처분계획에 반하고, 조합원들 사이에 형평이 유지된다고 보기 어려우며, 이 사건 수목의 가액이 이 사건 토지들의 권리가액에 포함되지 아니함으로 인하여 원고들과 다른 토지등소유자 사이에 다소 불균형이 초래된다고 하더라도 그것이 원고들의 재산권을 본질적으로 침해한다고 보기 어렵다. 따라서 이 사건 수목을 종전자산 평가대상에서 제외한 피고의 조치가 위법하다는 원고들의 주장은 받아들일 수 없다.

· 실무자가 챙겨야 할 사항

재개발사업의 경우 대부분은 도심지에서 진행되기에 다량의 수목을 식재하여 이를 손실보상으로 인정해 달라는 분쟁이 생기는 경우가 매우 드물지만, 도시 외곽 변두리 지역의 경우 간혹 이와 같은 주장이 발생될 수 있으므로 감정평가진행 단계에서 수목에 대한 보상을 주장하는 조합원이 있거나 혹은 다량의 수목이 식재되어 있는 조합원이 있을 경우 사전에 상기의 판례 등을 활용하여 불필요한 분쟁이 발생되지 않도록 조치할 필요가 있다.

재개발사업 구역 조합원 이주완료 후 공사기간 동안 부과되는 재산세는 누가 내야 하나?

· 개요

재개발사업 구역 내 조합원 이주가 완료되고 공사가 진행되는 기간 동안 조합원 각자에게 재산세가 부과되는데, 건축물은 이미 철거가 되었기에 재산세가 따로 부과되지 않으나 건축물 철거로 인해 나대지 상에 토지를 소유한 것으로 간주하여 기존 보다 토지분에 대한 재산세가 2~3배 부가되고 있으며 이로 인해 일부 조합원들은 조합에서 비용을 부담해 달라고 요청하기도 함. 이에 대한 대처 방안은?

· 관련 판례 주요 내용

조세심판원 조심2019지2290 (2019. 12. 24.)

청구인은 이 건 부동산에 대한 재산세 납세의무자는 조합원이 아닌 주택재개발조합이므로 청구인에게 재산세(토지분) 등을 과세한 처분은 부당하다고 주장하나, 청구인이 2019년도 재산세 과세기준일(6. 1.) 현재 이 건 부동산의 공부상 소유자로서 해당 소유권이 이 건 주택재개발조합에게 이전되지도 않았을 뿐만 아니라 청구인이 해당 조합으로부터 매매대금에 해당하는 청산금을 지급받지도 않았는바 해당 주택재개발조합이 이 건 부동산에 관하여 배타적인 사용·수익·처분권을 갖게 되었다고는 할 수 없으므로 이 건 주택재개발 조합을 「지방세법」 제107조제1항에 따른 '사실상 소유하고 있는 자'로 볼 수 없는 점(대법원 2014. 7. 24. 선고 2014두36440 판결, 같은 뜻임) 등에 비추어 청구인에게 재산세(토지분) 등을 부과한 이 건 처분은 달리 잘못이 없다고 판단된다.

· 실무자가 챙겨야 할 사항

재개발사업 구역의 경우 이주 및 철거완료 후에도 조합원들의 각 재산은 본인들 명의로 남아 있기에 지극히 상식선에서 본인에게 부과되는 재산세는 본인이 부담하는 것이 당연함. 다만, 나대지로 간주되어 재산세 금액이 높아지게 되므로 관리처분계획수립을 위한 총회 혹은 재산세 부과가 임박한 시점에 소식지 등을 통해 재산세가 평소 납부하던 금액보다 높게 나오게 됨을 사전 설명해 둘 필요가 있다.

조합임원의 인센티브는 인정 가능할까?
가능하다면 얼마나?

· 개요

재개발·재건축사업의 경우 추진준비위원회 발족 이후 실제 사업이 종료되고 조합을 해산·청산하기까지 평균적으로 10년 이상 소요되는 사업이다. 만약, 사업의 초창기부터 마지막까지 사업을 이끌어 온 집행부라면 사업 막바지 단계에서 보상 심리가 발동하게 되며 이로 인해 종종 분쟁이 발생하기도 한다. 조합임원의 인센티브는 인정 가능한 것인지? 가능하다면 어느 정도가 적정 수준일까?

· 관련 판례 주요 내용

대법원 2020. 9. 3. 선고 2017다218987, 218994 판결 [임시총회결의무효확인의소]

재건축조합임원의 보수 특히 인센티브(성과급)의 지급에 관한 내용은 정비사업의 수행에 대한 신뢰성이나 공정성의 문제와도 밀접하게 연관되어 있고 여러 가지 부작용과 문제점을 불러일으킬 수 있으므로 단순히 사적 자치에 따른 단체의 의사결정에만 맡겨 둘 수는 없는 특성을 가진다. 재건축사업의 수행결과에 따라 차후에 발생하는 추가이익금의 상당한 부분에 해당하는 금액을 조합임원들에게 인센티브로 지급하도록 하는 내용을 총회에서 결의하는 경우 조합임원들에게 지급하기로 한 인센티브의 내용이 부당하게 과다하여 신의성실의 원칙이나 형평의 관념에 반한다고 볼 만한 특별한 사정이 있는 때에는 적당하다고 인정되는 범위를 벗어난 인센티브 지급에 대한 결의 부분은 그 효력이 없다고 보아야 한다. 인센티브의 내용이 부당하게 과다한지 여부는 조합임원들이 업무를 수행한 기간, 업무수행 경과와 난이도, 실제 기울인 노력의 정도, 조합원들이 재건축사업의 결과로 얻게 되는 이익의 규모, 재건축사업으로 손실이 발생할 경우 조합임원들이 보상액을 지급하기로 하였다면 그 손실보상액의 한도, 총회결의 이후 재건축사업 진행 경과에 따라 조합원들이 예상할 수 없는 사정변경이 있었는지 여부, 그 밖에 변론에 나타난 여러 사정을 종합적으로 고려하여 판단하여야 한다.

· 실무자가 챙겨야 할 사항

사업 초기부터 그 누구보다 조합을 투명하게 운영하여 조합원들에게 기대 이상의 많은 이익을 안겨 주었음에도 불구, 조합 해산이 임박한 단계에서 그간 고생해 온 조합장을 비롯 임원들에 대한 인센티브 지급 안건을 총회에 상정하고자 할 경우 백이면 백 소란이 발생하게 되며, 심한 경우 관할행정청에 민원을 제기하여 행정청으로부터 행정지도 공문이 조합으로 접수되거나 사례의 조합처럼 소송이 제기되기도 한다. 따라서 조합 집행부 구성원들은 가급적 사업 초기부터 이런 현실을 인식하고 인센티브를 기대하지 않는 것이 가장 안전하다 하겠다. 그럼에도 불구 다수의 집행부 구성원들이 요청할 경우에는 나머지 조합원들이 과다하다고 느끼지 않을 정도의 수준에서 인센티브를 책정하여 의결절차를 진행할 필요가 있다.

PART 4

공사 · 분양 · 입주

1. 공사와 관련된 논란

조합의 시공사가 영업정지되거나 건설업 등록이 말소되면 공사 진행 중인 현장은 어떻게 해야 하나?

· 개요

국내 굴지의 H 개발 현장에서 2021년 6월 철거현장 붕괴사고에 이어 2022년 1월 신축현장 붕괴사고까지 이어지자 관계 당국에서는 해당 건설사의 영업정지 및 건설업 등록 말소를 검토했었으며 2022년 12월 현재까지도 관련 소송은 이어지고 있다. 만약 공사 중인 현장의 시공사가 이와 같은 행정조치를 받을 위기에 처한다면 어떻게 해야 할까?

· 관련 법률 발췌자료

건설산업기본법 제14조(영업정지처분 등을 받은 후의 계속 공사)

① 제82조, 제82조의2 또는 제83조에 따른 영업정지처분 또는 등록말소처분을 받은 건설사업자와 그 포괄승계인은 그 처분을 받기 전에 도급계약을 체결하였거나 관계 법령에 따라 허가, 인가 등을 받아 착공한 건설공사는 계속 시공할 수 있다. 건설업 등록이 제20조의2

에 따른 폐업신고에 따라 말소된 경우에도 같다. 〈개정 2019. 4. 30.〉

② 제82조, 제82조의2 또는 제83조에 따른 영업정지처분 또는 등록말소처분을 받은 건설사업자와 그 포괄승계인은 그 처분의 내용을 지체 없이 그 건설공사의 발주자에게 통지하여야 하고, 건설사업자가 하수급인인 경우에는 그 처분의 내용을 발주자 및 수급인에게 알려야 한다. 건설업 등록이 제20조의2에 따른 폐업신고에 따라 말소된 경우에도 같다. 〈개정 2019. 4. 30.〉

③ 건설사업자가 건설업 등록이 말소된 후 제1항에 따라 건설공사를 계속하는 경우에는 그 공사를 완성할 때까지는 건설사업자로 본다. 〈개정 2019. 4. 30.〉

· 실무자가 챙겨야 할 사항

상기에서 살펴본 바와 같이 건설산업기본법상에서는 설령 영업정지처분을 받거나 건설업 등록말소처분을 받는 경우에도 발주자의 별다른 조치가 없다면 계속 공사를 시행할 수 있다. 따라서 실무를 담당하고 있는 현장의 시공사가 이와 같은 행정처분을 받을 위기에 처한다면 계약해지의 이해득실을 잘 따져 행동할 필요가 있다. 사례의 시공사는 상기의 큰 사고를 전화위복의 계기로 삼아 조합원들의 신뢰를 얻기 위해 더욱 힘쓴 결과 기존에 계약되어 있던 대부분의 현장을 유지할 수 있었으며 간간이 신규 현장을 수주했다는 소식도 이어지고 있다.

건축물의 분양면적 혹은 대지지분이 변경될 경우 일반분양자의 동의가 필요할까?

· 개요

정비사업의 관리처분인가 완료 후 이주가 종료되고 공사가 진행되는 동안 현장 여건 등을 고려하여 설계변경이 수시로 발생하게 되며, 사업 종료 시점에서는 확정측량을 하여 대지지분 또한 변경될 수 있다. 만약 분양면적이나 대지지분 면적이 변경될 경우 일반분양자의 동의도 필요 할까? 유의할 점은?

· 관련 법률 발췌자료

건축물의 분양에 관한 법률 제7조(설계의 변경)

① 분양사업자는 분양한 건축물에 대하여 사용승인 전에 건축물의 면 적 또는 층수의 증감(增減) 등 분양받은 자의 이해관계에 중대한 영향을 줄 수 있는 설계변경으로서 대통령령으로 정하는 설계변경 을 하려는 경우에는 분양받은 자 전원의 동의를 받아야 한다.

② 분양사업자는 제1항에 따른 설계변경에 해당하지 아니하는 설계변 경으로서 국토교통부령으로 정하는 설계변경을 하려는 경우에는 미 리 그 내용을 분양받은 자 전원에게 알려야 한다. 〈개정 2013. 3. 23.〉

③ 제1항과 제2항에 따른 동의 및 통보의 시기, 절차, 그 밖에 필요한 사항은 국토교통부령으로 정한다. 〈개정 2013. 3. 23.〉

건축물의 분양에 관한 법률 시행령 제10조(설계의 변경)

법 제7조제1항에서 "대통령령으로 정하는 설계변경"이란 다음 각 호의 어느 하나에 해당하는 변경을 말한다. 〈개정 2020. 2. 18.〉

1. 건축물 공급가격의 인상을 초래하는 변경

2. 공용면적·전용면적·대지지분 또는 층고가 감소하는 변경. 다만, 「공간정보의 구축 및 관리 등에 관한 법률」 제2조제4호의2에 따른 지적확정측량에 따라 대지지분이 2% 이내로 감소하는 경우로서 대지지분의 감소가 부득이하다고 허가권자가 인정하는 경우는 제외한다.

3. 내장재료 및 외장재료의 변경(공사감리자가 건축허가를 받을 당시의 재료와 동등하거나 그 이상이라고 판단한 변경은 제외한다)

4. 용도변경(구분소유되는 분양구획의 용도가 「건축법 시행령」 별표 1의 같은 호에 속하는 용도로의 변경은 제외한다)

5. 난방기기·냉방기기 등 주요 설비를 변경하여 건축물 사용가격의 인상을 초래하는 변경

6. 층수가 증감(增減)되는 경우

7. 연면적이 10% 이상 증감되는 경우

건축물의 분양에 관한 법률 시행규칙 제8조(설계의 변경)

① 「건축물의 분양에 관한 법률」(이하 "법"이라 한다) 제7조제1항에 따른 분양받은 자의 동의는 다음 각 호의 방법으로 하여야 한다.

1. 서면동의의 방법으로 할 것. 이 경우 분양받은 자의 주소 또는 거소(居所)가 분명하지 아니하거나 그 밖의 사유로 동의를 받기

어려울 때에는 허가권자에게 그 사유를 증명하는 서류를 제출하여야 한다.

2. 동의를 구하기 전에 해당 설계변경을 한 건축사의 도장이 찍힌 관련 도서와 설명서를 「우편법 시행규칙」 제25조제1항제4호가목에 따른 내용증명(이하 "내용증명"이라 한다) 우편으로 보내거나 직접 내줄 것

② 법 제7조제2항에서 "국토교통부령으로 정하는 설계변경"이란 다음 각 호의 어느 하나에 해당하는 변경을 말한다. 〈개정 2013. 3. 23., 2020. 2. 21.〉

1. 분양받은 자의 분양면적을 변경하지 아니하는 범위에서 내부구조의 위치변경(변경되는 부분의 면적이 건축허가를 받은 연면적의 3% 이상인 경우로 한정한다)

2. 분양받은 자의 분양면적을 변경하지 아니하는 건축물의 배치 조정

3. 공사감리자가 건축허가를 받을 당시의 재료와 동등하거나 그 이상이라고 판단한 내장재료 및 외장재료의 변경

4. 주된 건축물이 아닌 부속 건축물 및 그 용도의 변경. 다만, 위치변경은 제외한다.

5. 구분소유되는 분양구획의 용도변경(「건축법 시행령」 별표 1의 같은 호에 속하는 용도로 변경되는 경우로 한정한다)

6. 연면적이 10% 미만으로 증감(增減)되는 경우

7. 영 제10조제2호 단서에 해당하는 경우

③ 법 제7조제2항에 따른 분양받은 자에 대한 통보는 다음 각 호의 방법으로 하여야 한다.

1. 설계변경 신청일 10일 전까지 통보할 것
2. 내용증명 우편으로 통보하거나 직접 내줄 것. 이 경우 분양받은 자의 주소 또는 거소가 분명하지 아니하거나 그 밖의 사유로 서류를 송달할 수 없을 때에는 허가권자에게 통보사실과 통보내용을 증명하는 서류를 제출하여야 한다.
3. 통보내용에는 해당 설계변경을 한 건축사의 도장이 찍힌 관련 도서와 설명서를 포함할 것

· 실무자가 챙겨야 할 사항

건축물의 분양면적이나 대지지분의 변경이 따르는 인허가를 진행하기 위해서는 총회를 개최하여 사업시행계획 변경 혹은 관리처분계획 변경 관련 안건을 상정하고 의결을 거치기에 조합원들에 대한 통지는 이슈가 되지 않는다. 다만, 상기 관련 법률에서 살펴본 바와 같이 만약 건축물의 분양면적이나 대지지분이 변경될 경우 일반분양자에게 그에 대한 동의를 구하기 전에 해당 설계변경을 한 건축사의 도장이 찍힌 관련 도서와 설명서를 내용증명 우편으로 보내거나 직접 교부해야 하며 일반분양자 전원의 서면동의서를 징구한 후 관할 지자체에 제출하여야 하기에 일반분양이 완료된 이후에는 서면동의가 필요한 설계변경은 가급적 삼가야 한다. 또한, 준공이 임박한 시점에서 확정측량을 할 경우에는 대지면적의 변경은 필연적으로 발생하게 되는데 대지면적이 감소될 경우 조합원 분양분의 대지지분에만 반영하고 늘어날 경우에는 전체에 반영하여 일반분양자들로부터 발생 가능한 민원에 대비할 필요가 있다.

특화공사로 인한 공사비 증가 시에도 생산자물가상승률을 제외하고 공사비 검증 대상 여부를 판단할 수 있을까?

· 개요

2019. 4. 24. 개정 당시 신설된 도시정비법 제29조의2에 의해 시공사와의 공사도급계약체결 후 일정 비율 이상 공사비가 증액될 경우 한국부동산원의 공사비 검증을 거쳐야 하며 공사비 증액 비율 계산 시에는 생산자물가상승률은 제외하도록 정하고 있다. 그런데, 조합이 각종의 특화공사를 추진할 경우에도 생산자물자상승률을 제외하고 공사비 증액 비율을 계산하여야 할까?

· 관련 유권해석 주요 내용

국토교통부 2021. 5. 5. 1AA-2107-0738288 공사비 검증 관련 질의회신

[민원요지]
1. 공사비 증액 비율 산정 관련
2. 공사비 증액 비율 산정 시 생산자물가상승률과 주택건축지수의 관계
3. 공사비 증액 비율 산정 시 생산자물가상승률 제외 관련

[답변내용]
「도시 및 주거환경정비법」 제29조의2 제1항제2호에서, 재개발사

업·재건축사업의 사업시행자(시장·군수등 또는 토지주택공사등이 단독 또는 공동으로 정비사업을 시행하는 경우는 제외한다)는 시공자와 계약체결 후 다음 각 호의 어느 하나에 해당하는 때에는 제114조에 따른 정비사업 지원기구에 공사비 검증을 요청하여야 하며,

2. 공사비의 증액 비율(당초 계약금액 대비 누적 증액 규모의 비율로서 생산자물가상승률은 제외한다)이 다음 각 목의 어느 하나에 해당하는 경우

가. 사업시행계획인가 이전에 시공자를 선정한 경우 : 100분의 10 이상

나. 사업시행계획인가 이후에 시공자를 선정한 경우 : 100분의 5 이상

「정비사업 공사비 검증기준」 제3조에서

① 재개발사업·재건축사업의 사업시행자(시장·군수등 또는 토지주택공사등이 단독 또는 공동으로 정비사업을 시행하는 경우는 제외한다)는 시공자와 계약체결 후 다음 각 호의 어느 하나에 해당하는 때에는 검증기관에 검증을 요청하여야 한다.

2. 공사비의 증액 비율(당초 계약금액 대비 누적 증액 규모의 비율로서 생산자물가상승률은 제외한다)이 다음 각 목의 어느 하나에 해당하는 경우

가. 사업시행계획인가 이전에 시공자를 선정한 경우 : 100분의 10 이상

나. 사업시행계획인가 이후에 시공자를 선정한 경우 : 100분의 5 이상

③ 제1항2호에서의 당초 계약금액은 시공사 선정 이후 최초 체결한

계약금액으로 한다. 다만 2019년 10월 24일 이전에 시공사를 선정한 경우에는 2019년 10월 24일 직전 체결한 계약금액으로 하는 것으로 정하고 있습니다.

■ 질의 "1"에 대하여 말씀드리겠습니다.

상기 기준 제3조제3항에 따라, 질의하신 사항과 같이 2019년 10월 24일 이전 시공사를 선정한 경우에는 2019년 10월 24일 직전 체결한 금액인 ③ 2019년 9월 공사도급(변경) 계약이 당초 계약금액으로 판단됩니다.

■ 질의 "2"에 대하여 말씀드리겠습니다.

상기 법 및 기준에 따라, 생산자물가상승률을 제외하여야 할 것으로 판단됩니다.

■ 질의 "3"에 대하여 말씀드리겠습니다.

공사도급계약서상 물가상승률이 반영되지 않고 순수 공사비만 증액될 경우에도 생산자물가상승률을 제외하고 증액비율을 산정하여야 할 것으로 판단되며, 해당 기간 생산자물가상승률을 제외하고 증가되는 증액금액 비율이 법 또는 기준에서 정하고 있는 비율(5% 또는 10%) 이상에 해당하면 공사비 검증 대상이 될 것으로 사료됩니다.

· 실무자가 챙겨야 할 사항

통상 관리처분계획수립 시에는 분양 시장 상황이 어떻게 될지, 이주는 얼마나 빨리 종료될지 등을 알 수 없어 자금계획을 보수적으로 수립하게 되지만, 이주가 종료되고 일반분양을 성공적으로 마치면 대부분의 조합에서 조합원들을 대상으로 한 각종의 특화공사(각종 내부마감재 업그레이드, 외부 마감재 업그레이드 등)를 고민하게 된다. 상기의 질의회신 자료에 따르면 이와 같이 조합의 요청에 의해 특화공사가 진행될 경우에도 생산자물자상승률을 제외하고 공사비 증액 비율을 계산하여 공사비 검증 대상인지 여부를 판단할 수 있으므로 현장 여건에 따라 활용할 필요가 있다.

공사비 검증 절차를 진행할 경우 검증 종료 시까지 상당한 시간이 필요하므로 사업 일정이 촉박하다면 검증절차를 진행하기가 쉽지 않으며, 검증 의뢰에 따른 부대비용이 발생하는 점 역시 고려해야 한다. 다만, 사업 일정에 여유가 있다면 공적기능을 수행하는 한국부동산원에 의한 검증을 통해 공사비를 조금이라도 절감할 수 있는 가능성이 높아지므로 현장의 여건에 맞게 결정하여야 한다.

2. 분양과 관련된 논란

위장전입으로 분양권을 취득했다가 적발될 경우 그 결과는?

· 개요

최근에는 매우 드물게 발생되는 사건이지만, 인기 단지의 경우 분양권을 확보하기 위해 위장전입도 서슴지 않는 사례가 발생한다. 사례와 같이 적발될 경우 그 결과는 어찌될까?

· 관련 판례 주요 내용

서울북부지방법원 2022. 1. 26. 2021고단2513 [주택법위반]

누구든지 거짓이나 그 밖의 부정한 방법으로 주택법에 따라 건설·공급되는 증서나 지위 또는 주택을 공급받거나 공급받게 하여서는 아니 된다. 주택공급에 관한 규칙 제36조 및 제4조제3항, 'B' 아파트 기관추천 특별공급 안내문, 입주자모집공고에 의하면, 군에서 10년 이상 복무하였다가 제대한 군인(이하 '장기 복무 제대군인'이라 함)을 대상으로 하는 특별공급의 경우에는 최초 입주자모집공고일인 2020. 6. 11. 기준 서울, 인천, 경기도에 거주하고 있는 무주택세대구성원만이 청약을 신청할 수 있다고 되어 있다. 그럼에도 불구하고 피고인은 장기복무 제대군인으로서, 2018. 3. 30.경 서울에서 구직 활동을 하기 위하여 기존 주민등록지인 '경북 울진군 C 건물, D호에서 지인인 E의 주거지인 '서울 노원구 F 아파트, G호'로 주민등록을 이전하였으나, 2018. 4.경 경북 울진군 소재 사업장에 취직하여 그때부터 2020. 6. 11.까지 기존 주거지인 경북 울진군에서 계속하여 거주하던 중 위와 같이 서울로 주민등록이 되어 있는 것을 기화로 2020. 6. 22.경 한국감정원 사이트(www.applyhome.co.kr)에 접속하여, 피고인 명의로 서울 동대문구 소재 'B' 아파트 관련 청약신청을 하여 2020. 7. 1.경 위 아파트 H호 분양에 당첨된 후 2020. 7. 14.경 서울 송파구 소재 B 아파트 견본주택에서 딸인 I으로 하여금 J 구역 주택재개발정비사업조합과 공급계약을 대리 체결하도록 함으로써 위 아파트 H호의 분양권을 취득하였다. 이로써 피고인은 거짓이나 그 밖의 부정한 방법으로 주택법에 따라 건설·공급되는 증서나 지위 또는 주택을 공급받았다.

· 실무자가 챙겨야 할 사항

상기 사례에서는 무려 '징역 4월'이라는 판결이 있었다. 다만, 판결 확정일로부터 1년간 집행이 유예되어 실제 구속되는 상황까지는 발생하지 않았지만 위장전입에 의한 부정청약은 매우 엄격하게 접근하는 것이 현실이다. 사실상 조합의 입장에서는 관계 당국에서 부정청약 사실을 통지하기 전까지는 파악하기 어려운 실정이나 실제 이런 상황이 발생되면 기존 계약을 해지하고 재차 일반분양절차를 진행해야 한다. 다만, 이런 상황이 벌어질 즈음에는 대체로 시공사 분양팀의 업무가 종료되어 추가적인 일반분양절차 진행이 매우 곤란한 상황이 발생될 수 있으므로 청약신청 과정에서 이런 유형의 사고가 발생되지 않도록 철저히 파악해 줄 것을 일반분양 관련 담당자에게 요청하고, 혹시라도 조합사무실로 이런 유형의 민원상담 요청이 있을 경우 상기의 사례를 설명하여 불상사가 생기지 않도록 적극 대처할 필요가 있다.

특정 조합원에 대하여
층수를 우선 추첨하도록 하는 것은 가능할까?

· **개요**

간혹 본인이 사업 추진에 큰 기여를 했다 거나 본인의 재산이 남들보다 월등히 많아 손해를 보았기에 보상이 필요하다는 등의 이유로 자신에 대해 우선적으로 좋은 동호를 배정해 줄 것을 요구하는 경우가 있다. 이런 경우의 대처 방법은?

· **관련 유권해석 주요 내용**

국토교통부 주택정비과-2019 2018. 4. 13.

재개발사업 분양 시 조례에도 불구하고 특정 조합원에 대하여 층수를 우선 추첨하도록 하는 것이 가능한지 여부

「도시정비법 시행령」 제52조제1항제8호에 따르면 주택재개발사업의 주택 공급순위는 기존의 토지 또는 건축물의 가격을 고려하여 정하고, 그 구체적인 기준은 시·도 조례로 정할 수 있다고 규정하고 있기 때문에 조례에도 불구하고 특정 조합원에게 층수를 우선 추첨하도록 할 수 없을 것으로 판단되며, 해당 사실이 발견된 경우 관리처분계획인가권자는 처분의 취소·변경 등을 요구하는 조취를 취할 수 있을 것으로 판단됩니다.

· 실무자가 챙겨야 할 사항

상기에서 살펴본 바와 같이 특정 조합원에게 특정 동·호를 우선 추첨하는 것은 불가하며, 만약 이런 사실이 발견되면 인허가권자는 관리처분계획을 취소시키거나 인가를 거부하여야 한다. 따라서 특혜를 요구하는 조합원이 있을 경우 상기의 질의 회신 사례 등을 활용하여 특혜에 의한 분양은 불가함을 잘 설명하여야 한다.

한편, 실무적으로는 1~3층 정도의 저층 세대는 일반분양가가 높지 않으나 고층 아파트에 익숙하지 않은 조합원들이 선호하는 경우가 있기에 이런 수요를 충족시키기 위해 관리처분계획수립을 위한 공람 과정에서 공개적으로 저층 우선배정 희망 조합원의 수요를 파악하여 관리처분계획에 반영하기도 한다. 다만 이럴 경우에도 모든 조합원들에게 공평하게 기회가 부여되었는지 여부가 중요하므로 우편물 발송 근거 등을 잘 남기고 이를 인허가 서류에 첨부하여 불필요한 시빗거리를 차단할 필요가 있다.

3. 준공 이후의 논란거리

당초의 계획보다 입주 일정이 지연될 경우 예상되는 문제점은?

· 개요

필자가 경험한 프로젝트 중에는 공사 진행과정에서 예상보다 과다한 암반이 발생하였으며 각종 공사민원, 정부의 정책 등으로 인해 공기가 늘어나게 되었고 결과적으로 입주지연이 예상되어 사전에 입주지연 예정 사실을 통지하였으나, 일반분양자들은 이로 인해 손해가 발생하였으므로 그 손해를 배상하라며 소송을 제기한 사례가 있다. 이와 같은 일을 방지하기 위해 필요한 조치는?

· 관련 판례 주요 내용

수원지방법원 안산지원 2022. 10. 28. 2021가합10293 [지체보상금 청구의 소]

이 사건 공급 계약서상 이 사건 아파트의 입주예정일보다 150일간 입주가 지연되었는바, 피고는 원고들에게 이 사건 공급계약 제7조제5항에 따라 이 사건 공급계약 제7조제2항의 연체료율로 산출한 150일간의 지체보상금을 지급할 의무가 있다. (중략) 피고가 주장하는 사정 및 제출한 증거만으로는 이 사건 아파트의 입주지연 사유인 암반 발견이 불가항력에 의한 것이라거나 정부 정책 변경으로 인하여 입주가 지연되었다고 보기 어렵고, 달리 피고의 지배영역 밖에서 발생한 사건으로 인하여 입주가 지연되었다고 보기 어렵고, 달리 피고의 지배영역 밖에서 발생한 사건으로 인하여 입주가 지연되었고, 피고가 통상의 수단을 다하였어도 이를 예상하거나 방지하는 것이 불가능하였음을 인정할 증거가 없으므로, 피고의 면책주장은 이유 없다.

· 실무자가 챙겨야 할 사항

사례의 조합은 당초보다 과다한 암반으로 인해 공사 일정이 지연되었는데, 이와 같은 일을 예방하기 위해서는 이주 및 철거 진행과정에서 보다 꼼꼼한 지질조사 및 이를 반영한 업무계획수립으로 공사일정을 무리하게 잡지 않는 것이 가장 중요하며, 이와 같이 수정된 계획을 토대로 분양계약을 체결하여 사례와 같은 상황을 사전에 예방할 필요가 있다.

조합의 임원도 입주자대표회의 구성원이 될 수 있나?

· 개요

공사완료가 임박한 시점이 되면 입주자대표회 구성이 중요한 이슈가 될 수 있다. 만약 조합에 우호적이지 않은 자들이 입주자대표를 맡게 된다면 조합으로서는 각종의 민원에 시달릴 수 있으며, 불가피한 사정으로 임시사용승인을 득한 후 입주한 현장의 경우 준공지연까지 초래할 수 있다. 이에 간혹 조합의 임원이 입주자대표회의 구성원이 될지 여부를 검토하게 되는데 가능할까?

· 관련 질의회신 주요 내용

국토교통부 2AA-1904-344876

「공동주택관리법」 제2조제1항제10호에 따르면 관리업무를 인계하지 전의 사업주체는 관리주체로 규정하고 있으며, 같은 법 시행령 제11조제3항제4호에 따르면, 해당 공동주택 관리주체의 소속 임직원과 해당 공동주택 관리주체에 용역을 공급하거나 사업자로 지정된 자의 소속 임원은 동별 대표자가 될 수 없습니다.

「도시 및 주거환경정비법」에 의해 설립된 조합이 해당 공동주택의 관리업무를 인계하기 전의 사업주체라면 그 임원 및 임직원은 동별 대표의 결격사유에 해당될 것입니다. 참고로, 재건축조합의 해산 등 동별 대표자 선출공고에서 정한 서류제출 마감일 기준으로 재건축조합의 임직원이 아닌 경우 동별 대표자 결격사유에 해당하지 않아 동별 대표자가 될 수 있음을 알려드립니다.

· 실무자가 챙겨야 할 사항

상기 질의회신 사례에서 살펴본 바와 같이 조합의 임원이라면 정식으로 입주자대표회가 구성되어 관리업무를 인계하기 전에는 동별 대표 선거에 입후보할 수 없다. 다만, 대의원에 대해서는 별다른 규정이 있지 않기에 만약 조합과 반대성향의 입주자대표회 때문에 각종 민원이나 추가부담금이 발생될 우려가 있을 경우에는 사업 추진과정을 잘 이해하고 있는 대의원들이 동별 대표 선거에 입후보하는 것을 검토해 볼 수 있다.

입주기간은 45일? 60일?
어떻게 결정해야 하나?

· 개요

입주가 임박해지면 여러 가지 현안을 놓고 시공사와 첨예하게 줄다리기를 하게 되는데 중요한 이슈 중 하나가 입주기간이다. 시공사에서는 빨리 공사비를 회수해야 하기에 입주기간을 짧게 잡으려 하고 조합 입장에서는 조합원들의 편의를 위해 가급적 길게 잡으려 한다. 과연 입주기간은 어떻게 정해야 할까?

· 관련 법률 발췌자료

주택공급에 관한 규칙

제60조의2(입주예정일 통보 및 입주지정기간 설정) ① 사업주체는 제21조에 따른 입주자모집 공고에 포함된 입주예정일을 고려하여 실제 입주가 가능한 날부터 2개월 전에 입주예정월을, 실제 입주가 가능한 날부터 1개월 전에 실제 입주가 가능한 날을 제59조에 따른 주택 공급계약의 계약자에게 각각 통보해야 한다.

② 사업주체는 원활한 입주를 위하여 입주가 가능한 날부터 60일 이상의 입주지정기간을 설정해야 한다. 다만, 500호 또는 500세대 미만의 주택을 공급하는 경우에는 45일 이상으로 할 수 있다. [본조신설 2021. 2. 2.]

· 실무자가 챙겨야 할 사항

2021년 2월 이전에는 힘의 논리에 의해 대부분은 시공사의 입장을 반영하여 단지 규모에 관계없이 45일로 결정되는 경우가 많았다. 하지만 2021년 2월 주택공급에 관한 규칙이 개정되면서 500세대 미만의 경우는 45일로 할 수 있고 500세대 이상의 단지는 반드시 60일 이상으로 정하여야 한다. 또한, 과거에는 입주예정일 통지와 관련하여 별다른 제한이 없었으나 이제는 실제 입주가 가능한 날부터 2개월 전에 입주예정월을 통지하여야 함에 유의할 필요가 있다.

이전고시 후 소유권이 이전될 경우 조합원 자격이 함께 이전되는 것은 아니다?

· 개요

공사 완료 및 입주 종료 후 6개월 정도면 대부분의 현장에서 이전고시를 진행한 후 부동산등기부등본을 만들고 조합 해산을 위한 준비를 하게 된다. 이후에 소유권이 변경될 경우 반드시 조합원 자격도 함께 이동하는 것으로 간주해야 할까?

· 관련 판례 주요 내용

대법원, 2003. 9. 26. 2001다64479, 임시총회결의등무효확인

대지 또는 건축시설을 분양받은 조합원이 그 대지 또는 건축시설을 제3자에게 양도 등 처분하는 경우에는 위 법률 및 정관에서 특별한 정함이 없는 이상 조합원의 지위 역시 당연히 제3자에게 자동승계되는 것은 아니라 할 것이고 따로 종전 조합원과 제3자 사이에 조합원의 지위승계에 관한 개별특약을 하고 제3자가 조합에 대하여 조합원으로서의 지위를 승계한 사실을 신고하는 등 조합원으로서의 지위의 승계취득에 관한 의사를 표시하고 조합이 이를 승낙한 경우라야 조합으로서는 그 제3자를 조합원으로 취급할 수 있게 될 것이며(분양처분 이전의 시점을 상정하여 분양받을 권리의 양수도 사실 등 조합원 지위의 변경에 관하여 신

고를 할 것을 규정한 피고 조합의 정관 제10조제1항 및 제47조는 분양처분 이후의 시점에서 조합원 지위의 변경에도 준용된다고 볼 것이다), 따라서 조합원의 지위승계 신고가 없어 조합이 그 지위승계 사실을 알 수 없는 경우라면 조합으로서는 일일이 분양 아파트 소유권의 변동 상황을 다 파악하여 새로운 양수인을 조합원으로 보고 그들에 대하여 총회 소집 통지를 할 필요까지는 없다고 할 것이다.

· 실무자가 챙겨야 할 사항

투기과열지구에서의 조합원 지위 양도 제한 등 몇 가지 예외를 제외하면 기본적으로 조합원이 소유하고 있는 물건을 매매하게 되면 당연히 조합원으로서의 권리와 의무도 함께 이전된다. 하지만, 상기 대법원 판례에 따르면 이전고시가 있게 되면 조합에 권리변동 신고를 하지 않는 이상 조합은 이전고시일 현재의 조합원을 대상으로 각종의 통지를 하면 되는데, 이와 같은 사실을 조합원들에게 명확하게 알리지 않으면 이전고시 후 조합 해산 및 청산과정에서 잔여재산의 처분과 관련하여 분쟁이 발생할 수밖에 없다. 따라서 정관을 아래와 같이 개정하여 분쟁에 대비하여야 하며, 이전고시를 전후하여 조합원들에게 이와 같은 사실을 재차 안내하여 혼란을 방지할 필요가 있다.

■ 정관 개정(안) 예시

재개발정비사업 표준정관	정관 개정(안) 예시
제63조(채무변제 및 잔여재산의 처분) 청산 종결 후 조합의 채무 및 잔여재산이 있을 때에는 해산당시의 조합원에게 분양받은 토지 또는 건축물의 부담비용 등을 종합적으로 고려하여 형평이 유지되도록 공정하게 배분하여야 한다.	**제63조(채무변제 및 잔여재산의 처분)** 청산 종결 후 조합의 채무 및 잔여재산이 있을 때에는 해산 당시의 조합원(이전고시일 현재 조합원)에게 분양받은 토지 또는 건축물의 부담비용 등을 종합적으로 고려하여 형평이 유지되도록 공정하게 배분하여야 한다.

■ 각종 안내문에 포함시킬 문구

※ **소유권 매매를 위한 부동산거래계약서 특약 작성(예시)**

① 조합 해산 및 청산과정에서 발생하게 될 제반 권리와 의무를 「**매도인의 책임 또는 부담**」으로 하고자 할 경우 (**조합원 지위 및 자격은 양도하지 않음**)

본 매매계약 대상물건은 ○○○정비사업의 조합원 분양물건으로 본 매매계약에도 불구 조합원으로서의 지위는 여전히 매도인에게 있으며, 조합 해산 및 청산과정에서 조합의 채무 및 잔여재산이 있을 경우에는 매도인의 책임 또는 부담으로 함.

② 조합 해산 및 청산과정에서 발생하게 될 제반 권리와 의무를 「**매수인의 책임 또는 부담**」으로 하고자 할 경우 (**조합원 지위 및 자격까지 양도**)

본 매매계약 대상물건은 ○○○정비사업의 조합원 분양물건으로 본 매매계약으로 조합원으로서의 모든 지위는 매수인에게 승계되며, 조합 해산 및 청산과정에서 조합의 채무 및 잔여재산이 있을 경우에는 매수인의 책임 또는 부담으로 함.

재개발, 재건축사업의
바른 길잡이가 필요하신가요?

각종 정비사업(재개발, 재건축) 분야에서 지난 19년간 쌓아온 풍부한
실무경험과 Know-How를 바탕으로 최선의 서비스를 제공해드립니다.

임직원의 주요 업무수행실적

▶ 추진위원회설립 실적
서울시 성북구 장위13구역(재개발, 4,128 세대)
서울시 동대문구 용두6구역(재개발, 1,048 세대)

▶ 사업시행인가 실적
경기도 부천시 계수범박구역(재개발, 3,724 세대)
경기도 파주시 금촌새말지구(재개발, 2,583 세대)
서울시 종로구 돈의문1구역(도시환경, 2,366 세대)
경기도 광명시 광명16R구역(재개발, 2,104 세대)
서울시 양천구 신정2-1지구(재개발, 1,549 세대)
서울시 동대문구 용두6구역(재개발, 1,048 세대)
경기도 성남시 성지궁전아파트(재건축, 839 세대)
서울시 양천구 신정2-2지구(재개발, 407 세대)
서울시 노원구 월계4구역(재개발, 326 세대)
서울시 도봉구 쌍문1구역(재개발, 293 세대)
서울시 종로구 옥인1구역(재개발, 300 세대)

▶ 조합 해산 · 청산 실적
서울시 종로구 돈의문1구역(도시환경 2,366 세대)
서울시 신월신정뉴타운1-4(재개발, 930 세대)
서울시 서대문구 홍은14구역(재개발, 497 세대)
서울시 노원구 월계4구역(재개발, 326 세대)

▶ 조합설립인가 실적
서울시 종로구 돈의문1구역(도시환경, 2,366 세대)
서울시 구로구 고척3구역(재개발, 339 세대)
서울시 노원구 월계4구역(재개발, 326 세대)
서울시 도봉구 쌍문1구역(재개발, 293 세대)
부천시 소사본동 283-46번지 일대(가로주택, 175 세대)

▶ 관리처분인가 실적
경기도 부천시 계수범박구역(재개발, 3,724 세대)
경기도 파주시 금촌새말지구(재개발, 2,583 세대)
서울시 종로구 돈의문1구역(도시환경, 2,366 세대)
경기도 광명시 광명16R구역(재개발, 2,104 세대)
서울시 양천구 신정2-1지구(재개발, 1,549 세대)
서울시 동대문구 용두6구역(재개발, 1,048 세대)
서울시 신월신정뉴타운1-4(재개발, 930 세대)
서울시 영등포구 상아현대아파트(재건축, 802 세대)
서울시 양천구 신정2-2지구(재개발, 407 세대)
서울시 노원구 월계4구역(재개발, 326 세대)
서울시 도봉구 쌍문1구역(재개발, 293 세대)

경기도 광명시 광명16R구역(재개발, 2,104 세대)
서울시 영등포구 상아현대아파트(재건축, 802 세대)
서울시 신월신정뉴타운1-2(재개발, 357 세대)
서울시 도봉구 쌍문1구역(재개발, 293 세대)

■ 상담문의
이메일접수 : closer@housingpartners.co.kr
전화상담 : 02-1644-3142
홈페이지 : www.housingpartners.co.kr
주   소 : 경기도 고양시 일산동구 정발산로 47, 314호